FUSION STRATEGY

How Real-Time DATA and AI Will Power the Industrial Future

Vijay Govindarajan / Venkat Venkatraman

フュージョンストラテジー

リアルタイムデータとAIが切り拓く産業の未来

ビジャイ・ゴビンダラジャン ダートマス大学タック経営大学院教授 ＋
ベンカット・ベンカトラマン ボストン大学クエストロム経営大学院教授＝著
NTTデータ・コンサルティング・イニシアティブ＝訳

東洋経済新報社

FUSION STRATEGY: How Real-Time Data and AI Will Power the Industrial Future
by Vijay Govindarajan and Venkat Venkatraman

Published by arrangement with Harvard Business Review Press
through Tuttle-Mori Agency, Inc., Tokyo

訳者まえがき

本書の「リアルタイムデータとＡＩが切り拓く産業の未来」というサブタイトルから、みなさんはどのような内容をイメージされたでしょうか。

ここでの「リアルタイムデータ」とは、「モノ（製品や機械）」から即時的に収集されるデータのことで、ＩｏＴ（Internet of Things、モノのインターネット）データともいわれます。そして「産業」は、従来型の企業が属する業界のことで、主に製造業を指しています。

ＩｏＴとＡＩを活用した製造業のデジタル変革と聞いて、製造現場の設備やロボットの状況をＩｏＴでリアルタイムに把握し、自動制御するスマートファクトリーを思い浮かべられたかもしれません。または設備や機械からの運転状況、画像や音声といったＩｏＴデータをＡＩで分析する、故障予測や予防保全を連想されたかもしれません。

製造業の多くの企業は、設計領域や生産、販売、調達などのＳＣＭ領域、工場の自動化といった「モノづくり」領域のデジタル変革を推進しています。そして今後はこれらの取組みのなかで、ＩｏＴデータやＡＩを全面的に活用していくことを構想しています。

そこに「モノ」のデジタル化という、「モノづくり」のデジタル化の延長では考えられない新たな流れが加速しています。センサー技術の発展、機器をソフトウェアで制御する組み込みソフトの進展、通信技術の発展により、「モノ」のデジタル化、つまり製品のインテリジェント化（知能の向上）、コネクト化（相互接続性の向上）が技術的にも経済的にも実現可能となっています。つまり、高品質な「モノ」をいかに安く早くつくるかという従来の「モノづくり競争」とは異なる世界が広がりつつあるのです。

ご存じのように自動車業界では、すでにテスラに代表されるように、車両の制御機能の多くがソフトウェアでつくられ、遠隔からのソフトウェアアップデートで機能や性能を高度化するソフトウェア・デファインド・ビークル（ＳＤＶ）が、「モノ」のインテリジェント化、コネクト化を実現しています。業界構造を大きく変えるＳＤＶによって、自動車会社は従来のビジネスモデルの再構築を迫られています。

インテリジェント化、コネクト化された製品（モノ）が主流となっていく世界の中で、製造業に求められているのは、「モノ」のデジタル化という直近の課題への対応だけではなく、将来を見通し、デジタルの力を最大限活かした新たな顧客価値を創出する戦略です。著者たちはそれを「フュージョン戦略」と定義しています。

経営者は、当面は既存事業で利益を確保しながら、いままでの延長線上にはない新たなビジネスモデルへ転換するため、何をどのような順序で行っていくべきかを検討し、それらを着実に実行していかなければなりません。

本書は、その際に、参考となる指針や具体的なアプローチを提示することを目的としています。製造業を中心に書かれていますが、今後身体データや環境データといったセンサーデータの活用が期待される領域であればどの業界にも役立つフレームワークが提供されています。

著者たちは、以下のように述べています。「フュージョン戦略は、……従来のビジネス理論の上に技術を重ね合わせることでもなく、ごく限られた分野の特定の目的のためだけに技術を利用することを提案しているわけでもない。フュージョン戦略はむしろ、アセットライト分野で得た教訓を、アセットヘビー分野に適用することを意味しているのだ」

製造業を中心とする従来型企業は、データやＡＩを活用し、業界の垣根を越えて多様な機械間をデータが流れるエコシステムの中で、自らの役割を見極め、次の競争戦略を打ち出すことが求められているのです。

私が原書『Fusion Strategy』に出会ったのは、２０２４年の3月でした。製造業の新しい事業戦略を経営とデジタル技術の両面から示し、企業に求められるアクションを体系的に説明していることに感銘を受けました。そしてその内容を、デジタル時代においてさまざまな課題に直面する日本の製造企業の方々にお伝えしたいと思い、翻訳出版させていただくことにしました。

同年5月に、アメリカに2人の著者を訪ね、彼らの主張やフレームワーク、そして原書執筆の背景について直接伺うことができました。ここでその一部をご紹介したいと思います。

1人目の著者、ダートマス大学のビジャイ・ゴビンダラジャン教授は、戦略とイノベーションにおける世界的な専門家として知られています。「世界で最も影響力のある経営思想家ランキングＴｈｉｎｋｅｒｓ50（２０１１年度）」で第3位に選出され、２０１９年度には同ランキングの殿堂入りを果たし、イノベーションの理解に最も貢献した人物に与えられるイノベーション賞を受賞しています。

原書の経営戦略の観点からの基礎となっている『The Three-Box Solution: A Strategy for Leading Innovation』（２０１６年出版）では、経営者は、現行の事業の競争で成功を収めつつ、常に将来の戦いに備えなければならない。そのために、中核事業を最大限効率化する「ボックス1」と、将来に向けて顧客を再定義し新たな価値を創出するためのイノベーションの「ボックス3」、そしてイノベーションを妨げる従来の慣行で捨て去るべきものの「ボックス2」に分類し、それぞれを成功させるためのスキル、マインドセット、マネジメントスタイルを準備し、実行することが必要であると説いています。従来の慣行をどのタイミングで捨て去り、将来の事業基盤形成につながる新しい慣行をどのくらいのスピード感をもって採用するのか、未来に向けていまやること、やらないことは何かを決断していくことが重要なのです。

ビジャイ教授は、「ボックス3」にはデジタルが入っている、つまり未来のイノベーションのカギは、デジタル技術をいかに効果的に活用できるかにあると確信し、デジタルが進化するなかでの経営戦略として「フュージョン戦略」を提唱しています。

2人目の著者、ボストン大学クエストロム経営大学院のベンカット・ベンカトラマン教授は、デジタル戦略の世界的権威として広く知られています。エンジニアからキャリアをスタートさせ、その後デジタル戦略の学者に身を転じ、40年近く研究を行い、グーグル・スカラーにおいて経営学とデジタル戦略の分野で引用件数が最も多い研究者のひとりとなっています。

『The Digital Matrix: New Rules for Business Transformation Through Technology』（2017年出版）では、デジタル時代の企業は、Scale（事業規模の成長）、Scope（事業範囲の拡大）、Speed（変化・高度化する速度）において、従来の企業とは大きく異なると主張します。

デジタル時代の企業は、ScaleとScopeを指数関数的に成長・拡大させています。そのなかで競争に打ち勝つためには、より多くのデータを収集・分析し、そこから早く学習し、価値へ変換することが必要だと主張しています。

既存企業がデジタル変革を進めていくためには、周辺事業でのデジタル変革からスタートし、コア事業とデジタルビジネスとの共存期間を経て、企業の根幹をデジタルで変革していくという段階的アプローチが求められます。そして、各段階で何をすべきか、ビジネスを加速させるために何をすべきか、収益化をどのように行うべきかを、マトリクスを用いて体系的に述べています。

これらの考え方は、フュージョン戦略における「データ分析の発展段階（記述的分析⇒診断的分析⇒予測的分析⇒処方的分析）」に展開され、リアルタイムデータとＡＩのビジネスインパクトを明確にする土台となっています。さらに既存企業がデジタル戦略を策定する際に、現在の自社のポジションを把握し、設計、調整、加速、収益化において何をすべきかを体系的に整理できるフレームワークとなっています。

ベンカット教授は、執筆の狙いを、センサーからのリアルタイムデータや生成ＡＩなどの新たなデジタル技術が、アセットヘビー業界のデジタル変革をどのように高度化するかを明らかにすることにあったと述べています。

それでは、『フュージョン戦略』の中身を見ていきましょう。

いままでの企業戦略は、製品主体の単一業界の戦略であり、工場での生産にもとづく品質向上、コスト低減に注力し、顧客が購入する際に自社製品をどうしたら選んでもらえるかに注力してきました。そして事業は、工場設備などの物理的制約のなかで段階的に成長するものとして考えられてきました。

しかし、物理的な製品を中心としたビジネスにデジタルを融合した「フュージョン戦略」では、顧客が製品を使用してどれだけ価値を享受したかが、戦略の起点となります。顧客が自社の製品を通してどのような課題を解決しようとしているかを把握し、製品の利用データをリアルタイムで把握できるかどうかが競争を左右します。顧客の真の課題を解決するためには、自社が提供している財・サービスがどのように使われているかだけではなく、顧客の全体の業務の流れや達成すべき目的についても理解することが重要です。そして、業務全体の課題を解決するためのエコシステム（関連する企業との連携）が必要となるのです。つまり今後の競争は、同一業界での単独企業間から、業界を超えたエコシステム間での競争へと発展するのです。事業成長においても、物理的制約を前提としない、指数関数的成長もありうる、新たな成長戦略を策定していかなければなりません

本書では、「フュージョン戦略」を可能とするデジタル技術として、データグラフとアルゴリズムの発展を挙げています。

データグラフとは、製品、顧客、利用状況などのデータ間のつながりや相互関係と定義されています。より多くのデータグラフを体系的に拡大すればするほど、多くの事象の関係を分析することができます。製造業のデータグラフにおいては、製品を中心に、設計データ、製造データ、使用中データを収集すればするほど、顧客ニーズに沿ったより高付加価値の製品を提供できる「データネットワーク効果」を発揮することができます。

データグラフを整備しただけでは、ビジネス成果を創出することはできません。このデータグラフを分析し、実行可能なアクションを推奨するのがアルゴリズムです。

先述の通り、アルゴリズムは4段階で発展を遂げています。第一段階は、データを活用して事象を見える化し、何が起こったかを説明する「記述的分析」、第二段階は結果が生じた原因

を掘り下げる因果分析を行いなぜ起こったのかを説明する「診断的分析」、第三段階はデータを機械学習などで分析し次に何が起きるかを説明する「予測的分析」、第四段階は生成ＡＩなどを活用して問題を解決するために何をすべきかを説明する「処方的分析」です。データグラフと発展したアルゴリズムを用いることで、製造企業は、設計データ、製造データ、利用データを分析し、個々のユーザーに対してパーソナライズされたサービスを提供することが可能となります。新規ユーザー数が増えなかったとしても、既存ユーザーの継続的な製品・サービスの利用を促すことで、利用データが多く集まり、データネットワーク効果の価値は向上します。

製造業がとるべき「フュージョン戦略」とは具体的にはどのような戦略なのでしょうか。ここでは戦略を展開する４つの領域として、製品をインテリジェント化・コネクト化する「フュージョンプロダクト」、製品を活用して顧客の課題を解決するサービスを提供する「フュージョンサービス」、自社の製品データと他社の製品データとを連携させる「フュージョンシステム」、自社の製品と他社の製品とを連携させ顧客の課題を解決する「フュージョンソリューション」が定義されています。企業はいずれかを追求するとともに、ほかの領域への展開も探っていく必要があるといいます。

まずフュージョンプロダクト領域としては、自社の製品／機械をリアルタイムでモニタリングし、リモートで制御し、利用状況データを分析し最適な制御を実現する「フュージョンプロダクト戦略」が考えられます。これは、今後のすべての戦略のベースとなるものです。企業は、製品／機械の組み込みソフトウェアとクラウド上のソフトウェアがセンサーによって連携するように製品／機械を設計し直さなければなりません。これにより、自社の製品の使用状況にもとづいた最適な運転や予防保守による安定した運転が実現できます。

製品／機械に不具合が生じた際、過去に遡って問題を追跡できるようにするためには、製品／機械の設計、生産、使用のプロセス全体を仮想空間上に表現するデジタルツインとして整備することが求められます。つまり、設計・開発段階の製品をデジタル空間で描く「プロダクトツイン」、エンドツーエンドの製造プロセスをデジタルで表現する「プロセスツイン」、そして使用中の製品をデジタルで表現することで現場でのパフォーマンスを左右する要因のデータを追跡・収集する「パフォーマンスツイン」の3種類のデジタルツインを整備することが必要なのです。そして、これらのデジタルツインのデータを統合してＡＩに学習させることにより、故障原因を理解し、いままでわからなかった事象間の関係を解き明かし、根本的な原因をより簡単に特定し、解決のためのアクションを提案し、製品／機械を再設計する最善の方法を導き出せるようになるのです。またその際には、予測や分類の機械学習、シミュレーションなどを生成ＡＩと組み合わせることが効果的であると考えます。

フュージョンプロダクトの整備と展開のあとは、より多くの顧客価値を提供することを考えなければなりません。

そのひとつの方向が、顧客のオペレーションまで射程に入れる「フュージョンサービス」領域への展開です。顧客に製品／機械を販売するだけではなく、顧客が自社の製品／機械を利用するオペレーションにまで踏み込んで、顧客の課題を解決する「フュージョンサービス戦略」を考えるのです。その実現のためには、顧客の事業を理解し、顧客のオペレーションを変更できる深い業務ノウハウが求められます。また、オペレーションデータを取得するにあたっての顧客からの了承も得なければなりません。

もうひとつの方向は、自社の製品と他社が提供している製品／機械を接続し、データグラフを充実させる「フュージョンシステム」領域への展開です。どのようなデータグラフを作成し、そのデータを活用してどのような顧客にどのような価値を提供していくかを考える「フュージョンシステム戦略」が必要なのです。自社が製品を提供する顧客が、同じ領域で利用する他社製品のデータを取り込んだデータグラフが起点になります。たとえば、複数の会社の製品の利用状況やメンテナンスを個別に管理しなければならなかった顧客に、それらのデータを一元的に提供することで、システム全体の故障予測や予防保全につなげる戦略が考えられます。単一ではなく連携して動作する製品／機械のシステム全体の信頼性や稼働時間が管理できる反面、自社、他社にかかわらずひとつのアセットの故障は全体の信頼性に影響します。そのため、エコシステム内におけるデータの管理主体と管理責任を明確化することが不可欠です。

フュージョンサービスとフュージョンシステムが実現できれば、今度は、顧客のオペレーションに関連し、顧客の課題解決に貢献できる他社の製品／機械を組み合わせ、単一企業ではなく、複数企業がエコシステムを構築し顧客の課題解決を実現する「フュージョンソリューション」領域での戦略の策定が必要となります。

経営者は、これらの可能性を考慮しながら、データグラフの「射程」（顧客プロセスへの入り込み）をどこまで進めるか、自社のデータグラフの「充実」（他企業の製品／機械との連携）をどこまで図るかを考え、フュージョンプロダクトを起点に、どのようなタイミングと順序でフュージョン戦略をとっていくかを、自らの戦略として練らねばなりません。

経営者は長きにわたり、ビジネス成功のためには、コスト削減、差異化、集中戦略という3つの包括的戦略のうち、自社の業界構造に最も適したものを選ぶ必要があると教えられてきました。そしてデジタル技術は、特定の事業でのコスト削減や新しいサービスを提供する、単なるツールとして位置づけられてきました。

フュージョン戦略では、いままでの戦略の捉え方と大きく異なり、デジタル技術を活用して、顧客への提供価値、収益モデル、競合戦略を根本から考え直さなければならないのです。

さらにその戦略を成功させるため、従来と異なるリーダーシップ、マネジメント指標が必要です。本書では、これらの具体的なアプローチを学ぶことができます。

アセットヘビー企業は、アセットライト企業で起きたデジタル変革から学びを得る必要がある一方、アセットヘビーインダストリー特有の次の観点については留意しなければなりません。

①多様なデータの処理

製造業のデータグラフは、欠陥箇所の画像、機械の音、自動運転を記録した動画など、数字、テキスト、3D映像、音声といったより多様なデータをリアルタイムで収集・処理しなければなりません。従来の管理データの処理を中心とした情報システムとは異なる技術とシステムアーキテクチャーが求められます。

②強固な技術基盤、正確なデータ

製造業のデータグラフでは、航空機のエンジンが故障したり、自動運転車が道路状況を正確に読み取ることができない場合、人命にかかわる事態を招きかねません。産業データグラフに必要な技術基盤、データの正確性、分析能力は、消費者データグラフよりもはるかに強固な根拠にもとづいたものでなければなりません。データの作成と管理を、誰が実施し、誰が責任をもつかを明確にし、徹底しなければなりません。

③収益化

ビジネス戦略として展開する以上は収益化が求められます。製造業にとっては、グーグルやフェイスブックなどのように消費者の個人データを広告会社に販売して利益を得ることは難しいでしょう。データ主導でもたらされた洞察とそれぞれの顧客に応じた価値を提供することによってのみ、収益化が可能です。しかしこれには時間を要することを考慮しなければなりません。

著者たちは最後に、フュージョン戦略を実行していくリーダーのあるべき思考方法についても述べています。フュージョンリーダーは、自社の現在の技術的および経営的な功績を認めながらも、過去の成功体験が必ずしも将来の成功を保証するものではないことを理解しておく必要があります。競争環境を変化させ価値の創造と獲得のルールを書き換えるデジタル技術の重要性を理解し、さまざまな要素のつながりを把握したうえで将来のビジョンを明確にし、その機会を最大限に活かすシステム思考が必要なのです。

それを実現するためにどれぐらいのスピード感をもって従来の能力に見切りをつけ将来のための能力を構築するのか、成長の妨げになる慣習をいつ捨てるのか、そして人材ポートフォリオをどのように刷新するのかを考えなければなりません。

私たちは、2024年の4月に出版した『フォーサイト起点の社会イノベーション』の中で、物理的なプロダクトが価値をつくり出す経済を「タンジブルエコノミー」、ソフトウェアやデジタルサービスのように物理的に形がないプロダクト・サービスが価値をつくり出す経済を「コネクテッド・インタンジブルエコノミー」と定義し、それらが混在する新たな経済の形を提言しました。コネクテッド・インタンジブルエコノミーが興隆している昨今、タンジブルなプロダクトを製造する企業は、コネクテッド・インタンジブルなプロダクトやサービスを取り込み、ビジネスモデルを変革し、新たなサービスを創出する必要があります。同一業界内で高品質かつ低価格な製品で競争する製品起点ではなく、顧客の真の課題をデジタル技術やデータを活用して解決することを起点に、一社単独ではなく企業が連携したエコシステムで実現することが重要と考えました。そして、日本の製造業が、これまで培ってきた高品質なモノづくり技術に次の観点を加え、顧客価値起点での事業を再構築する必要性を提言しました。

①顧客は、自社のプロダクトをどのような場面で利用し、どのような課題を解決したいのか（顧客の真の課題）を明確化したうえで、
②どの顧客接点でどのようなパーソナライズしたサービスを提供するか
③タンジブルなプロダクトにソフトウェア・センサーを埋め込みコネクト化することにより、どのようなサービスが提供できるか
④そのためには、どのようなデータをどのように取得し、活用するか
⑤顧客の真の課題を解決するサービスの提供は、自社単独で実現できるか、連携が必要か。どこの企業と連携するか

両教授を訪問した際、このコネクテッド・インタンジブルエコノミーにおける経済原理や、製品起点ではなく顧客の課題解決起点でデジタル技術を活用するデジタル変革の必要性につい

て、意見交換することができました（本書の「特別対談」を参照）。

今回、ビジャイ教授とベンカット教授には、日本語版の出版へのご支援に加え、原書の内容をわかりやすく日本の読者に伝えるためのインタビュー動画の撮影にもご協力いただきました。原書や対談を通して多くの示唆をいただいている両教授に厚く御礼を申し上げたいと思います。

また、日本語版特別コンテンツとして、フュージョン戦略を実践している国内企業として、横河電機株式会社様、カナデビア株式会社様の取組みをご紹介させていただきました。両社の多大なるご協力に厚く御礼申し上げます。

この書籍が、日本の製造業の発展を考えておられる経営者のみなさまの一助となれば幸いです。

株式会社ＮＴＴデータグループ　顧問
株式会社ＮＴＴデータ経営研究所　代表取締役社長
株式会社クニエ　代表取締役社長
山口　重樹

日本語版に寄せて
——日本の産業界の現在そして未来のリーダーのみなさんへ

複雑な21世紀を乗り越えていくため、この『フュージョンストラテジー』を、日本企業のみなさんにお届けします。本書は、理論的な議論ではなく、変革を触発するためのものです。本書が目指しているのは、物理的世界とデジタル世界が交わるところで、日本における産業界のリーダーシップの新たな時代を切り拓くことです。

日本の歴史は、復興、イノベーション、そして卓越性の揺るぎない物語です。第二次世界大戦後の荒廃から、みなさん、そしてみなさんの前の世代の方々が、経済の奇跡を実現し、日本は世界的な経済大国となりました。トヨタ、ソニー、日立、パナソニックといった名だたる企業は、品質、効率性、製造プロセス技術を定義し直し、カイゼン、シックスシグマ、リーン生産方式といった画期的な概念を導入しました。これらのイノベーションは世界のベンチマークとなったのです。

しかし、世界は前例のない速さで進化しています。デジタル革命が到来し、フィジカルとデジタルの境界を曖昧にしています。データが新たな通貨になり、アルゴリズムが成長の原動力になり、コネクティビティが現代のインフラの生命線になっています。これは緩やかな進化ではなく大規模な変化であり、戦略、リーダーシップ、イノベーションに対する新たなアプローチが求められているのです。

製造の卓越性と顧客中心主義というみなさんの遺産は、依然として重要な基盤であり続けます。しかし、この新しい時代で成功するには、デジタルイノベーションを事業の中核に組み込む必要があります。「フュージョン戦略」は、デジタル技術をシームレスに、プロダクト、サービス、システム、ソリューション、オペレーションと統合し、パートナーの動的なエコシステムを活用することを求めるのです。

2025年：転換点

日本はいま重要な岐路に立っています。広く知られる「モノづくり」技術は、フィジカルとデジタルの融合によって、進化し、統合された全体をつくり出す必要があります。「フュージョン戦略」は、この本質を捉え、リアルタイムデータ、アルゴリズム、コネクティビティを活用して企業のあらゆる側面を変革するのです。

需要に動的に適応し、リアルタイムでリソースを最適化するインテリジェントエコシステムとしての工場を想像してみてください。そして、データとユーザーの洞察を通じて進化するプロダクトや、パーソナライズにより長く続く関係を育むサービスを想像してみてください。この未来は遠いものではなく、すでに現実のものとなりつつあります。

「フュージョン戦略」を通じて、日本企業は、再びインテリジェントかつコネクティビティの高い、価値ある製品やサービスを創造する世界のリーダーとなりえます。これは、インテリジェンスの時代において製造を再定義することなのです。

経営陣の使命

この変革は、技術ではなくリーダーシップにかかっています。みなさんはリーダーとして、この変革を率先して進めていかなければなりません。デジタル技術を、脅威としてではなく可能性を広げる手段と捉え、実験、学習、協働の文化を育むべきです。デジタルに精通することを「北極星」とし、競争の中で差異化を図る中核的な能力と位置づけてください。

この道程には、ビジョン、勇気、現状に挑む意欲が求められます。フィジカルとデジタルを結びつけながら、技術革新の勢いが衰える兆しのない世界で、生涯にわたって学び続ける覚悟が必要です。

これにより非常に大きなものが得られます。「フュージョン戦略」を採用することで、単に

「日本製（Made in Japan）」にとどまらない、「日本で知的に設計された（Intelligently Designed in Japan）」プロダクトやサービスを生み出すことが可能になるのです。世界経済の最前線に立ち、次の世代の成長と繁栄を、みなさんの企業が牽引することになるでしょう。

行動の呼びかけ

本書がみなさんのガイドになり、「フュージョン戦略」を構築・実践するための包括的なフレームワークを提供します。本書から次のことが学べます。

- **デジタルの未来を描く**：デジタル変革の明確で魅力的なビジョンを定義
- **中核的なデジタル能力を特定する**：フィジカルとデジタルの領域が交わるところにおける独自能力の強化
- **フュージョンのロードマップを構築する**：デジタル技術をオペレーションに統合するための段階的な計画の策定
- **イノベーション文化を育む**：実験、学習、学際的な協働の促進
- **進捗を測定する**：戦略の影響を把握し競争力を維持するための指標の設定

協働がカギです。北アメリカやヨーロッパだけでなく、インド、中国、中東といった新たなイノベーションの拠点から、パートナーシップ、メンター、インスピレーションを探してください。

研究開発への投資も重要な柱です。ＡＩ、ロボティクス、モノのインターネット（ＩｏＴ）といった最先端分野に、リソースを配分することが大切です。ベンチャーキャピタル、インキュベーター、アクセラレーターを通じてスタートアップを支援し、起業家精神と計算されたリスクをとる文化を育ててください。

教育も重要な役割を果たします。学術機関と連携し、工学、コンピュータサイエンス、事業戦略を融合した学際的なプログラムをつくり出してください。フュージョンの時代で活躍できる次世代のリーダーを育成しましょう。

日本の産業界の未来は、みなさんの手に委ねられています。この挑戦と機会を受け入れましょう。「フュージョン戦略」を活用し、フィジカルとデジタルの融合が人類にとって明るい未来を築く、新しい時代へと日本を導いてください。

２０２５年1月

ビジャイ・ゴビンダラジャン
ベンカット・ベンカトラマン

目次

第4章　4つの戦略展開領域　113

第2部　価値のベクトル

第5章　優れた機械の戦い　141

第3部　フュージョンフロンティアの獲得

(実際に読むことさえできれば）この本の重要性を誰よりも理解してくれるであろう、デジタル世代の孫娘たちへ――ミーラ・ゴビンダ・ステピンスキー（4歳)、レイラ・ラジャ・ミランディ（生後9カ月)、アーニャ・ゴビンダ・ステピンスキー（生後6カ月）

―VG

私の人生において大切な女性たち――いつだってユニークな方法で日常生活にデジタル技術を取り入れている母、妻のミーラ、そして娘のタラとウマへ

―ベンカット

第1部

鋼鉄とシリコンが出会うとき

Part1 WHEN STEEL MEETS SILICON

第1章

産業の過去は序章にすぎない

Chapter1
The Industrial Past
Was Prologue

１００兆ドル。これは世界のＧＤＰの合計である。そのうちの約75％は、伝統的な製造業、鉱業、運輸業、物流業、建設業、医療産業によって生み出された。これらの業界は、デジタル技術の影響をまだ大きくは受けていない。だが間もなく、それも変わっていくことだろう。

フィジカルアセットライト経営［訳注：資産の保有を抑え、財務を軽くすることを目指す経営］が主流となっている広告、写真、音楽、メディア、エンターテインメントの業界のマーケットリーダーに、デジタル技術の影響について尋ねたなら、「業界の基盤が一変した」と口を揃えるに違いない。事業戦略におけるデジタル技術の重要性を見誤った者たちは、デジタルネイティブ企業に軒並みその地位を奪われていった。それに対し、ネットフリックスやスポティファイなどの新興企業は、顧客データとＡＩの力を活用することで、新たな競争優位の源泉を見出し、一気にルールメーカーとなったのだ。

しばらくの間は、デジタル技術の影響は、アセットライト分野でなおかつ高度なＩＴ産業に限定されるとの見方があった。過去20年間、イノベーション→古い仕組みの破壊→変革のサイクルは、主にモバイル技術の進化によって、企業と消費者間（B2C）の産業で起きたのである。

ハードウェア、ソフトウェア、アプリケーション、クラウド、データ、アルゴリズム、生成AI、複合現実、そのほかの技術の進化が目前に迫ったいま、ビジネスは次の転換点を迎えている。これらの技術は、単独であれ技術同士を組み合わせた形であれ、世界経済を再編成する勢いを見せている。こうした技術は、まだ活用できていない企業にとっては脅威となる一方、世界中のあらゆる産業で新たな価値創造と価値獲得を引き出す最大の原動力ともなりうる。だからこそ、世界のGDPの75%にあたる75兆ドルを生み出している産業界のデジタル化が重要になるのだ。

私たちが生きているこの時代は、未来の歴史の教科書では、産業界のデジタル化が、何度かの失敗を経た後に本格的に始まった時点として記録されるかもしれない。シェイクスピアの言葉を言い換えるなら、過去は序章にすぎず、未来は急速に迫っていることを、この重要な時点は示しているのだろう。

世界でコード化（デジタル化）されたデータやコンテンツは、これまでのところほんの一部分にすぎない（図1-1参照）。フュージョンフロンティアとは、フィジカル領域とデジタル領域のシームレスな融合を通じて、工業製品にセンサー、ソフトウェア、リアルタイムのテレマ

図1-1　コンピューティング能力の向上とコンテンツのコード化によって実現するフュージョンフロンティア

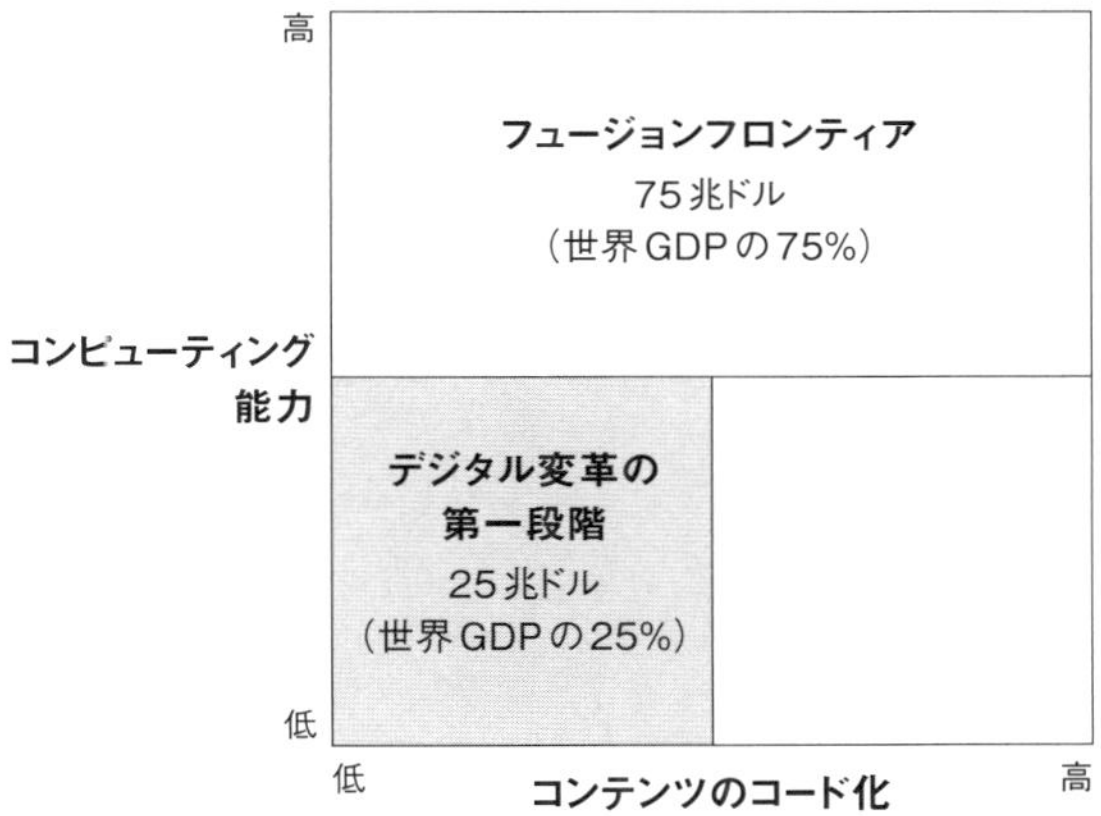

ティクス機能などが搭載された未来の状態のことを指している。これにより生産性は向上し、多種多様な環境で観測されたデータを使用するアルゴリズムによって、ビジネスの問題を解決するパーソナライズされたアプローチを提供することが可能になる。このフロンティアにおいては、産業界企業（従来型企業）［訳注：原書では、industrial companyという言葉を、digital company（デジタル企業）と比較する対象として使用しており、産業界企業の訳を当てることとする。本章の原注2も参照］は、単に優れた製品を設計して販売するだけでなく、製品がそれぞれの顧客のニーズをしっかりと満たすことで、競合企業を制することができる。このフュージョンフロンティアでは、健康やウェルネスの記録、エネルギー供給網の運用データ、都市交通機関の地図、商業ビルや住宅の占有状況、農作業や

農業生産全般のダッシュボード、食料や物資の流通など、将来的にさらに多くのものがコード化される可能性を秘めている。

これらはすべて、量子コンピューターや、クラウドに接続された、さらに強力な産業用のデバイスやシステムなどのコンピューティング能力によって実現可能だ。問題は、産業界がこの新しい価値をどのように捉えるかなのである。

私たちは過去4年間にわたり、大手デジタル企業、新興企業、そしてアセットライトとアセットヘビーの双方の産業を調査するなかで、フォード、ドーバー、ダナハー、メルセデス・ベンツ、ジョンディアア、DJI、ゼネラル・エレクトリック（GE）、ゼネラルモーターズ（GM）、ハネウェル、マヒンドラ&マヒンドラ、ロールス・ロイス、サムスン、シーメンス、LIXIL、TVSモーター、ワールプールなど、数多くの企業の経営幹部と対談し、そのうちの何人かとは研究もともに行った。そして、デジタル技術がビジネスにおいてどのように進化しているかについてのケーススタディと縦断的分析にもとづき、産業界企業が将来において競争を勝ち抜いていくために必要なデジタル技術についての考え方を編み出したのである。

私たちはこれを、「フュージョン」と呼ぶこととする。

今後、産業界は、自分たちが得意なこと（物理的製品をつくること）と、デジタルが得意なこと（AIを使って、膨大な相互接続された製品使用中データセットを分析すること）を組み合わせることで、いままでは難しかった顧客との戦略的なつながりを構築する必要があるのだ。

ここで、ジョンディアを例に考えてみよう。同社はこれまで、より速い、より頑丈な、そしてより大きな機械を製造することで競争優位を築いてきた。しかしいまは、来るべきデジタル社会に備えた対策を講じている。同社が開発した「シー＆スプレー」装置は、全面散布から的を絞ったスポット散布に移行することで、除草剤散布の世界に革命をもたらした。この自走式装置は、カーボンファイバー製の大型アームに、驚異的なスピードで画像をスキャンできる36台のカメラを搭載している。毎秒４ギガバイトで画像を処理する装置を10個搭載したこのシステムは、深層学習によって作物と雑草を区別できる。ひとたび雑草を特定すると、最大時速15マイルで農地を移動しながら、除草剤をピンポイントで散布する命令をノズルに送る。初期バージョンは、裸地に生えている緑色の雑草しか検出できなかったが、最新の装置では、作物の近くに生えているあらゆる色の雑草の検出が可能だ。結果、除草剤の使用量が60％減少し、顧客の利益増に大きく貢献したのである。

ここでのイノベーションは、この装置にあるのではなく、データとＡＩによりデジタル領域と産業領域を融合させた点にある。これまで大型の産業機械だけを設計してきたジョンディアのような企業にとっては、非常に大きな転換だった。

これは始まりにすぎない。競争優位の法則は変わりつつあり、最も価値のある物的資産を保有する者が勝利を収めていた時代から、最も強固なリアルタイムの洞察をもつ者が勝ち残る時代になってきたのである。フュージョンアプローチをとることで、顧客に提供する価値を増大させながら、革新的な新製品、斬新なサービス、そしてまったく新しい問題解決方法を開発することが可能になるのだ。

最終的には、ＡＩとリアルタイムデータの組み合わせが、製品、戦略、顧客関係を飛躍的に向上させる新時代のビジネスモデルを形作るだろう。企業がフュージョン戦略を採用すれば、驚くような新たな価値の獲得につながり、採用しなければ、新たな流れに取り残されてしまうだろう。

フュージョンを裏づけるデータグラフ

本書の目的は、ビジネスがどのような形で急速に変化しているかを説明し、最終的にはリアルタイムデータとＡＩを使って、独自のフュージョン戦略を生み出す方法を示すことにある。では、どのように進めていったらよいのだろうか？

すべては、フュージョンの要であるデータから始まる。ただのデータではなく、いま現在使用されている製品のリアルタイムデータだ。このデータを体系的に蓄積することで、「データグラフ」を作成できる。データグラフとは、製品使用中データを通じて、企業と顧客の関係、つながり、相互の関連を把握し、本書で探求するフュージョン戦略の重要な構成要素となるものだ。詳しくは第2章と第3章で説明するが、簡単にいうと次のようになる。データグラフのコンセプトは、ソーシャルネットワークとグラフ理論から着想を得ており、AIと機械学習（ML）によって形作られる。データグラフは、企業がユーザーからデータを収集すればするほど、その製品の性能が向上していく「データネットワーク効果」に由来するものである。

たとえばグーグルの検索エンジンは、より多くの人がさまざまな言葉を検索するほど賢くなっていく。フェイスブックがターゲットを絞ってコンテンツや広告を表示できるのは、30億人近いユーザーからもたらされるデータネットワーク効果によるものだ。

こうして好循環が生まれる。消費者がこれらの機能強化が重要だと思い価値を見出せば、その製品を使い続ける可能性が高くなり、このサイクルがさらに続いていく。これにより製品と顧客の間につながりが生まれ、しかも時間とともに深まっていくのだ。ユーザーが製品を使用した瞬間に相互関係が生まれ、個人の特性に合わせたおすすめ情報がカスタマイズされる。そのおすすめ情報が消費者の需要とマッチすることで、価値が生まれるのである。

データグラフは静的な図式ではない。そのアルゴリズム構造によって、より多くのデータの収集、よりさまざまなデータの分析、そして具体的な行動を促す、動的な表現なのだ。このビジネスアルゴリズムを機能させる製品使用中データの収集を早く始めれば始めるほど、データ主導の意思決定システムがより早く構築され、より迅速な行動につながる。そして、競争相手の企業の一歩先を行ける可能性が高まるのである。

データグラフにもとづく優位性は、戦略における2つの重要な概念である規模と範囲を定義し直す。[1]工業化時代は、企業は売り上げを伸ばすことで事業規模を拡大し、その結果、より高い市場シェアを手に入れることができた。これは、企業がどれだけ物的、人的、財務的資本にアクセスできるかに左右され、直線的で段階的なプロセスだった。対照的に、データグラフ主導の事業規模は、それぞれが補完的な役割を果たすエコシステムから生まれる。たとえば、GMの事業規模が、製造できる自動車の台数であるのに対し、ウーバーの事業規模は、急速に発展するエコシステムによって手配できる乗車サービスの件数である。

アメリカのマクドナルドには、「累計○○億個販売達成」といった看板がどの店舗にも掲げられていた。しかし、ハンバーガーの販売個数を日・月・年単位で追跡するのは、昔の名残でしかない。データグラフ活用のリーダーであれば、そのような数字単体には興味はなく、より詳細な情報を欲しがるはずだ。誰がそのハンバーガーを食べるのか？　どの店舗で買うのか？　どの時間帯に？　購入前後の行動は？　一緒に何を飲むのか？　年齢、性別、収入、居住地、嗜好、ライフスタイルなどのデータがあればよりニーズを満たせるのではないか？　どうすれば私たちの店舗でもっとお金を使い、価値に満足し、リピーターになってもらえるのか？

重要なことは、デジタル業界と産業界では、調査するデータが異なることだ。[2]ウーバーは250億回以上の乗車データを分析するが、タクシー会社はしない。ネットフリックスは視聴者の嗜好を秒単位で追跡しているが、ケーブルテレビやテレビ会社はしない。エアビーアンドビーは、旅行者がいつ、どこで、どのくらいの期間滞在し、何をしているのか、何を好むのかを追跡するが、ホテル会社はしない。

範囲で重要となるのは、もはや近接性ではない。これまで産業界は、培ってきた能力を活かして近接分野に参入し、物理的なインフラの構築、人材確保、追加資本の投入によって事業範囲を広げてきた。しかし、アップル、アマゾン、グーグルなどの企業は、データを収集、整理、分析することで、直接関連しない分野にもビジネスの範囲を広げている。データグラフがあれば、ほとんどのビジネスでＡＩ主導の問題解決能力を利用できる。デジタル企業は、フィジカルアセットライト分野ですでにこの力を存分に発揮しており、フィジカルアセットヘビー分野にも影響を与える可能性がある。

産業界にとって、これは由々しき事態だ。データグラフ主導で得られた洞察は、デジタル企業の成長と拡大を後押ししてきた。産業界もデータグラフを活用し、事業の規模と範囲を飛躍的に拡大させることを考え始める時期が来ているのである。

フュージョンを活性化するアルゴリズム

データグラフは全体の一部にすぎない。そこから価値を生み出すには、アルゴリズムがそれを分析し、実行可能な推奨事項を提示する必要がある。

まずはじめに、経営幹部は、製品やサービスに「何が起こったのか」を理解するため、記述的分析を行う。そして、その結果が生じた原因を掘り下げることで、「何が起こったのか」の裏にある「なぜ起こったのか」を特定する診断的分析を行う。これらはまさに、過去を振り返る歴史的分析と同じである。

次に、顧客全体から得たデータを用いて、さまざまな確率レベルで将来何が起こるかを解き明かすデータグラフにもとづく予測的分析を行う。そして最後に、推奨される行動を提示する処方的分析を行う。これら4つの（記述的、診断的、予測的、処方的）分析が、データネットワーク効果によって形成されたデータグラフにもとづいて実行されることで、深く強力な洞察を手に入れられるのである。

データグラフとアルゴリズムが機能するためのリアルタイムデータが、産業界企業がフュージョンの未来を勝ち抜くために重要なのだ。データグラフなくしてフュージョン戦略はなく、信頼できるアルゴリズムなくしてデータグラフに価値はない。フュージョン戦略は、データグラフとＡＩの両輪で成立するのである。

フュージョンこそ未来である

フュージョンは、データグラフ、ＡＩ、アルゴリズムの利用を意味する。しかし、それだけではない。

一般的には、フュージョンは、２つ以上のものを結びつけて１つにすること、またはそのプロセスを指す。科学に関心のある読者なら、フュージョンは物質や物体を高熱で溶かして別のものと結合させることだというかもしれない。音楽家なら、ジャズとロック、西洋音楽とインド古典音楽のように、異なるスタイルの組み合わせをフュージョンと表現するだろうし、料理人なら、フレンチと和食、イタリアンとインド料理など、異なる食の要素を組み合わせた料理を表すときにこの言葉を使うだろう。

産業界のデジタル化の文脈においては、フュージョンは次の５つの要素から成る。

1. **フィジカルとデジタルのビジネス領域を組み合わせ、従前は別々の機能であったものをシームレスに融合させること**：今日の自動車は、クラウドに接続された車輪つきのコンピューターであり、トラクターは、知的な農学者に操作される産業用機械に変わりつつある。最新のビルは、自律制御システムが設置された驚くべき建造物なのである。

2. **人間と機械の協働により、まだ見ぬ技術と洞察が生まれること**：スマートな人間とパワフルな機械の集合知を活用する企業は、そうではない企業との競争を制するだろう。

3. **科学、芸術、工学といったアナログ分野に、デジタルの考え方を導入すること**：直近まで、コンピューティングやアルゴリズムは、医学、法学、心理学、経済学、金融学などとは相容れないものと見なされていた。いまでは、あらゆる分野がデジタルの影響を受けている。未来の農業は、センサーとソフトウェアによる持続可能な農業経営であり、最先端の医療は、バイオマーカーやカスタマイズ治療を活用した個別医療である。教育においては、ＡＩによる個別指導が変革を起こしている。

4. **クラウドにより現実と仮想世界を相互接続し、デジタルツイン、複合現実、メタバースにより、リアルタイムの洞察を得ること**：現実とデジタルの世界を組み合わせることで、今後10年間の世界のＧＤＰは、毎年１％以上の増加が見込まれている。[3] このことは、効率性や適時性の向上だけでなく、稀少資源の乱獲を減らすことにもつながり、より健全な地球の実現にもつながるだろう。

5. **業界の垣根を越えたエコシステムを通じて、企業同士がそれぞれの能力を活かした相互関係を築くこと**：どの企業も、成功を収めるために、すでにパートナーのネットワークを活用している。デジタル技術、とりわけデータの相互接続は、製品性能の向上、ビジネスプロセスのさらなる合理化、よりよい顧客サービスの提供につながるだろう。

私たちが「フュージョンの力」と呼んでいるこれらの力が、産業界の未来を形成し、再構築していくだろう。少し前までは、これらを実現するにはあまりにも費用がかかりすぎた。しかし、高性能センサー、高度なコンピューティング能力、ＡＩなどの出現により、状況は急速に変化している。

例として、自動車業界を見てみよう。

新たな道を開拓する自動車

小説家のウィリアム・ギブスン〔訳注：アメリカのＳＦ作家。「サイバースペース」という言葉をつくり出し、ＳＦのジャンルのひとつ「サイバーパンク」を代表する存在である〕は言った。「未来はすでにここにある。ただ均等にいきわたっていないだけだ」

自動車業界ではアナログ製品が着実にデジタル化され、データネットワーク効果により、資産としての所有にかわって、モビリティ・アズ・ア・サービス（ＭａａＳ）が経済的に実現可能になった。たとえば、さまざまな交通手段のロケーションと利用可能性のリアルタイムデータがなければ、手ごろな価格設定のライドシェアサービスネットワークの構築はできなかっただろう。本書を通してこの自動車業界を例に取り上げるのは、多くの読者に関連する分野であり、なおかつほかの業界にとっても重要な教訓や示唆が含まれているからである。

2024年1月では、サンフランシスコ市内を自動運転の車が走り抜ける光景を目にするのは当たり前になった。テストドライバーが運転席にいる場合も、完全に無人運転の場合もあり、乗客を目的地まで送り届けている。どの企業がその車を開発したのだろうか？　テスラと答えたくなるかもしれないが、そうではない。開発したのは、クルーズ（GM傘下で、ホンダ、マイクロソフト、ウォルマートと提携）とウェイモ（グーグルの親会社アルファベット傘下）である。

しかも1台や2台の試作車ではない。クルーズは100台もの自動運転車を走らせている。走行させているのは、閉域の理想的なテスト環境ではなく、交通量の多いサンフランシスコの公道だ。そしてそれらは近未来的な試作車ではなく、今日の車に未来を先取りした技術を組み込んだものである。GMは、競合企業が自動車メーカーだけではなく、グーグル（ウェイモ）、テスラ、BYD、吉利汽車《ジーリー》、リヴィアン、ニオなどのデジタル企業や、交通やモビリティ分野で新たな価値を提供する方法を開発している新興企業であることを認識したうえで、フュージョン企業となるためクルーズとともに大胆な実験を行っているのだ。

一方テスラは、2022年11月に、完全自動運転のベータ版パッケージの展開を始めた。既存の自動車メーカーが、完全EV化やカーボンニュートラルの目標をあわてて発表し、電気自動車の目標販売台数を数万台と設定したなか、テスラは２０２３年には２００万台の電気自動車を供給する体制をすでに整えていたのである。

　生産台数は、自動車業界における優位性を示す指標として長年使われており、いまだに同業界に大きな影響力をもっている。しかし、産業界はそのような過去の実績を示す指標から脱却し、自社製品がどれくらい顧客の問題を解決できているのかを反映する指標を取り入れる必要がある。

　テスラの経営幹部は、ウォール街に対しては生産台数を示すことがいかに重要かを理解しつつも、社内運営においては、走行している車の動きを精緻に観察することに注力している。車体に設置された複数のカメラを使い、車の走行を細かく観察することで、テスラのエンジニアは、ハードウェアとソフトウェアの双方に磨きをかけているのだ。クルーズが１００台、ウェイモが１０００台からデータを集めているのに対し、テスラは２００万台以上からデータを収集している。テスラが生産するすべての車は、フィジカル領域とデジタル領域を相互接続し、走りながらデータを収集できるように設計されているのである（フュージョンの力１）。

　最大の特徴は、２０１６年以降のすべてのテスラ車に組み込まれた「シャドーモード」だ。オートパイロットがオフの状態であっても、人間のドライバーと並行して、同システムが運転プロセスをシミュレーションし[4]、アルゴリズムの予測がドライバーの行動と一致しない場合、車載カメラ、速度、加速度、そのほかのパラメーターのスナップショットが記録され、テスラに送信される仕組みである。そして、同社のＡＩチームがデータを分析し、システムが模倣すべき人間の行動を特定したうえで、ニューラルネットワークのトレーニングデータとして使用する。たとえば、木々に覆われた道路標識をシステムが識別できなかった場合、それを認識可能にするため、より質の高いデータを取得する方法を考えるのだ。

知識をもった人間と強力な機械がともに学ぶのである（フュージョンの力2）。テスラのニューラルネットワークは、世界中でより多くのテスラの車がより長い距離を走行することで、データが蓄積され、改善されていく。このことをＣＥＯのイーロン・マスクは、２０１９年４月のテスラＡＩデーで次のように簡潔に表現している。「基本的に、（ニューラル）ネットワークは各個人（ドライバー）によって常に訓練されている。オートパイロットがオンであろうとオフであろうと、私たちのネットワークは学習し続けているのだ」。同社は「Ｄｏｊｏ」と呼ばれる機械学習のためのスーパーコンピュータープラットフォームを一から構築し、さまざまなタスクのために、スーパーコンピューティング能力を開発している。たとえば、保有車両のデータを使ったニューラルネットワークの訓練や、車両のトレーニングビデオの自動ラベルづけ、自動運転システム構築のためのニュートラルネットワークの訓練などである。このようにリアルタイムのマルチメディアデータを利用することは、従来の自動車メーカーの大半にはできないことである。

経営戦略の研究者を興奮させるのは、はるか昔のアーキテクチャーにとどまっているアプリケーションをもつ企業を変革させる生成ＡＩの力である。その影響が最も大きく出るのは、産業アプリケーションがどのように複数の種類のデータを用いて、より深い洞察を導き出すかにおいてだろう。ＡＩをめぐる喧騒のなかで見失われているかもしれないことは、シーケンシャルデータを効率的かつ効果的に処理するトランスフォーマー・ニューラルネットワークが、ＧＰＴ－４のような大規模言語モデル（ＬＬＭ）の構築に使用できることだ。テキスト、画像、音声、プログラムコード、動画の生成といった、一般消費者向けのアプリケーションにとどまらず、自動車が複雑な交差点や走行可能な経路を識別する支援や、さまざまなタスクを実行可能な産業ロボットなどのような産業アプリケーションにも適用できるのである。

生成ＡＩが人間の生産性と創造性を高めるように、テスラのＡＩモデルも自動運転の有効性と安全性を向上させている。業界用語の言語モデルも使いこなすことができるようになれば、ビジネスにおける勝者と敗者の差はますます広がっていくことだろう。

少し前まで、電気自動車（ＥＶ）を高級ゴルフカートと揶揄していた既存の自動車メーカーも、２０２３年までにはすべてＥＶ市場に参入してきた。内燃機関からバッテリー式電気自動車への世界的な移行は、もはや後戻りできないと思われる。今後勝利するためには、自動車の設計や製造における従来の能力と、ハードウェア、ソフトウェア、アプリケーション、相互接続性、テレマティクス、分析といったデジタル分野を、シームレスに統合する必要がある。

現在、既存の自動車メーカーの間で、自動車はクラウドに接続された車輪つきのコンピューターとして再考、再設計しなければならないという認識が広がってきている。そのため自動車メーカーは、従来の強みとデジタル技術を掛け合わせたデジタルエンジニアリング企業になる必要がある（フュージョンの力3）。メルセデス・ベンツとフォルクスワーゲンは、オペレーティングシステムの開発とソフトウェア能力の強化に取り組んでいる。クルーズが試作した「オリジン」は、人間が運転せずに走行できるよう設計されたゼロエミッションEVで、ハンドルやサンバイザーがなく、従来のドライバー中心の設計志向から脱却した自動車である。ウェイモは、吉利汽車のEVブランドであるジーカーと共同で、ハンドルもアクセルもブレーキもない、自分たちの自動車のビジョンを形にした試作車の開発を行った。

自動車産業は、メタバースが果たす新たな役割も私たちに示している。たとえばBMWは、エヌビディアの「オムニバース・プラットフォーム」を利用して、仮想空間に、人とロボットが緊密に連携しエンジニアが共同作業する仮想工場を建設している。仮想工場内では、リアルなイメージを生成する設計ツールやプランニングツールの情報により、現実の工場の生産システムで本当に実行すべきことと、やる必要のないことを、事前に判断できる。仮想工場の設計に加え、エヌビディアのプラットフォームは、高速道路や市街地のシミュレーションを作成することもでき、BMWは、車両の認識システム、意思決定能力、制御ロジックをテストすることで、自動運転車が路上でどのように動作するかを確かめることも可能である（フュージョンの力4）。

それでもなお、自動車産業は岐路に立たされている。自動車の主力製品は、何百万行ものソフトウェアコードによって駆動する強力なシステムオンチップ［訳注：システムに必要なすべてのコンポーネントをひとつのシリコンに圧縮する集積回路］によって、急速にデジタル工業製品に変わりつつある。自動車の設計、生産、組立、輸送に関わるビジネスプロセスは、ますますデジタルツインやメタバース主導のデジタル環境によって支えられるようになっている。サービスを顧客に届けるプロセスも着実にパーソナル化が進み、テレマティックス、クラウド接続、ソフトウェアの無線アップデート、ユーザーへのタイムリーな推奨情報の提供などによって支えられるようになった。

重要なのは、自動車メーカーが、能力の補完や相互運用のため、伝統的企業だけでなくデジタル企業とも複雑に絡み合うエコシステムに巻き込まれていることだ。GMは、ホンダ、マイクロソフト、ウォルマートと提携することで、クルーズの事業規模を拡大させている。GMはLG化学との合弁事業を通じて、新型バッテリー「アルティウム」の開発に成功し、大規模展開のための生産が開始されれば、ほかの自動車メーカーとも提携するかもしれない。現代自動車グループとアプティブの合弁会社であるモーショナルは、自動運転車の配車や宅配サービスでウーバーと提携した。特許をオープンソース化しているテスラは、自動運転システムの信頼性と安全性を高めるため、ほかの自動車メーカーにＤｏｊｏの利用を呼びかける可能性がある。

多くの企業が他社とパートナーシップを結ぶことでポートフォリオのリスクを軽減しようと

しているため、ほかにも数え切れないほどのアライアンスが結ばれている。自動車産業のエコシステムには、競争と協業関係がある。多くの自動車メーカーが旧来の慣行を捨て新しいネットワークに組み込まれており、その多くがアメリカにおけるテスラの充電ネットワークに参加する意向を表明している。ウーバーは、エコシステムをフル活用したフュージョン企業の典型である。何千もの都市で乗客とドライバーをマッチングさせられるのは、関連するパートナーとのエコシステムの構築と、サービスを提供するためのリアルタイムデータを保持しているからなのだ（フュージョンの力5）。

これら5つのフュージョンの力は、最適な事例として挙げた自動車産業だけに当てはまるのではない。農業、鉱業、建設、不動産、医療、運輸、物流、そのほかのアセットヘビー分野にも当てはまる。あらゆる製品がデジタル化され、いかなる既存産業の企業も、いずれはデジタル産業企業となり、デジタルネイティブ企業と競合することになる。したがって、すべての既存産業は、人間と機械の力を組み合わせることを前提に、戦略や業務を練り直す必要がある。つまり、すべての既存産業の企業が、フュージョン戦略を策定しなければならないのだ。

機械、化学、土木、航空宇宙、農業、金属といった伝統的な工学分野と、デジタル技術が掛け合わされることにより、飛躍的な発展がもたらされることだろう。農業経営者に尋ねれば、クラウドを通じて遠隔操作できる自動走行トラクターや、従来のパートナー（種子、肥料、機器メーカー）だけでなく、デジタル分野のパートナー（衛星データプロバイダー、農業クラウドサービス事業者、データモデラー、ＡＩ専門家）を含むエコシステムといった、精密農業やスマート農業経営について語ってくれるはずだ。建設業界の経営幹部に将来の建物設計について聞けば、自己修繕素材、インテリジェントビル、快適性と持続可能性を最適化するデジタル接続されたスマートウィンドウなどについて語ってくれるだろう。航空業界の経営者であれば、持続可能で効率的かつ安全なフライトのためには、データ分析が重要であると説明してくれるはずだ。

どの業界でもかまわない。自分の好きな業界を選んで、次の10年間のビジネスの変化について経営陣に意見を求めたなら、必ずこの５つのフュージョンの力に関連した発言を聞くことができるに違いない。

現在志向から未来志向の戦略へ

つまるところ、最終的な目標は、豊富なデータから得た洞察により、新しい製品、顧客体験、サービスをつくり出すことである。しかし注意すべきは、フュージョン戦略は、単に技術をもっと活用しようという意味ではないことだ。私たちは、ＡＢＣＤデジタル戦略（ＡＢＣＤは、ＡＩ、ブロックチェーン（blockchain）、クラウド（cloud）、データ（data）の頭文字）の策定を提案しているのではない。従来のビジネス理論の上に技術を重ね合わせることでもなく、ごく限られた分野の特定の目的のためだけに技術を利用することを提案しているわけでもない。フュージョン戦略はむしろ、アセットライト分野で得た教訓を、アセットヘビー分野に適用することを意味しているのだ。これらの教訓は、データやＡＩなしでは実現不可能だった飛躍的成長の軌跡であり、デジタル技術がいかに競争環境を一変させ、新興企業による新たな価値の創出がなされたのかを示している。

フュージョン戦略のダイナミクスは、以前のものとは異なる。これまで企業は、自社製品と類似または関連する製品や部品を製造する企業を買収することで、事業拡大や多角化を図ってきた。しかし、フュージョン戦略は別の方法を提案する。まずソフトウェアのアーキテクチャーを定義し、他社と相互接続し、データ主導の洞察を得ることで顧客の生産性を向上させ、新しく創出された価値の一部を取り込むのである。物的資産の買収や統合は複雑で非効率的であることが多く、データを基盤とした提携やパートナーシップを通じて相互接続するほうがまさっている。新しい機械が追加されたり古いシステムが撤去されたりするにつれ、システムの範囲は変化していくことから、このほうが効率的なのだ。

ビジネス戦略は、既存のリソースや能力で何ができるのかに焦点を当ててきた。これまでの産業界は、工場、部品メーカー、物流倉庫、物流会社などの物的リソースを買収することで、市場拡大と多様化を追い求めていた。これらは依然として重要だが、今日ではそれだけでは十分とはいえない。

これからの10年間は、フィジカルなものとデジタルなものを融合させる合併や買収が、他社との差異化につながる。これは、単にセンサーやソフトウェアを使ってアナログ製品をデジタル化することではなく、次世代の産業製品やシステム開発だったり、データグラフやＡＩの使用範囲を拡大するために必要な技術を採用することである。

戦略的思考は、これまで長らく企業を中心としていた。しかし、フュージョン戦略は、資産を所有することと、データが豊富なほかの資産にアクセスするための関係を構築することのバランスによって成り立つ。鋭い経営者は、フュージョン戦略がネットワーク中心であることに気づくはずだ。産業界企業は、業界の垣根を越え、多種多様な機械間を絶えずデータが流れているエコシステムに身を置かなければならない。新たに形成されたデジタルエコシステムのなかで、自らの役割を見出した企業が競争に勝利するのである。

問題解決の提案

本書は、既存企業とデジタル企業が、さまざまなレベルでデジタル技術を使用して競争するようになった今日における、最も優れた手法を扱っている。しかし、いまを輝く企業の成功例を示し、それを模倣することを求めているのではない。私たちは、データグラフとアルゴリズムを活用してアセットライト分野で競争するデジタルネイティブ企業から教訓を学び、アセットヘビー分野における戦略の原則を導き出した。[5] フュージョンの未来は目の前に迫っており、変革の規模、範囲、速度は、産業界のリーダーにとっても挑戦的なものとなるだろう。

フュージョンは、世界に先駆けてデジタル化が進んだアメリカだけで起きるのではない。次なる変革の波は、モノのインターネット（ＩｏＴ）、ロボティクス、クラウド、ＡＩ（とりわけ生成ＡＩ）、コンピュータービジョンなどの次世代技術を、産業界が取り入れるにつれ、より広い範囲にわたることだろう。韓国やドイツには第４次産業革命がすでに到来しており、20世紀後半に総合的品質管理（ＴＧＭ）が普及したように、世界的な流れになるはずだ。インドはデジタル化をここ10年間推進してきたことにより、デジタルを起爆剤として、世界のバックオフィスから先進製造業大国へと進化する入り口に立っているかもしれない。

読者のなかには、研究所で使用される医療機器や、家庭用インテリジェントデバイス、健康状態をモニターできるウェアラブルデバイスを製造する企業に勤めている人もいるだろう。一昔前のスピーカーは再現性の高さが売りだったが、今日では音声認識機能を備えた会話インターフェースに進化し、将来的には空間コンピューティングの仲間入りを果たすに違いない。今日のキッチンには標準的な家電製品が備えられているが、近い将来、センサーが組み込まれ、ソフトウェアがそれらの使用状況、ニーズ、状態などをやりとりするようになるだろう。本書は、デジタル機能を単に差異化のために追加するところからさらに一歩進めて、製品が使用されている状態を観察する手段として捉えるよう導いていく。遠隔操作で家電製品をモニタリングすることがスタートだとしたら、故障する前に問題を解決することが将来的な課題である。

自動車、農業、鉱業、運輸、物流、建設などのアセットヘビー業界に勤めている読者もいるだろう。自動車の自動化と自律化には、製品使用中データが必要である。農場や鉱山は、道路よりも遠隔測定が容易であり、重機メーカーにとっては、データグラフやデータネットワーク効果の重要性を理解するよい機会になる。トラック、トラクター、トレーラーの今後10年間のビジネスロードマップの作成には、フュージョン戦略の考え方が欠かせないものとなるはずだ。本書で解説する戦略は、まだ見ぬ価値を解き放ち、新たな競争優位性の源泉を発掘する助けになるだろう。

優秀なエンジニアではあるものの、工業製品のデジタル化に投資するように、経営陣をうまく説得できないと感じている読者もいるかもしれない。本書を読めば、データを供給するデジタルツインを利用して、製品の絶え間ないアップグレードを可能とする投資理論を導き出せるだろう。デジタルエンジニアリングと業績アップを結びつける言葉を、学びとることができるはずだ。

ビジネススクールで顧客中心主義を学んで卒業したものの、現在所属する組織が、サイロ化したシステムを抱え、定義の調整がとれていない旧態依然としたデータ利用のままでいることに悩んでいる読者もいるかもしれない。本書は、次世代の顧客中心主義を実現させるには、グラフデータ構造に投資する必要があることを明確にするだろう。

人事部に所属し、将来に向けて従業員を教育する役割を担っている読者もいるだろう。本書を読めば、データグラフとＡＩが企業の全社的な意思決定をどのように支援するかが理解できるようになる。私たちが概説するフュージョン戦略によって、来るべきフュージョンの世界が必要とするリーダーの特性を見極めることもできるはずだ。

データサイエンティストとして最新のモデルやアルゴリズムに精通しているが、データとＡＩが競争をつくり変える可能性を完全には理解していない企業に所属している読者もいるかもしれない。同僚と机を囲み、競合企業に対する自社の位置づけをマッピングし、そして競争のフロンティアを押し広げる、より充実したデータを手に入れる方法を考えてみるとよい。本書を通じて、価値を再分配する競争環境において、データアーキテクチャーをビジネス設計へと結びつけるフレームワークを学びとることができるはずだ。

学歴や肩書は関係ない。重要なのは、戦略の推進力となるデジタル技術に情熱をもつことと、産業界企業が勝利できると強く信じることである。このことは、産業界は衰退する運命にあり、デジタルネイティブ企業だけが未来をつかみとると考える専門家に立ち向かうことを意味する。

私たちは、そうしたあなたたちとともにある。今日のリーダーが産業部門のデジタル化を認識し対応できれば、必ず勝利を収めることができると確信している。しかし、時間は待ってはくれない。アマゾンのジェフ・ベゾスの言葉にあるように、「ほとんどの場合、欲しいと思う情報の70%を手に入れた時点で決断しなければならない。90%になるまで待っていては遅すぎる」[6]のである。

ぜひ今日、本書に目を通してほしい。本書を読み、熟考し、戦略的に行動を起こすべきときは、いまなのだ。マハトマ・ガンジーはこう言い残している。「未来は、私たちがいま何をなすかにかかっている」。明日ではもう手遅れかもしれないのだ。

第2章

大手企業を制するデジタル新興企業

Chapter2
Digital Upstarts
Vanquished
Consumer Giants

アマゾンは毎分1万点以上の商品を販売しており、実にその半分はパーソナライズされたおすすめ商品の販売である。同社のアルゴリズムは、ユーザーがサイトを訪れたときに表示される商品を、その瞬間に欲しいであろう商品を予測する能力を使って、約3億5300万点の中から厳選する。それはまるで、ハリー・ポッターの世界にあるダイアゴン横丁の店を訪れて、自分が興味のある商品だけが詰まった棚が魔法で目の前に現れ、それ以外の商品棚は後方に引っ込んでいくような感覚であり、実店舗では不可能なことだろう。

過去20年間、アマゾンはユーザーの購買履歴とサイトの閲覧データ、アマゾンプライム・ビデオやアマゾンミュージックの視聴データなどを結びつけ、購買グラフを作成してきた。顧客心理をつかんだ同社は、ボイスコンピューティング（アレクサ）、オンライン薬局（ピルパック）、実店舗（ホールフーズ、アマゾンゴー）、決済プラットフォーム（アマゾンペイ）にまで事業を拡大している。同社のアルゴリズムは、商品と商品の相互関係をマッピングし、多様性

（独自性のある商品）、セレンディピティ（意外性のあるおすすめ商品）、新規性（最新のおすすめ商品）といった要素を組み込んだ協調フィルタリングを使用している。その豊富なデータと精密なパーソナライゼーションにより、アメリカのＥＣ市場におけるアマゾンのシェアは40％を超え、2位のウォルマート（7％）を大きく引き離している。

２０２１年5月、グーグルはショッピンググラフを発表し、これを「絶えず変化する商品、販売者、ブランド、レビュー、さらにはブランドや小売業者から直接受け取る商品情報や在庫データ、そしてこれらの要素がどのように関係するかを理解した、動的ＡＩ強化モデル」と表現している。[1] 毎日10億人以上がグーグルで商品をリサーチしていることを活用し、同社のショッピンググラフは、何百万もの販売業者から出品された３５０億点以上の商品リストと、ユーザーを結びつけることができるのである。

グーグルの比類のないナレッジグラフは、ユーザーの検索に最もマッチするデータを取得するだけにとどまらず、関連する情報を結びつけることで包括的な洞察をもたらす。つまり、ユーザーが求めていた答えだけでなく、関連する概念まで探求し理解を助けるのだ。アンドロイド、音声および画像検索、クロームの拡張機能、グーグルアシスタント、Ｇメール、フォト、マップ、グーグルクラウド、グーグルペイ、ユーチューブ、そのほかのサービスと組み合わせることで、同社のナレッジグラフはアマゾンにも引けを取らないものとなっている。グーグルに1点だけ加えるべきものがあるとすれば、アマゾンが商品を発送するために構築したフルフイルメント［訳注：商品を顧客に届けるための一連の物流業務を指し、主にECにおいて、注文受付、在庫管理、商品の梱包・発送、返品対応などのプロセスのこと］の仕組みだ。しかし、グーグルはそれを自社で構築するかわりに、カナダの新興企業であるショッピファイとの提携を強化した。ショッピファイに加盟する450万店舗がグーグルで出品できるようにし、アルゴリズムを提供することで購買代理人や消費者と結びつけ、物流はそれぞれの加盟店に任せるシステムである。

現代のショッピング業界における戦いでは、「データ」という新しい武器が用いられている。どんなデータでもよいのではなく、ビッグデータのなかでも戦略や競争の基盤となる独自のデータグラフを構築できるスマートデータが必要なのだ。[2]

データグラフを活用した戦略

2020年4月、中国は（土地、労働力、資本、技術と並んで）データを新たな生産要素として正式に取り扱うことを決定した。これは情報が、世界中のビジネスモデル、産業の境界、市場構造を変化させている証左である。[3] しかしビジネスにおいて、データはしばしば当然のものとされ、戦略とはほとんど結びつかない平凡な目的に使用されている。データレイクに溺れ、データウェアハウスに蓄積しているだけの企業は、データを重視しておらず、ほかのパラメーターを優先している。データの戦略的価値に疑問を抱く経営幹部が存在するのも事実だ。彼らは、データが価値の源泉であると感じつつも、同時にリスクの源泉でもあり、規制上の制約であると捉え、その使用方法に対して警戒心を抱いているのだ。そして、自らの直感的な意思決定能力に自信をもちデータ主導の洞察は必要ないと考える人もいれば、難しい判断を下す際にはデータを信頼しないという人も多い。

最近のデジタルツールはより進化したことで、クラウドに膨大な量のデータを保存し、それを分析することが容易になった。企業はこれまで、誰が、いつ、何を、いくらで、どれくらい買ったのかというデータを収集する「記録のためのシステム（SoR：System of Record）」に依存していた。それらの記録を、管理やサービス保証といったありふれた目的のために使用してきたのだ。そしてデータは通常、製造、マーケティング、営業、経理といった異なる部署が別々に管理するデータベースに保存されてきている。

その後、2000年代初頭のインターネットの発達や、2010年代のスマートフォンの爆発的な普及に伴い、企業は、「エンゲージメントのためのシステム（SoE：System of Engagement）」を利用し始めた。具体的には、eメール、ウェブサイト、モバイルアプリ、フェイスブックのページ、X（旧ツイッター）のフィード、TikTokの動画、インスタグラムのアカウントなどを通じて、定期的に顧客と交流し始めたのだ。売り手とのコミュニケーシヨンや交流に興味があったのは買い手の一部にすぎなかったが、結果として、企業は新たな顧客関係を築くことができた。しかし、記録のためのシステムより改善されたエンゲージメントのためのシステムの結果を受け、企業はこれ以上データで得られるものはないだろうと勘違いしてしまったのだ。

この10年間で、センサー、接続デバイス、ソフトウェアを製品に埋め込むことで、販売したすべての製品からリアルタイムデータを収集する企業が出てきた。この技術により、企業は消費者が製品を使用しているときのデータを追跡できるようになった。企業は各ユニットの製品使用中データの収集、すべての製品と購入者のデータの集計、そして、テキスト、画像、動画、音声など、構造化データと非構造化データを分析できるようになったのである。このように、リアルタイムデータを体系的に追跡することで、アマゾンやグーグルといった企業はデータグラフを発展させ、勝利を収めたのだ。

データグラフは、私たちが数年前に考案し、教育やコンサルティングの場で使っている概念のことであり、製品使用中データを通じて、企業と顧客の関係、つながり、相互の関連を把握するものである。この概念はソーシャルネットワークとグラフ理論から着想を得ている。「ソーシャルグラフ」は、個人をノードで表し、友人、同僚、上司などとの関係はリンクで表すことで、個人間の相互接続を示すものである。[4]「グラフ」という言葉は、ハブ、コネクター、インフルエンサーといった、ネットワークにおける重要な人物を識別するリンクの性質を指している。

この概念は、社会心理学者スタンレー・ミルグラムの「スモールワールド」の研究と、知人の知人という知り合いの連鎖のなかで、私たちは平均して6人以下を介して社会的に互いにつながっているという理論に端を発するものである（この考えは「6次の隔たり」として広まったものの、ミルグラム自身はその言葉を使ってはいない）。ソーシャルネットワーク理論では、ネットワーク内のアクター（つまり私たち）の関係や結びつきが重要だと考えられている。この観点こそ、組織、産業、市場、社会の構造や力学の分析における貴重な視点であることが判明している。

同様に、企業のデータグラフが示す結びつきは、個々の顧客、製品、機能、用途のデータよりも重要である。この主張は論理的であり、異なるデータを、とくにリアルタイムで結びつけることができれば、それらを個別に見るよりも深い理解が得られるのだ。静的なデータを使用している限り、企業は記録のためのシステムやエンゲージメントのためのシステムから抜け出すことができず、一般的な知見を得るのが精一杯である。製品使用中データをリアルタイムで追跡することでデータグラフを作成でき、多くの顧客が不満を抱く一般的な答えではなく、パーソナライズした処方箋を提供できるようになるのだ。

保存されているデータ（年齢、性別、住所のような静的なデータ）と異なり、データグラフは動的なものである。データグラフはリアルタイムにインプットされた情報にもとづくため、常に変化しており、データサイエンティストが「流れているデータ（data in motion）」と呼ぶ、ネットワークを通じて移動するデータの流れを反映している。

データグラフには、規模（スケール）、範囲（スコープ）、速度（スピード）の3つの特徴がある。規模は、企業が追跡するノードの数、もしくはデータポイントの数で表される。範囲は、各ノードで監視する属性の数の関数である。速度は、組織がデータを収集する速さと頻度を表す。

データグラフは、規模が大きくなり、範囲が拡大し、データ収集の速度が上がるほど価値を増していく。データグラフが充実するほど、顧客にとって重要な瞬間に影響を与えられる機会が増え、より包括的な企業戦略の選択肢を手にできる。新たなサービスにもとづいて新たなデータグラフを作成することもできるし、グーグルがショッピファイと提携して関係を深めたように、提携やパートナーシップを通じて、既存のデータグラフをさらに充実させることもできる。[5]

買収によっても、データグラフの規模、範囲、速度を向上させることが可能だ。リンクトインは、２０１５年にマイクロソフトに買収されて以来、世界約8億人のプロフェッショナルが５０００万以上の企業でどのように働いているかを把握するプロフェッショナルグラフを成長させ続けている。その可能性を想像してほしい。マイクロソフトのCEO、サティア・ナデラは、次のように述べている。

人々が仕事を見つけ、スキルを身につけ、何かを販売し、商品を宣伝し、仕事をこなし、最終的に成功をつかみとるには、プロフェッショナル同士がつながることのできる世界が必要だ。それこそが、リンクトインのパブリックネットワークにおけるプロフェッショナルに関する情報と、「オフィス３６５」や「ダイナミクス」にある情報を組み合わせた活気あるネットワークなのである。この組み合わせによって、リンクトインのニュースフィードに、あなたがいま取り組んでいるプロジェクトに関連するコンテンツが表示されたり、「オフィス」が、あなたひとりでは成し遂げられないタスクを完了させるために、リンクトインを介してその分野の専門家を紹介したりするなどといった、新しい体験が得られるようになる……。[6]

このプロフェッショナルグラフは、個々の人事組織がこれまでにつくり上げ利用してきたものよりもずっと充実しており、包括的である。２０２３年には生成ＡＩの時代が到来し、リンクトイン、マイクロソフト３６５、マイクロソフト チームズは、マイクロソフトグラフを基盤として設計されたデータの宝庫となりつつある。[7]

デジタル企業のなかには、すでにデータグラフ（私たちの用語ではなく、より一般的な用語である「ナレッジグラフ」と表現する企業もある。グーグルのナレッジグラフとは別のものだ）を利用して、消費者市場のトップとなった企業もある。アマゾンの購買グラフ、グーグルの検索グラフ、フェイスブックのソーシャルグラフ、ネットフリックスのムービーグラフ、スポティファイのミュージックグラフ、エアビーアンドビーのトラベルグラフ、ウーバーのモビリティグラフ、リンクトインのプロフェッショナルグラフなど、大きな成功を収めたデータグラフは、消費者が毎日使う製品やサービスを提供するデジタル企業によって開発されている。これらのトップ企業は、データグラフ、独自のＡＩ、ビジネスアルゴリズムを活用し、パーソナライズされた顧客へのおすすめ、製品づくり、サービス提供、マーケティング、広告、販売などのあらゆる分野で、競合企業を圧倒するためリアルタイムの洞察を得ているのだ。

データネットワーク効果の力

データグラフの構築を成功させるには、製品使用中データの取得、解析、分析が、第一歩だ。このプロセスでは、データネットワーク効果が重要な意味をもつ。この効果は、ユーザーが積極的に（製品やサービスの使用により）、または受動的に（フィードバックにより）データを提供することで、ほかのユーザーにとっての製品やサービスの価値が高まるときに生じる。たとえば、年間１兆２０００億回に上るグーグルでの検索は、同社のナレッジグラフのさらなる充実、検索エンジンの改良、ほかのユーザーの検索結果の質の改善、同社の生成ＡＩであるＢａｒｄ［訳注：現在は、Geminiに改名］を活用したグーグルアシスタント機能の向上に役立っている。[8]

スポティファイ、ネットフリックス、エアビーアンドビーのロジックも同じである。それぞれ、音楽、映画、旅行先を通じた消費者とのコミュニケーションにより、これらのデジタル大手は貴重なデータを獲得し、ほかの消費者によりよい体験を提供することができるのだ。このように、企業が機械学習アルゴリズムを使ってデータを集約し分析すれば、その情報にもとづいてネットワーク内のすべての人が受け取る価値をパーソナライズする方法を学ぶことができる。そして、企業側が消費者とのコミュニケーションを促進すればするほど、得られるデータネットワーク効果も大きくなるのである。

データネットワーク効果は、ユーザーが増えることでほかのすべてのユーザーに提供する価値が高まるという直接的ネットワーク効果とは大きく異なる。インターネット時代の初期には、多くのデジタル企業がこの直接的ネットワーク効果を利用し、ＳＮＳ、メール、メッセージなどのビジネスの拡大を図った。企業はまた、ユーザー基盤が拡大することでより多くの補完的な製品やサービスの開発が促進されるという間接的ネットワーク効果からも、利益を得ることができる。たとえば、アンドロイド端末の売上台数が増えると、ソフトウェア開発者はグーグルのアプリストアであるグーグルプレイ向けのアプリ開発に力を入れるようになり、その結果、将来の購入者や開発者にとって、より魅力的なオペレーティングシステムになるのである。

これらの直接的および間接的ネットワーク効果とは異なり、企業がユーザーを増やさなくてもネットワークの価値を高めることができるのがデータネットワーク効果の特徴である。たとえユーザー数に変化がなくとも、ユーザーの継続的なエンゲージメントにより製品使用中データが集まることで、データネットワーク効果の価値は増大するのである（図2-1参照）。

データグラフの背後にある科学は、デジタル化以前にも存在していた。データグラフは、点と点を結ぶ線によってグラフを描くのではなく、構造化データおよび非構造化データ、スキーママークアップ［訳注：ウェブページの内容を検索エンジンに正確に伝えるための構造化データを追加する技術。ＨＴＭＬに特定のタグを埋め込むことで、検索エンジンが情報をより理解しやすくする］、またはコードを通じて、ネットワークにおけるエンティティ同士を結びつける。手作業でデータグラフの模式図を作成するのは不可能であり、デジタル技術を用いて、世界中の消費者が使用している何百万個にも上る製品のリアルタイムデータを収集し、強力なアルゴリズムによって、データグラフの作成、意味の解釈、データ結果の分析を行う必要がある。企業がデータグラフを作成し、分析し、実用的な洞察を導くまでには、高い計算能力、ＡＩ、機械学習が不可欠である。データグラフが戦略立案に用いられるようになったのがここ5年なのは、これが理由なのだ。

図2-1　データネットワーク効果と直接的および間接的ネットワーク効果の違い

直接的ネットワーク効果

間接的ネットワーク効果

データネットワーク効果

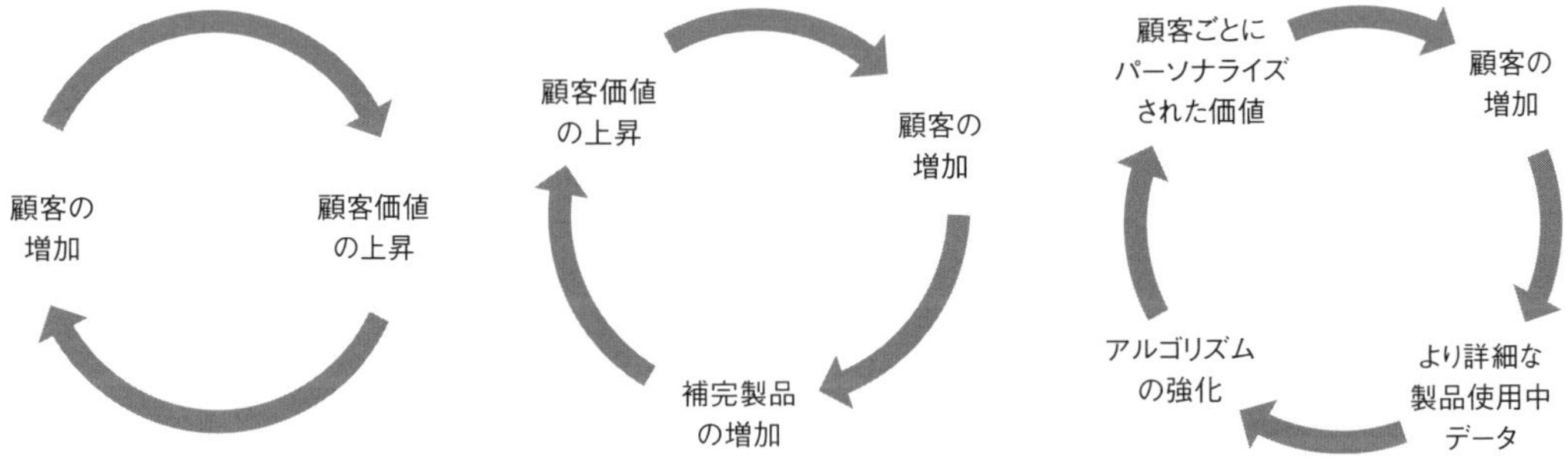

例：電話、FAX、テレビ会議ネットワーク

例：アンドロイド、iOS（アップル）、Xbox（ビデオゲーム）、ユーチューバー、ドアダッシュ、ウーバー

例：グーグル検索、フェイスブック、ネットフリックス、エアビーアンドビー、ウェイズ、ウーバー、アマゾン、スポティファイ、テスラ、ウェイモ

直接的・間接的なネットワーク効果がない環境でも、強力なセンサーやIoTデバイスにより幅広い応用が可能

データグラフ活用企業が勝つ理由

データグラフの先駆者は、製品使用中データを収集・分析し、その結果をすぐさま取り入れることで、提供するサービスに磨きをかけている。常にデータの分類とラベリングを改善し、カテゴリー間の関係を調査し続けることで、AIが顧客にパーソナライズしたおすすめを提供できるようにしているのだ。おすすめが最新かつ関連性のあるデータにもとづいて導出されるよう、アルゴリズムを絶え間なく改良することで、顧客エンゲージメント、満足度、ロイヤリティを向上させられるのである。表2-1に示すように、デジタル企業が先行し、現在もその地位を維持しているのは、データグラフを利用して価値を創造し獲得する能力を絶え間なく向上させる3つの力を引き出しているからなのだ。

大規模かつ迅速に学習する

データグラフを使えば、人々がどのように生活し、働き、遊び、学び、聴き、交流し、視聴し、取引し、旅行し、消費するかなど、ビジネスに関するあらゆる行動を把握できる。これら

表2-1 D2C[訳注]におけるデジタル企業のネットワーク効果の活用状況

データグラフ活用企業	直接的ネットワーク効果	間接的ネットワーク効果	データネットワーク効果	データグラフの種類
エアビーアンドビー	なし	あり	あり	トラベルグラフ
アマゾン	なし	あり	あり	購買グラフ
アメリカン・エキスプレス	なし	あり	あり	支出グラフ
コーセラ	なし	あり	あり	スキルグラフ
フェイスブック	あり	あり	あり	ソーシャルグラフ
グーグル	なし	あり	あり	検索グラフ
リンクトイン	あり	あり	あり	プロフェッショナルグラフ
ネットフリックス	なし	あり	あり	ムービーグラフ
スティッチ・フィックス	なし	あり	あり	スタイルグラフ
スポティファイ	なし	あり	あり	ミュージックグラフ
X（旧ツイッター）	あり	あり	あり	インフルエンスグラフ

注：データグラフの種類は、各企業の代表的な事業領域を示すためのものであり、必ずしも企業内で実際に使用されているとは限らない。
訳注：D2Cは、Direct to Consumerの略。企業が、自社のECサイトなどにより、中間流通を介さず商品を直接消費者に販売するビジネスのこと。

の行動を、リアルタイムかつ大規模に観察したり、コード化したりできるようになったのは、デジタル化のおかげだ。たとえば、メタのデータグラフのポートフォリオは、7つのプラットフォーム（フェイスブック、メッセンジャー、ワッツアップ、インスタグラム、オキュラス、同社のメタバース、スレッズ）の合計30億人以上のユーザーからのデータにもとづいている。

メタは、各ユーザーが何をしているのか、誰を友達に追加し、誰を友達から削除したのか、誰にメッセージを送っているのか、どこに旅行しているのか、どのブランドの話をしているのか、どんな映画を見ているのか、どんな音楽を聴いているのかなどを追跡している。ユーザー間でやりとりされる何十億にも上るインタラクションや、どのサイトにログオンしたのか、どの広告をクリックしたのか、サイトの滞在時間、ページビュー、検索などのデータを、リアルタイムで収集できる技術をもっている。

そうすることで、大手デジタル企業はさまざまなトライアル、実験、ABテストを実施でき、ユーザーが自社のサービスに確実に時間を割くようにしている。たとえばフェイスブックは、投稿や広告を表示する前に、過去のユーザーの行動にもとづき、膨大なデータから関心をもちそうな500個ほどのコンテンツに絞り込んでいる。そして独自のニューラルネットワークがそれらをランクづけし、テキスト、音声、動画などさまざまな形でユーザーに表示する。フェイスブックはこのように、ユーザーエンゲージメントを綿密に計算したうえでコンテンツを表示しており、ユーザーが実際に興味を示すと、同社のソーシャルグラフの規模を急速に拡大させられるのである。

範囲の拡大と提供内容の大幅な拡充

データグラフを活用する企業のほとんどは、収集したデータを機械で読み取れるように変換している。たとえば、エアビーアンドビーのトラベルグラフは、約700万件の物件をもとにしており、そのすべてがエンティティ（都市、観光スポット、イベントなど）と、それらの関係（ベストシーズン、有名な教会、最高の演劇など）でタグづけされている。エアビーアンドビーがピックアップした体験をユーザーが利用しSNSで場所をタグづけすると、このデジタル企業は、その人が借りた部屋、訪れた観光地、食事をした場所、見に行った演劇などの情報を追跡する。

これによりエアビーアンドビーは、各ユーザーが消費するすべての商品やサービスを接続でき、ユーザー全体のデータ集約や、商品の類似性にもとづいたグループ分けも可能となる。これらを利用することで、将来のユーザーに対し、宿泊先の種類だけでなく、おすすめのディナーの場所や観光スポットの空いている時間帯など、パーソナライズされた情報を提供することができる。従来のホテルは宿泊客のデータが連携されていないので（たとえば、予約係は予約に関するデータ、コンシェルジェは日帰り旅行やレストランに関するデータ、スパはゲストが利用したサービスに関するデータなど）、サービスの幅を広げたエアビーアンドビーのほうが顧客により よい体験を提供できるのである。

ほとんどのデジタル企業は、グーグルのナレッジグラフからヒントを得ている。誰もが図書館で調べ物をしたことがあるだろうが、図書館では情報が独立したデータサイロに保管されている。しかし、グーグルは仮想図書館ではない。より相互接続性の高いシステムを構築し、過去20年間に収集したすべての事実を、異なる独立した要素に整理してきた。それぞれの要素は別の種類の情報を提供するが、ほかの多くの要素と結びつけられている。グーグルはデータグラフを導入したとき、5億以上のエンティティ、それらに関する35億以上の事実、および無数の相互関係を索引化した。以来、同社のナレッジグラフと、その基礎となるデータベースの規模と範囲は拡大し続けているのだ。

グーグルが作成したデータセットは、エンティティ間のすべての関係を把握しているため、アルゴリズムがそれぞれの検索の文脈を理解でき、これにより優位性を築いている。たとえば、ユーザーが「ジャガー」と検索した場合、その対象は、南アメリカの動物、イギリスの自動車メーカー、あるいはアメリカンフットボールのチームかもしれない。グーグルのアルゴリズムも、当初はどれなのか区別できなかった。しかし、過去の傾向とユーザーの行動にもとづいて条件ベースのルールを開発したことで、複数の可能性のなかから対象を予測することができるようになったのである。たとえば、そのユーザーが最近動物について調べていたとしたら、検索対象は自動車メーカーやフットボールチームではなく、動物である可能性が高いだろう。

この結論を導き出すために、グーグルはすべてのデータベースをグラフ構造で整理し、リンクさせたのである。このグラフ構造は、「ＯＫ グーグル。来週の水曜日にフォロ・ロマーノとコロッセオのチケットを2枚予約して、グーグルペイで支払っておいて」というような、口頭での検索に対応することも可能にする。基礎となる知識がグラフで表現されているため、アルゴリズムはユーザーが何を求めているかが理解できるのだ。「フォロ・ロマーノ」と「コロッセオ」はイタリアの観光地を指し、来週の水曜日とは4月19日であり、「予約」はチケットの入手、「支払って」はスマホで管理しているクレジットカードの使用を意味していると、さまざまな文脈のなかから判断できるのである。

ユーザーとの相互作用によって意味が変化するたびに、基礎となるナレッジグラフは、最新の関係を表すために改良されアップデートされる。次の例として、アダムス山を登った人が今度は富士山に登りたいと思っている場合の検索を考えてみよう。「アダムス山と富士山では、準備にどんな違いがあるのか」と検索するかもしれない。この質問の答えを見つけ出すため、たくさん検索しなければならないだろう。２０２３年までに、グーグルはさまざまなデータベース間の相互リンクと言語間のシームレスな翻訳により、より適切な回答を提供できるようになった。この機能の一部は、Ｂａｒｄで見ることができる。このように、デジタル企業は、生成ＡＩを通じてユーザーに言葉、画像、数字、音声を使って対話できる会話型インターフェースを構築することで、提供サービスをさらに充実させる可能性を秘めている。

アナログ企業は、各消費者の個々の製品の購入履歴について、それぞれ別々のデータ形式でしか持ち合わせていない。そのため、消費者が製品やビジネスのカテゴリーをまたいでどのような購買行動をとるのか判断することは困難である。その弱点をデジタル企業はビジネス機会と捉え、異なるエンティティ間の意味を論理的に結びつけるシステムを開発したのである。これにより、異なる製品間の嗜好パターンを把握できるようになり、ニッチな需要を見つけて市場に参入し、時間をかけて需要を拡大させていくことで、やがては市場全体を支配するようになったのである。

この戦略は、データグラフの規模と範囲が重要であるため、既存企業は「防御側は点（リスト）で考え、攻撃側はグラフで考える」というサイバーセキュリティの定説に従うことが賢明だ。この戦いで勝利するのは、常に攻撃側である。なぜなら、防御側が攻撃に対して個別に防御策を練る一方で、攻撃側はデジタルシステムが相互接続していることを知っているので、最も脆弱なノードを特定してネットワークに侵入し、制御権を奪い、やがてはネットワーク全体にアクセスするからだ。同様にデータグラフは、より多くのよりよい機会を明らかにするグラフ形式の相互接続された動的ネットワークなのである。

勝利につなげる独自のビジネスアルゴリズムの開発

データグラフは、価値を創造し獲得するためのルールであるビジネスアルゴリズムを通じて真価を発揮する。作成したデータグラフと、結果を生み出すために開発したビジネスアルゴリズムにより、差異化が図れるのである。ビジネスアルゴリズムによって、記述的分析（何が起こったのか）、診断的分析（なぜ起きたのか）、予測的分析（何が起こりうるのか）、処方的分析（何をすべきか）の4種類の分析が可能となるだけでなく、それらを強力な方法で結びつけることで、競争優位が生まれるのだ。

ネットフリックスを例に考えてみよう。ネットフリックスの登録者は、フェイスブックやリンクトインのユーザーとは異なり、互いにつながってはいない。それでも、このストリーミングサービスは、ユーザーがプラットフォーム上で視聴するすべてをリアルタイムで追跡することで、個々人のムービーグラフを作成し、利用者の嗜好を推測している。顧客データを販売してはいないが、エンターテインメント業界でネットフリックスほど製品使用中データから価値を引き出している企業は、ほかに存在しない。

同社は、ユーザーが視聴している映画や番組の詳細なデータ（曜日、時間帯、視聴場所の郵便番号、媒体〈携帯電話、タブレット、PC、テレビなど〉、一時停止、早送り、巻き戻しをしたタイミング、いつ見始め、いつ見終わったのか）を保有している。加えて、ユーザーがメニューをどのように操作し、何をクリックしたのかを記録した詳細なデータを収集することで、その映画や番組を見るきっかけとなったのは何かを分析しているのである。

これらすべてのデータにもとづき、ネットフリックスはアルゴリズムによって、ユーザーのホーム画面をカスタマイズし、その画面を常にアップデートして、その瞬間にユーザーが見たいと思われるおすすめを表示している。2001年当時、加入者45万6000人のうち、ネットフリックスのおすすめを選択した割合はわずか2％だった。それが2020年には、実にユーザーの80％が自分でコンテンツを検索するよりもホーム画面のおすすめを選ぶようになり、加入者は2億人を超えたのである。

製品使用中データだけでなく、同社はすべてのコンテンツに、ジャンル、言語、俳優、監督などの属性でタグづけしている。シンプルに「イイネ！」か「イマイチ」で表されるユーザーからの評価と、データ分析から得られたユーザーの嗜好は、ネットフリックス独自のアルゴリズムにインプットされ、それぞれのユーザーごとに検討セットがつくられる。たとえば、あるユーザーが、連続テレビドラマを昨日見た場合、1カ月前に見た作品よりも、重要度を2倍に設定すべきだろうか、あるいは10倍にすべきだろうか？　そのユーザーが、過去にある番組を10分で見るのをやめ、週末にほかの番組を一気見したり、あるシリーズをリリース直後に見たりしたデータがあれば、アルゴリズムはそれらの情報をどのように計算に組み込むべきだろうか？　これらはすべてのユーザーにとって重要な属性だが、その重要度は人により異なるだろう。

ネットフリックスの強みは、データグラフを使ってＡＩに磨きをかけ、何千ものバーチャルな嗜好コミュニティ、あなたと同じようなコンテンツを好む視聴者の集団をつくり上げられることだ。このコミュニティが、加入者に合わせパーソナライズしたおすすめコンテンツを提供するカギなのである。これこそが、視聴者がネットフリックスで何を見るかどうかを判断する2分間、いわゆる「真実の瞬間」と呼ばれる時間を、同社が勝ちとることに大きく貢献しているのだ。もし視聴者の好みがネットフリックスのおすすめするコンテンツと合わなかった場合、競合しているアップルＴＶ、マックス、Ｈｕｌｕ、ディズニープラス、ピーコック、オンデマンドのケーブルテレビ、地上波のテレビなどに敗れたことになる。２０１５年に行われたネットフリックスの試算によると、パーソナライズしたおすすめを提供する技術により、加入者の解約を防ぐことができ、10億ドル以上の節約につながっている。

同社のデータグラフは、コンテンツ開発戦略の指針にもなっている。視聴される可能性の高いコンテンツを予測できる独自の洞察を利用し、ユーザーから人気を博すであろうオリジナル映画やドラマシリーズの製作を行っているからである。ハリウッドは、直感と過去の興行成績にもとづいて映画を製作する場合がほとんどであり、テレビ局は、ニールセンが調査した視聴率をもとに番組製作と広告料金を決定している。デジタル時代の前から使われてきたこれらの指針は、原始的であり、カスタマイズには適していない。ネットフリックスは、データとアルゴリズムにもとづくデータグラフを活用することで、業界の常識であったパイロット版を製作しないという選択をしたり、HBO〔訳注：Home Box Office。1972年に設立されたアメリカの有料テレビネットワーク。オリジナルドラマ、映画、ドキュメンタリーなどで知られる〕に競り勝って『ハウス・オブ・カード』や『ザ・クラウン』の制作権を獲得したり、全エピソードを同時に配信して一気見を推奨するなど、業界におけるルールメーカーになったのだ。

ネットフリックスが新たに「広告つきプラン」を展開するにあたっては、データグラフの規模、範囲、速度を向上させ、広告主にとって価値があり、かつ視聴者の不満やストレスを最小限に抑える特定の種類の広告を出せるよう注力する必要がある。同社がAIに力を入れるよりも前からデータグラフを用いたビジネス領域のリーダーであったマイクロソフトとの提携は、グーグルやメタに匹敵する新たな広告界のリーダーの登場を予感させる。

戦略家は、デジタル世界における勝者と敗者が、ビジネスアルゴリズムの力によって決まることを忘れてはならない。このことは、マイスペースからフェイスブックに、アルタビスタからグーグルに、パンドラからスポティファイに、あらゆる小売業者からアマゾンにといった流れからもわかるだろう。ビジネスアルゴリズムは、記述的、診断的、予測的、処方的分析を相互接続させた独自の推論エンジンである。これら4つの分析は、それぞれ別々に実施するのではなく、相互関係や依存関係を詳細に示すデータグラフを活用しながら、包括的なフレームワークで4つ同時に行うべきなのだ。

データグラフを支える生成AI

生成AIは、AIの進化における次なる転換点であり、GPT-4、PaLM、ステーブルディフュージョン、DALL-E2などの基盤モデルを使用し、非構造化形式で新しいコンテンツを生成できる。これらのモデルは、テキスト、音声、画像、アニメーション、動画などをほとんどプログラミングすることなく作成できるため、プロフェッショナルだけでなく多くの人々からも注目を集めている。

生成AIチャットボットは、大規模で多様な、定量的、定性的、非構造化データセットで訓練された基盤モデルと広範なニューラルネットワークを活用して、さまざまなタスクを行える。顧客離れの予測や生産工程の最適化といった単一のタスクを実行する特化型AIとは異なり、生成AIモデルは汎用性が高く、専門的な報告書の要約、新製品のアイディアの創出、さまざまなレシピの提供、複雑なプログラミングの実行といった多種多様なタスクをこなすことができるのである。

その核となる考え方は、GPTの3つの文字、「Generative：生成」「Pre-trained：事前学習」

「Transformer：トランスフォーマー」が的確に表現している。トランスフォーマーは、深層学習を用いて訓練された人工ニューラルネットワークであり、ニューラルネットワーク内が多層であることを意味している。ＧＰＴモデルの開発は、訓練のための多くの計算資源と、改良に必要な人的労力のため多額の資金を要する。したがって、ＧＰＴモデルは、マイクロソフト（オープンＡＩを含む）、グーグル、メタ、エヌビディアといった、ごく少数の大手テクノロジー企業によって主に設計されてきた。ほかの企業は、文章校正、執筆のアシスト、製品デザイン、メディアと広告、アート、ソフトウェアコード生成のためのアプリケーションなどを、基盤モデルをベースに開発している。

生成ＡＩモデルは、強化したデータグラフをつくり出すことで、より充実した洞察をもたらす。当然のことながらデータグラフを活用する企業は、自社のグラフをより強力にするためにこの技術を手に入れようと競い合っている。生成ＡＩを利用した新たな検索戦争を繰り広げているグーグルとマイクロソフトは、その一例だ。マイクロソフトは、オープンＡＩに数十億ドルの出資をすることで、検索エンジン、Ｂｉｎｇの再構築を進めており、検索事業を広告により収益化しているグーグルの手法に対抗しようとしている。一方グーグルは、Ｂａｒｄを使って検索エンジンの強化に取り組んでいる。グーグルで、「3歳になる前の赤ちゃんと犬がいる家族が旅行するのは、ブライスキャニオンとグランドキャニオンのどちらがよい？」と検索したら、生成ＡＩの技術がないとたくさんのリンクが表示され、それぞれのリンク先に飛んでよく調べたうえで結論を出すことになるだろう。生成ＡＩを使えば、（リンクつきではあるもの）音声で応答がなされ、日常会話のように文脈を引き継いで質問を重ねられる。グーグルの次なる一手は、囲碁の世界チャンピオンを破ったＡＩプログラムを開発したディープマインド（アルファベット傘下）を活用し、ＡＩへの長期的な投資をさらに強化することだろう。

ショッピングの世界でも、生成ＡＩによる戦いが繰り広げられている。グーグルは、商品、レビュー、在庫状況のリアルタイムデータにもとづき、ショッピンググラフ上に生成ＡＩショッピング体験を構築した。このショッピンググラフは、３５０億の商品リストのうちの約18億が1時間ごとに更新される。アマゾンは、生成ＡＩを使ってカスタマーレビューを要約し、コメントをひとつひとつ読まなくても肯定的もしくは否定的なフィードバックを把握できるようにしている。

一方、メタは広告主が顧客に向けてバリエーション豊富な広告を作成できるよう、生成ＡＩを組み込んだツールを開発している。広告会社であるＷＰＰは、よりカスタマイズされた広告の実現に向け、エヌビディアと提携した。[9] グーグル、マイクロソフトとネットフリックスの提携も、生成ＡＩを用いた広告戦争を激化させるだろう。

スポティファイは、同社のミュージックグラフと生成ＡＩを組み合わせ、ＡＩを搭載したＤＪを発表した。これはユーザーの嗜好を把握し、それに合わせて音楽のラインナップを更新するパーソナライズしたサービスを提供するものだ。ＣｈａｔＧＰＴをプラットフォームに統合したエアビーアンドビーも、生成ＡＩを核としたいままでにない旅行体験を私たちに提供してくれるだろう。生成ＡＩの進化によりデータグラフの使用方法が大きく変われば、さらに強力なイノベーションが創出されるに違いない。

産業データグラフへの道のり

データグラフとＡＩを使ってビジネスモデルを設計したデジタル企業は、消費者市場で力をもっていた多くの企業に取ってかわることとなった。データ主導の世界においては、独自のデータグラフと差異化されたビジネスアルゴリズムを有する企業だけが、競争を制することも明らかになってきている。消費者市場の既存企業の多くは、データ、データグラフ、アルゴリズムの変革力を正しく認識していなかったため、瞬く間にデジタル企業に追い越されてしまったのだ。

デジタル企業が、データグラフとアルゴリズムを使用して、現在は所有する技術、設備、機械、インフラから価値を生み出している産業界企業に立ち向かう戦略を立てられるかを考えることは当然だ。もし、デジタル企業にそれができるのであれば（できないはずがない）、産業界企業は、デジタル企業への対抗策を学ばなければならない。次章では、産業データグラフの開発方法を学ぶことで、産業界企業がデジタル世界でどのように生き残り、さらには成功を収めることができるかについて解説していく。

第3章

反撃に転じる産業界大手

Chapter3
Industrial Giants Are Fighting Back

デジタル化への移行によってビジネスが脅かされている状況を、産業界企業が黙って見ているわけではない。ＡＢＢ、キャタピラー、エマソン・エレクトリック、フォックスコン、ＧＭ、ハネウェル、ジョンディア、ロールス・ロイス、シーメンスといった企業は、デジタル新興企業によって業界のルールが再定義されるかもしれないことを認識している。アセットライト分野の企業が脅威を見誤ったことを目の当たりにしたこれらの企業は、ビジネスプロセスのデジタル化や、デジタル業務のクラウドへの移行に時間と資金を投入してきている。

しかし、それだけでは十分ではない。産業界は、自社の中核事業のデジタル化、すなわち製品のデジタル化に焦点を当てなければならない。そのためには、建設機械、トラクター、電力網、自動車などの産業機械を、デジタルファーストに設計し直す必要がある。こうした工業化時代の近代的製品を、リアルタイムのモニタリング、リモートでの調整、アルゴリズムによる最適化などが可能な設計にしなければならないのだ。産業界がデジタルの課題に立ち向かうには、製品設計の根本的な見直しが不可欠である。

あらゆる産業製品が、各社が予想するよりも早くデジタル化されていくだろう。それらの製品は、さまざまな消費者がそれぞれ別々の場所で使用しながらも、データを送信できる機能を備えていなければならない。そしてこれは、第４次産業革命、インダストリー４・０への移行を促進する役割を担っている。[1] この移行は、戦略的かつ破壊的で、デジタルネイティブ企業は新たな能力を携えて産業界に参入し、既存企業は、アセットライト分野で何が起きたのかを半ば強制的に学ぶことになる。

フュージョンの未来に備え、すでに行動を起こしているCEOもいる。２０２０年以降ジョンディアのCEOを務めているジョン・メイは、同社がいうところの「先端技術の統合を加速化するスマート産業戦略と、長年培ってきたジョンディアの製造技術」を組み合わせることで、デジタル産業戦略を推進してきた。[2] 同社の狙いは、農業分野と建設分野で、知能をもつ接続された機械やアプリケーションを提供することによって顧客の事業全体の価値を高めることである。その技術スタック〔訳注：ソフトウェア開発において使用されるオペレーティングシステム、プログラミング言語、フレームワーク、ライブラリ、ツール、データベースなどの技術の組み合わせのこと〕には、ハードウェア、ソフトウェア、ガイダンスシステム、相互接続性、知能や自律性を強化したオートメーションなどが含まれる。ジョンディアの技術スタックは、スマート産業企業になるためのアプローチを反映した戦略スタックだと、私たちは考えている。

ハネウェル［訳注：アメリカに本拠を置く多国籍企業。主に航空宇宙、ビルオートメーション、高性能材料技術、安全・生産性ソリューションの4つの分野で事業を展開している］の前CEOであり、熟練したコンピューター技術者でもあるダリウス・アダムチックは、ソフトウェアを同社の中核に据えることを宣言した。現CEOのヴィマル・カプールは、デジタル変革に精通した人物である。アダムチックは、「自分たちのこれまでのビジネスを大きく変革し、思い切ってソフトウェア企業に生まれ変わる必要があった」とインタビューで語っている。ソフトウェアがもつ力を原動力に、ハネウェルは新たな顧客価値を見出し、業務効率を高めようとしている。産業用量子コンピューターを開発しているクオンティニュアムの株式の過半数も取得しており、ハネウェルのデジタル変革はさらに加速していくことが予想される。

同様に、2021年、当時フォルクスワーゲンの会長だったヘルベルト・ディースは、ドイツのヴォルフスブルクで次のように述べている。「いま、データと電気が私たちを突き動かしており、当社のEVの充電体験をいかに改善するかに取り組んでいる。顧客と直接コミュニケーションし、無線でソフトウェアをアップデートできるようにしている。フォルクスワーゲンは、新しい自動車「NEW AUTO」競争の幸先のよいスタートを切ることができた。私たち自動車メーカーは、車を走らせることでブランド価値を高めるだけの企業から、世界中で走る何百万台ものモビリティデバイスを確実に運用するデジタル企業へと生まれ変わらなければならない」。新CEOのオリバー・ブルーメは、「NEW AUTO」のロードマップに傾注しており、その一環として、新しい車両オペレーティングシステム、クラウドプラットフォーム、すべてのブランド向けの新しい車両アーキテクチャーを含む、テクノロジーとソフトウェアの統合プラットフォームを構築するという大胆な行動に出ている。[3]

農業機械、建物や資材、航空宇宙、自動車は、それぞれ異なる産業であり、受け継いできた伝統もさまざまだが、大量の鉄鉱（ビッグアイロン）とビッグデータ、鋼鉄とシリコン、機械とクラウド間のデータリンクを備えたフィジカルインフラとデジタルインフラのように、デジタルとフィジカルが融合するなかで、その役割と関係性を構築し直す課題と機会に直面している点では共通している。こうした相互接続や相互のやりとりが重要となっているいま、既存企業は何をすべきだろうか。フュージョンの未来は彼らの目前に迫っており、明日の成功はいま起こす行動にかかっているのだ。

このデジタルによる革新・破壊・変革の大きな渦に巻き込まれているのは、これら4つの産業だけではない。しかし、現在進行形で起きている事業環境の変化を示すよい例であり、あらゆる産業界の経営層に対して、自らの戦略の選択肢を考え抜くよう呼びかけるきっかけとなるだろう。最初にすべきことは、もちろん産業データグラフの作成である。

産業データグラフの特徴

消費者部門と産業部門のデータグラフは、どちらも製品使用中データにもとづいているものの、多くの点で違いがある。アセットヘビー分野の企業は、この2種類のデータグラフの違いをしっかりと認識したうえで、データグラフの作成、構築、実行へと移る必要があるのだ。

まず、消費者データグラフは、限られた属性にもとづいている。たとえば、消費者がある広告を気に入り、提示された割引を受け入れたかどうかなどである。このような洞察は、単純なプロトコルで遠隔から簡単に追跡できる。これに対し、産業データグラフは、現場での機械のパフォーマンスに関する多くの複雑な属性にもとづいている。自動車が真冬の困難な道路状況でどのように自律走行するか、あるいはトラクターが作付シーズンの農場でどのような性能を発揮するかといったデータを取得することは、音楽や映画の嗜好についての消費者のデータを記録することとは異なるのである。

産業データグラフは、消費者データグラフに比べ、データ量こそ少ないかもしれないが、数字、テキスト、３Ｄ画像、音声対話など、より多様性に富んだデータになると考えられる。産業界企業は、欠陥製品の画像、機械の音、自動運転を記録した動画など、多種多様なデータをリアルタイムで収集することが可能だ。

消費者データグラフの開発は、その規模とスマートフォンの普及のおかげで、比較的容易に正当化することができる。しかし、産業データグラフの場合、豊富なデータをビジネスの成果に結びつける説得力のある投資理論が必要となる。

知ってか知らずか、消費者はしばしばデジタルネイティブ企業に、個人データへのアクセス権を与えている。しかし産業界企業は、消費者に帰属している製品使用中データにアクセスし、収集し、分析するための法的な許可をまず得なくてはならない。そのためには、正式な契約を結びデータを共有してもらうかわりに、顧客に対して何らかのインセンティブを与える必要がある。顧客データの管理者となる企業は、顧客からの信頼を獲得し、顧客に自分では手に入れることのできない価値を提供することで、その信頼を維持することが求められるのだ。

産業データグラフには、致命的な結果につながるものもある。アマゾンの商品が時間どおりに届かなかったら顧客は不便に思うだろうし、ネットフリックスのおすすめ番組がつまらなかったらユーザーは気分を害するだろう。一方、航空機のエンジンが故障したり、自動運転車が道路状況を正確に読みとることができなかったら、人命にかかわる事態を招きかねない。このように想定されるリスクが高いため、産業データグラフに必要な技術基盤、データの正確性、分析能力は、消費者データグラフよりもはるかに強固な根拠にもとづく、強力なものでなければならないのだ。

産業データグラフの利点は、消費者データグラフが間接的な影響しか測れないことが多いのに対し、財務数値で定量化できることだ。たとえば、航空機エンジンのメーカーは、エンジンの信頼性と使用時間が顧客利益に与える影響を数値化できる。一方、消費者企業は、顧客の離脱やエンゲージメントなどの指標を通して間接的に効果を測定することしかできない。

最後に、消費者データグラフは広告やサブスクリプションによって収益化できる一方、産業データグラフは異なるアプローチが必要になる。ほとんどの場合、広告から収益は得られないので、データ主導でもたらされた洞察とそれぞれの顧客に応じた推奨事項をもとに顧客に価値を提供することによってのみ、収益化できるのである。

産業データグラフ＋生成ＡＩ＝フュージョンの力の増強

フュージョン戦略は、産業データグラフだけでなく、もちろんＡＩにももとづいている。産業界はこれまで何十年にもわたり、石油探査、航空路線計画、交通ルート作成、サイバーセキュリティ、リスク管理などの多岐にわたる分野で、ＡＩ活用の最前線に立ってきた。しかし、これらのＡＩ活用は企業独自のものであり、業界内あるいは業界を超えての共有は最小限に抑えられてきた。

産業界はいま、生成AIの時代を迎えている。文章や詩を書いたり、画像、メロディー、映画を作成したりできる生成AIの能力に注目が集まっているが、本来注目すべきは、ビジネスロジックを変革することで新たな競争優位の源泉をつくり出し、従来の能力を過去のものとしてしまう能力である。生成AIは、単なる生産性向上だけではなく、新たな形の経済的価値を生み出すのである。その過程で、業界やエコシステムの競争的相互作用の性質を、根本的に変えてしまうのだ。このことを認識できない企業は、チャンスを逃し、存続の危機に直面するだろう。

インターネットによって企業はeコマースチャネルが構築できるようになり、スマートフォンはモバイルコマースを可能にした。この2つのイノベーションによって、消費者を取り巻く環境は一変したのである。これに対し生成AIが産業界にどのような影響を与えるかというと、産業ビジネスの競争論理を決定的に変革するのだ。生成AIは、複雑な設計を行い、マルチモーダルデータ［訳注：テキスト、画像、動画、音声などさまざまな形式が混在するデータのこと］から洞察と傾向を抽出し、変化する状況を予測し先を見越して対応し、曖昧かつ不完全なデータを処理することなどが可能である。生成AIは、文脈に応じた適切なデータで訓練することで、複雑な質問に答え、非線形的な問題を正確かつ迅速に解決できるようになる。今後の18カ月で生成AIが最も大きな影響を与えるのは、アセットヘビーかつ大量の情報がある部門や分野であるというマッキンゼーの分析に私たちも賛同する。[4]

図3-1　生成AI技術スタックが産業部門に与える影響

企業独自のモデルとプラグイン	GM　メルセデス・ベンツ ウェイモ　テスラ	ジョンディア　バイエル ケースIH	キャタピラー ABB ジョンディア	ハネウェル シーメンス ベクテル
ドメイン特化型、垂直分野のGPT	自動車	農業	建設	建物
クラウドプラットフォーム（クラウド開発者に共有されるコンピューターハードウェア）	アマゾン ウェブ サービス、オラクル、セールスフォース、マイクロソフト・アジュール、IBM			
コンピューターハードウェア（モデルのトレーニング専用のチップ）	エヌビディア、グーグル、AMD、インテル、TSMC、IBM			

ブルームバーグ［訳注：1981年設立のアメリカの金融情報サービス会社。金融市場向けのニュースやデータ、分析ツールを提供し、投資家や金融機関に広く利用されている］が、2023年3月に発表した生成AI「ブルームバーグGPT」を例に考えてみよう。[5] オープンAIなどのGPTモデルとは異なり、この大規模言語モデルは、金融業界におけるさまざまな自然言語処理を支援するため、多種多様な金融データで訓練されている。ブルームバーグは、本質的にこの技術を、すべての金融プロフェッショナルを支援するものと位置づけている。同様に、オンライン教育プラットフォーム、カーンアカデミーの創設者であるサル・カーンは、生成AIを活用し、同教育プラットフォームの生徒に向け、パーソナライズしたAI家庭教師「カーンミゴ」を開発している。[6]

特定業界に特化したモデルは、その業界が変革する際に生成ＡＩが果たす役割をさらに大きくするだろう。しかし生成ＡＩはまだ発展段階にあり、各企業はこの技術を試し、アウトプットが信頼に足るものであることを保証するため、適切なガードレールを設置する必要がある。図３‐１は、産業部門における個別でありながら相互接続された技術スタックを備えた生成ＡＩアーキテクチャーの概略図である。このアーキテクチャーが進化するにつれて、データグラフと生成ＡＩは、フュージョン戦略を推進し形作る結合力となるだろう。

データグラフと生成ＡＩの活用方法

データグラフとＡＩを戦略に組み込み、競争優位を獲得するには、産業界は次の３つのルールに従わなければならない。

1　三種のツインでデータネットワーク効果を設計

産業界企業は通常、三種類のデジタルツインのうち、少なくともひとつは使用している。「プロダクトツイン」とは、設計・開発段階の製品を仮想空間上で描いたものである（設計段階の製品）。「プロセスツイン」とは、サプライヤーや流通業者の役割を含む、エンドツーエンドの製造プロセスをデジタルで表現したものである（製造段階の製品）。最後に、最新の技術である「パフォーマンスツイン」とは、使用中の製品をデジタルで表現し、現場でのパフォーマンスに影響を与える要因についてのデータを、追跡し、収集するものである（展開段階の製品）。

多くの場合、産業界ではデジタルツインを機能に応じて使用しており、プロダクトツインは研究開発や設計部門、プロセスツインはサプライチェーンやオペレーション部門、パフォーマンスツインはマーケティングやサービス部門に割り当てている。これらのデジタルツインが、境界に隔てられ、それぞれ独自に活用、資金投入、運営されている場合、得られるメリットは限定的になる。産業データネットワーク効果は、設計・製造・展開の3つのデジタルツインを結びつけることで生まれるのだ。私たちはこれを、三種類のデジタルツイン、略して三種のツインと呼んでいる（表3-1参照）。

三種のツインによって、現場のデータを、特定のプロセス（生産ライン、一次サプライヤー、および二次サプライヤー以降）にまで遡って追跡できる。ビジネスプロセスのはじめから終わりまで重要な要素がシームレスにリンクされると、三種のツインの効果により、産業分野で新たな価値を必ずや創出できるだろう。まず、プロダクトツインとプロセスツインの組み合わせにより、ビジネス効率が大きく向上する。しかし、この2つだけではデータネットワーク効果は得られず、パフォーマンスツインが加わったときにはじめてその恩恵を手にすることができる。

表3-1　三種類のデジタルツイン

特徴	プロダクトツイン（設計段階）	プロセスツイン（製造段階）	パフォーマンスツイン（展開段階）
ビジョン	設計・開発段階の製品	エンドツーエンドの製造プロセス	展開段階の製品（現場でどのように機能するかについてのデータの追跡と収集）
機能的責任者	プロダクトデザイナー	製造およびサプライチェーン部門の経営幹部	ディーラーやパートナーと連携したマーケティング担当者およびサービスエンジニア
メリット	最高の製品を設計するため、コンポーネントとサブシステムの最適な構成を使用する際のトレードオフ	製造工程の調整により、作業効率を極限まで高める	現場の詳細なパフォーマンスデータを追跡、収集し、そのデータのインプットにより生み出されるデータネットワーク効果

三種のツインの効果を最大限発揮するには、現場から継続的にデータを収集する必要があるのだ。

複数の監視装置で全製品のパフォーマンスをモニタリングしている、あるメーカーの管理センターを想像してほしい。このシステムにより、経営陣は自社製品がいつ、どこで、どのように、設定した機能レベルで作動しているか、あるいはいつ故障したのか、元の状態に戻すのにどれくらい時間がかかるのかを把握できる。三種のツインにより、組織の管理センターで常に根本原因分析が行われ、グラフデータベースも利用し、さまざまな顧客の問題を解決するメカニズムを導き出すことができるのだ。

この三種のツインのメリットは、テスラ車の事故を例にとるとわかりやすい。三種のツインを取り入れているテスラでは、設計時のプロダクトデータ、生産ラインや製造に関わったロボットや従業員などのプロセスデータ、速度、行き先、シートベルトの着用状況、天候、人間の運転かオートパイロットシステムによる自動運転かなどのパフォーマンスデータを取得している。事故が起きたときには、緊急車両が現場に到着するよりも早く、その事故のデータを過去に発生したテスラ車の事故データとリンクさせ、その事故を招いた可能性のある要因の仮説を立て始める。取得したデータを分析チームがスケール感とスピード感をもって研究すれば、欠陥を完全になくすとはいかないまでも、最小限に抑える方法を見出すことは可能だろう。これに対し、従来の自動車メーカーの多くは、製品の設計と製造についてのデータしか持ち合わせておらず、しかもそれらのデータは、部門別にサイロ化された形で管理されている。製品使用中データすらもっていないため、自動車事故の根本的な原因を突き止めることができず、状況改善のための新たなアプローチも生まれてこない。

シームレスなデータフローの上に三種のツインが導入されている場合、生成ＡＩシステムは、放置しておくと後に重大な問題を引き起こしかねない事故や軽いトラブルといった欠陥の原因を、高い確率で特定できる。エヌビディア、Ｃ３・ａｉ、ＰＴＣ、シーメンスなどのテクノロジー企業が行った開発は、生成ＡＩを導入・活用するための前段階として産業界企業が三種のツインを共通のフレームワークに統合する方法を提供している。表3-2は、産業データグラフによって、産業界の競争がどのように再編される可能性があるかをまとめたものである。

企業がアプリやクッキーによって消費者の行動データを収集することは、もはや当たり前に

表3-2　データグラフによって再編される産業界の競争

産業分野	データグラフにより競争を再編する中心的企業
農業	ジョンディア、バイエル（モンサントおよび同社の一部門クライメート・コーポレーションを含む）、ケースIH、ダウ
パーソナルモビリティ	ウーバー、ウェイズ（グーグル傘下）、DiDi、オラ、グラブ
自動車によるモビリティ	テスラ、ウェイモ（グーグル傘下）、従来の自動車メーカー（GM、フォード、メルセデス・ベンツ、BMW、トヨタ、現代自動車など）、コンチネンタル、ボッシュ、ファイアストン
商業ビルの運営	ハネウェル、ロックウェル・オートメーション、シーメンス
航空路線と航空機の運営	GE、ロールス・ロイス、ボーイング、エアバス、そのほかの1次サプライヤー
石油・ガス・エネルギー	石油大手、シュルンベルジェ、ベーカー・ヒューズ、エマソン・エレクトリック、ハリバートン
商業流通	UPS、フェデックス、DHL、ノーフォーク・サザン、BNSF、CSX
個別健康管理	ビッグ・ファーマ、CVS、ブルークロス・ブルーシールド、医療供給者、アップル、グーグル、デジタルヘルススタートアップ（例：23andMe）
スマートシティ	IBM、ベライゾン、サムスン、グーグル
ニューリテールとオムニチャネル	大手ブランド、小売店、デジタルスタートアップ、アマゾン、アリババ、ウォルマート、ターゲット

なっている。とはいえ、産業界は、複数ソースから得たデータを組み合わせることの可能性を模索し始めたばかりである。たとえば、ロールス・ロイスは航空機エンジンのデータ分析を行う「R^2データラボ」を設立し、民間航空会社に提供するサービスの向上を図っている。[7] 大量かつ多様なデータを高速で分析する能力は、ほかのエンジンメーカーに対する競争優位をもたらしている。産業界においてデータリーダーシップを維持するには、三種のツインとデータネットワーク効果を活用する必要があるのだ。

2 製品オントロジーの強化

ネットフリックスは、ユーザーが実際に視聴したジャンル、言語、ムードなどの映画のオントロジー〔訳注：知識を体系化し、概念やその関係を明確に定義する枠組みのこと〕を熟知しており、その知識をもとに、ユーザーの心をつかむコンテンツを推奨している。[8] エアビーアンドビーは、各個人が泊まった部屋だけでなく、訪れた観光地、食事をした場所、鑑賞した演劇といった、異なる視点からもデータを追跡している。データグラフの範囲を拡大させたことで、同社はよりターゲットを絞った、パーソナライズされたおすすめ情報を提供できるようになった。[9] 産業界も同様に、よりよい顧客価値を提供するため、データグラフのオントロジーを拡大させなければならない。

ここで、アルファベット傘下で農業事業に特化した企業、ミネラルを見てみよう。農業分野のデータ化は、まだ少ししか進んでいない段階ではあるものの、潜在的メリットは非常に大きい。ミネラルのホームページによると、同社は以下のような信念のもとに事業を展開している。「ほとんどの企業は、機械学習を最大限に活用するために必要な量、多様性、品質を満たしたデータを収集していません。そこで当社は、マルチモーダルデータを、よりよく収集、整理、修正、拡張するためのツールを開発し、独自のブートストラップ農業データセットを構築しました」。あらゆる農作業や作物に適したデータ収集方法は存在しないため、同社は、「大量の高品質画像の撮影が可能な農場調査車両の開発から始め、それから時間をかけて、ロボット、サードパーティの農業機器、ドローン、監視装置、携帯電話などのさまざまなプラットフォームで機能する汎用知覚技術の構築へと拡大しました」とする。ミネラルは、新たな技術やアプローチで多次元データセットをさらに活用できるようになったことで、詳細な農作物グラフを作成でき、農業のデジタル化を加速させている。このような洞察はやがて、農業や食品業界のさまざまな企業が、農場から食卓までのリアルタイムデータを使ってエンドツーエンドの理解を深め、作業を効率化し、持続可能な農業を推し進めることに役立つだろう。

次に、ある自動車メーカーが、自動車の販売から輸送サービスの提供に移行したいと考えているとしよう。その場合、データグラフのオントロジーを拡張して、日や月をまたいだ位置情報、目的地、レジャーかビジネスかなどの目的別に好まれる移動手段、旅行のタイプ別に見た価格感度など、多様性に富んだ新しいデータ要素を含める必要がある。そうすることで、ウーバー、ＤｉＤｉ、リフトなど、人々がどのように交通機関を利用しているかを24時間３６５日分析しているモビリティ企業と競合できる。個々のニーズや嗜好を満たし、かつ許容できるコストで移動ソリューションを提供するには、正確で具体的なデータを収集しなければならない。そのデータこそが、パーソナルモビリティのニーズと優先順位の包括的なオントロジーの作成に役立つのである。[10]

産業界のリーダーは、新しい差異化の原動力としてデータグラフを理解するために、自社のオントロジー開発に投資しなければならない。これを怠り、データを単に運用における戦術として扱っていては、デジタルツインが獲得しうるネットワーク効果を享受できない。より充実したオントロジーを開発するには、データグラフを形成するデータの正確性に留意する必要がある。ハネウェルは、顧客の拠点で機械やシステムが故障した場合、それが自社の管理下の要因なのか、顧客やパートナーの行動によるのかの判断を、きわめて重視している。これは、複雑なサプライチェーンに依存しているＧＭやフォードのような自動車メーカーにも当てはまる。エンドツーエンドの監視が可能なデジタルツインは、データフローやオントロジーを含むサプライチェーン全体を網羅して、正確性を担保する必要がある。とくに複数のエンティティが関係している場合、正しく分類できないと、問題解決のための努力がすべて水泡に帰す可能性もある。

産業オントロジーは、さまざまな状況でデータ構造を説明する言葉をもとに、機械がどのように動作し、顧客の生産性にどのような影響を与えるかを理解する。これは、デバイスが電気機械アーキテクチャーからデジタル産業アーキテクチャーに移行し、ハードウェア、ソフトウェア、データ、接続プロトコルを包含するにつれ重要になる。機械の操作（および障害）状況を表現する方法を改善・強化することで、企業はデータグラフを活用してより効率的な機械を製造し、顧客の成果を向上させることができる。そしてこれは、生成ＡＩを活用するために必要不可欠な前提条件となるのである。

産業データグラフで概念がどのように相互接続されているのかについての理解は、まだ十分に深まってはいない。企業は、独自のデータベース構造をもつ別々の部門にデータを保存してきたため、オントロジーをグラフで表現することは困難である。しかし、シーメンス、ボッシュ、ロールス・ロイス、ハネウェル、ＡＢＢといった産業界の大手企業は、機械と操作の相互に関係する知識を描写するグラフを開発した。[11] アマゾン ウェブ サービス、マイクロソフト・アジュール、ＩＢＭなどのクラウドコンピューティングプロバイダーは、このプロセスを支援するツールやアプリケーションを提供している。

産業製品の使用中データを取得するには、短期的には後から機械にデバイスを取り付け、新しいプロトコルを作成しなければならないが、長期的には製品に通信機能を組み込み搭載する必要がある。遠隔測定はより強力なものになってきており、高周波、赤外線、超音波、ブルートゥース、ＷｉＦｉ、衛星、ケーブルを使えば、遠隔地からでも自動データ送信が可能となった。

大規模言語モデルは、デジタル領域における重要な進歩であり、学習した知識によって、産業領域を変革することが期待されている。これまでのところ大規模言語モデルの影響は、記事の要約、ストーリーの下書き、画像の作成、長文の会話などに焦点を当てた、早期に応用できるアセットライト分野（検索、顧客とのやりとり、教育）に限られていた。これらの用途は、産業とも関連し適用可能ではあるものの、戦略性は乏しい。大規模言語モデルが戦略性を発揮し、ゲームチェンジャーになる可能性があるのは、機械の故障原因を理解し、いままでわからなかった概念間の関係を解き明かし、より簡単に根本的な原因を特定し、それに対処するための行動を提案し、機械を再設計する最善の方法を導き出せるように訓練されたときである。産業機械が「目と耳」を発達させ、機械が現場でどのように動いているかを、音声、画像、動画といったマルチモーダルな形で説明するより包括的なデータを送信できるようになることは、非常に楽しみである。実現されれば、産業界は生成ＡＩを活用し、適切かつ的を絞った方法で、顧客への提供価値を向上させることができるからだ[12]。

衛星画像を使って小麦の葉やピクセルを数えたり雑草を判別したりといった農業分野に機械学習が非常に適しているという、ミネラルのＣＥＯであるエリオット・グラントの意見に私たちも同意する。ここで重要なのは、絶対的な正確性ではない。もし機械が、数ミリ秒で何百万本もの植物の中から雑草の90%を判別できるとしたら、人間が何時間もかけて畑を歩き回るよりもはるかに効率的だ。産業の多くの場面で、機械は手ごろな価格で大規模かつ高精度の結果を提供できるのである。[13]

産業データは複雑になる可能性があり、機械学習と生成AIは価値あるソリューションを提供するだろう。モデルのサイズが年々拡大し、ヘルスケア、ソフトウェア、セキュリティ、物流などの分野でモデルを使った実験がより一般的になるにつれ、産業オントロジーの理解を深めるためには大規模言語モデルの利用を検討することが不可欠になる。大規模言語モデルを導入する企業は、導入しない企業に対し、優位に立つことになるであろう。

3　AIの力で顧客の重要な瞬間を捉える

産業データグラフとアップデートされた知識オントロジーは、強力なツールとなりうるが、特定の顧客にパーソナライズした洞察を提供し、より優れた成果を上げるには、補完的なアルゴリズムが必要である。このアルゴリズムを使い、相互に関連する4種類の分析を実行するのだ。

「記述的分析」によって、独立した記録のためのシステム（SoR）にもとづくのではなく、相互依存する一連のデータグラフにもとづき何が起こったのかを理解できる。ダッシュボードが、信頼性、平均故障間隔、重大な欠陥の発生源、そのほかの機械のパフォーマンスに関する指標といった静的な統計を提供するのに対し、データグラフを使えば、経営陣はより深く掘り下げて調べることが可能になる。ドメインや企業間の情報をリンクさせることで、さまざまな環境における機械のパフォーマンスの傾向を分析できる。そして、データグラフは対話で照会できるようになってきているため、データ専門家による分析に頼っていたときよりも、簡単にタイムリーな行動を起こせるのである。

「診断的分析」によって、機械の故障の根本原因分析を行い、それらを制御可能な要因と制御不可能な要因にマッピングすることで、それらの事象が起きた理由を理解できる。データグラフは、個々の産業機械を個別に扱うよりも、故障や予想レベルからの逸脱原因をより深く調べることができるのだ。あるサプライヤーの部品を使用したことで、パフォーマンスの低下を招いてしまったのだろうか？　顧客は、推奨された操作手順から逸脱したのだろうか？　重要な概念と相互関係をグラフ構造で統合したオントロジーをもつことで、このレベルでの診断的分析を行うことが可能になる。十分に訓練した生成ＡＩを使用することで、診断的分析はより迅速かつ正確になるのである。

「予測的分析」は、グラフ構造を使って、何が起こりうるかという問題に取り組む。機械が、さまざまな場所にある別の装置や機器とどのように連動しているかを知ることで、経営陣は故障やパフォーマンス低下が生じる可能性を予測できる。この相互依存するグラフ構造にもとづく予測は、サイロ化されたモデルよりも効果的である。問題が予測できれば、経営陣はそれに対処するためのルールを策定したり、シミュレーションを通じて代替策を検討したり、事前に責任を割り当てておくことができるのである。

「処方的分析」では、次のような問いを立てる。自社の機械や設備で最高の体験を提供するためには、顧客をどのように支援すべきか。問題をすぐに解決する(たとえば、ソフトウェアの無線アップデートや、わかりやすい操作説明など)ために、何ができるのか。このような分析を行うことで、製品がさまざまな配置や組み合わせによって現場でどのように動作するかをエンドツーエンドで把握し、顧客の問題に対処する一連の手順を評価できる。産業界は、処方的分析を中心として、効果的で差異化されパーソナライズされた価値を顧客に提供するモデルの構築ができるのである。

図3-2に示すように、データバリューチェーン固有のこれら4つの分析は、データをビジネスの成果に結びつけるために調整される必要がある。これは抽象的レベルの洞察を得るためにデータを分析するのではなく、ネットフリックス、スポティファイ、ウーバー、テスラといったデジタルネイティブ企業に見られるように、データをビジネスの成果に結びつけることなのだ。

データバリューチェーンは、緊急時や例外に対する単なる一度限りの解決策ではない。大規模言語モデルと、何億ものテキストトークンで表されるギガバイト単位のデータを組み合わせ

図３-２　データバリューチェーンと４種類の分析

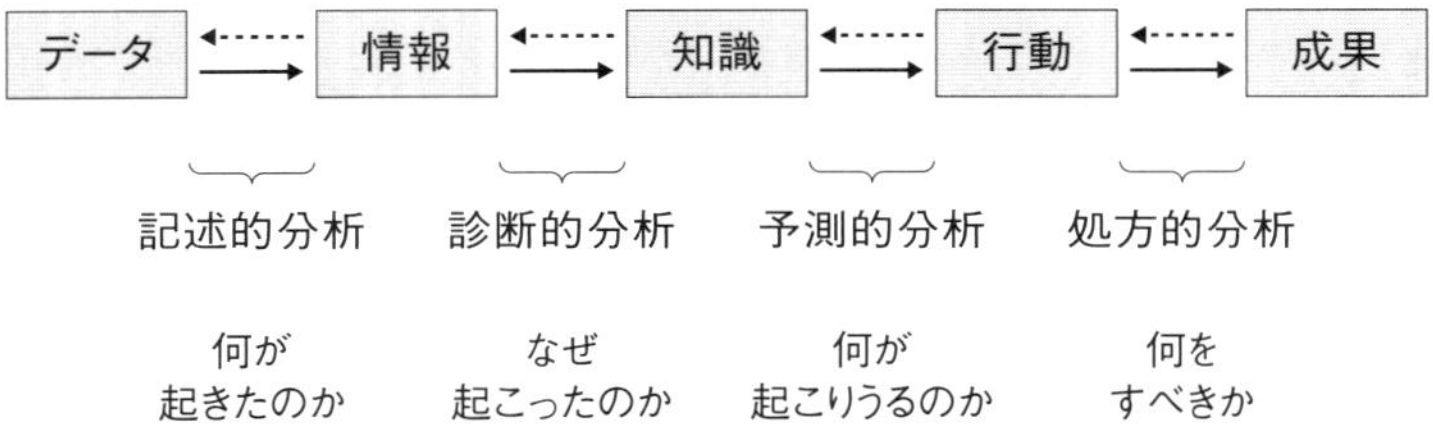

た生成ＡＩの核となる部分なのだ。原材料を完成品へと変える製造業のバリューチェーンと同じくらい、データバリューチェーンは重要なのである。

　これからは、顧客が必要とするものを適切なタイミングで的確に提供するため、補完的なデータバリューチェーンを理解しておくことが不可欠になる。生成ＡＩは、データをビジネスの価値に結びつけ、産業界とその顧客にとっての真の価値を未開拓のビジネスの可能性から引き出すことができる重要なツールである。つまり、ＡＩは単なる技術的問題ではなく、上級管理職が本腰を入れて取り組むべきものなのである。

　ロールス・ロイスは、これら４種類の分析を使い、２つの便益を享受している。第一に、各航空会社は自社の航空機のデータしかもっていないのに対し、同社はすべての顧客の製品使用中データを分析できる強みがある。ただし、最高レベルのセキュリティ、プライバシー、機密性を確保しなければならないが。このように広範囲のデータにアクセスすることで、優れた洞察を導き出し、顧客の問題を解決することを可能にしている。第二に、ＡＩを使って大量かつ動的なデータグラフを分析することで、ロールス・ロイスはさらに高品質な製品の設計・開発を行うことができる。その結果、このようなフィードバック効果のない競合企業の製品ではなく、ロールス・ロイスの製品を購入したいと考える顧客が増え、同社のデータグラフの規模、範囲、速度はさらに向上していくのだ。

直面する新たな戦い

製品使用中データは、急速な勢いで産業の競争を変化させている。以前は、このようなデータを手に入れることは困難だったが、三種のツインにより、データの追跡とトレースが容易になった。三種のツインは、各企業が独自のデータグラフを作成するために必要なリアルタイムデータを提供し、これらのデータグラフはデータネットワーク効果によって価値が高まっていくのである。

企業は、製品がどのように使用されているかを分析することで、顧客ごとにパーソナライズしたソリューションを導き出したり、製品の操作や相互作用の理解を深めたりできる。産業データグラフを活用したこのアプローチは、競争の次なるフロンティアになりつつあるのだ。自社製品そのものの情報や、それが顧客にどのように付加価値を与えているかについての情報を収集するにつれ、より鋭い洞察を得て、よりよい提案を行えるようになり、まだ産業データグラフを導入していない企業よりも優位に立てるようになる。

ここまでで、ビジネス戦略におけるフュージョン（第1章で説明）、アセットライト分野とD2C分野で勝利する戦略を導き出すためのリアルタイムデータの使い方（第2章）、アルゴリズムがどのように産業データグラフと組み合わさり、アセットヘビー分野に大きな競争上の変化をもたらすのか（本章）について、理解が深まったことだろう。デジタルの世界は急速に拡大しており、どう乗り切るかを産業界は戦略的に考えなければならない。新たな価値を創造し獲得するチャンスはどこにあり、それまでの道のりに立ちはだかる困難にどう備えればよいのだろうか。次章では、産業界企業がさまざまな戦いで勝利を収めるうえで、データグラフがどのように貢献するのかを掘り下げていく。

第4章

4つの戦略展開領域

Chapter4
Four
Battlegrounds

今日、スピーカー、ドアベル、コーヒーメーカーなど、多くの製品に「スマート○○」と名前がつけられているが、単にアナログ製品に比べデジタル機能が多いという理由にすぎない。しかし、デジタルディスプレイ、ソフトウェア機能、ネットワーク接続があるからといって、製品がスマートになるわけではない。

これと同じような傾向が、産業界企業の発表からもうかがえる。①自動車、トラック、トラクターなどの車両の自律化、②機械を微調整し、関連機器と結びつけるソフトウェアアプリケーション、③ブルートゥースや携帯電話ネットワーク、④さまざまな指標を示すデジタルダッシュボードなどのように、相互接続性と自動化に直接焦点が当てられているのだ。しかし、スマートと呼ばれる産業機械も、実際にはそれほどスマートではない。

産業界は認識を変える必要がある。真にスマートであるためには、産業製品はリアルタイムで製品使用中データを取得・追跡し、データネットワーク効果を活用できなければならない。

データグラフとアルゴリズムから得た洞察を利用することで、製品設計は絶えず進化し続け、顧客により多くの価値を提供できるだろう。この章では、産業製品をデジタル化するときの戦略展開領域に焦点を当てる。

産業データグラフとＡＩにもとづくフュージョン戦略

40年以上にわたり経営者は、ビジネスを成功に導くには、コスト削減、差異化、集中という3つの包括的戦略のなかから、それぞれの業界構造に最も適したものを選びとる必要があると教え込まれてきた。[1] しかし、データグラフやＡＩが発展したいま、これらの戦略では最適な結果を得ることはできない。

この従来の戦略は、企業がまだ、製品の販売データを分析していた時代の産物である。このことが原因で、多くのＣＥＯがデジタル技術の影響は最小限にとどまると勘違いしている。彼らはデジタル技術を、コスト削減、相互接続性などの機能の提供、ある事業に重点的に取り組むためのツールとして扱っているのだ。

しかし、アセットライト業界での経験が示しているように、産業界が繁栄し生き残っていくためには、リアルタイムでデータを取得し、使用中の製品情報にもとづいたデータグラフを作成して、ビジネスを変革する必要がある。これにより競争環境は再編され、既存企業とデジタル企業のビジネスが交わるところが生まれ、否が応でも競い合うことになる。産業の水平・垂直統合だけでなく、関連のない産業間にも対角線上のつながりが生じ、ありとあらゆる組織の間で価値の再分配が行われるだろう。

企業は、デジタル技術が引き起こす環境の変化を背景に、自らの戦略を練る必要があるのだ。そこで登場するのが産業データグラフであり、CEOに戦略の選択肢を与え、新たな方向性を描くのに役立ってくる。ここでCEOが問うべきことは2つある（図4-1参照）。

1つ目は、自社の産業データグラフの「射程」をどこまで広げるかである。デジタルツインを設計し、効率化を達成したらそれで終わりなのか？　あるいは、顧客の業務にまで広げ、成果を最適化させるのか？　これにより、データグラフの規模が決まってくる。

2つ目は、自社の産業データグラフはどれくらい「充実」しているかである。次元の数が限られているデータグラフなのか？　それとも、顧客がビジネス目標を達成するうえで使用するすべての機械、設備、サブシステム間の相互依存関係まで把握できる多次元的なものなのか？数字、テキスト、画像、音声、動画を収集できるマルチモーダルなものなのか？　これによりデータグラフの範囲が定まり、同一企業の単一の機械から複数の機械、さらには他社の機械のポートフォリオにまで及ぶこともある。

これらの質問に対する答えから、フュージョンプロダクト、フュージョンサービス、フュー

図4-1　それぞれの戦略展開領域におけるフュージョン戦略

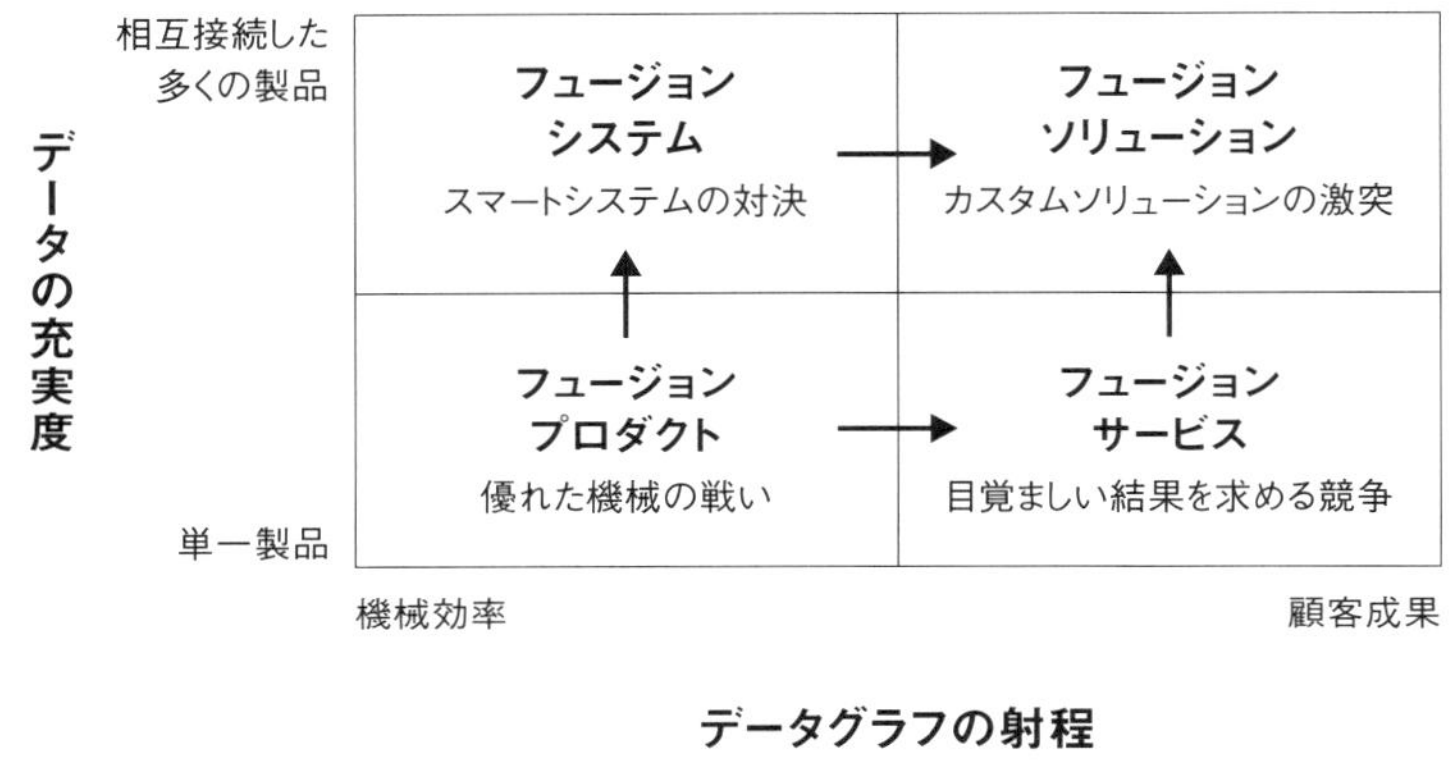

ジョンシステム、フュージョンソリューションという、それぞれ具体的な成功戦略がある4つのフュージョンの戦略展開領域が明らかになる。

産業界は、この4つのうちのひとつを選択して追求するとともに、ほかの3つも探っていかなければならない。ほとんどはフュージョンプロダクト戦略を追求することから始めるだろう。そのあと、フュージョンサービスを提供することで顧客のビジネス成果を向上させたり、製品やサービスをフュージョンシステムに移行し、より効率的かつ効果的に事業運営できる方法を追求したりするなどといった、次のステップに向かう時機と解決すべき課題を見極める必要がある。そして、最後まで追求し続けた企業が手に入れられるのが、フュージョンソリューションである。

これにより産業界は、価値を創造し獲得する方法を理解し、競合企業の戦略が自社にもたらす脅威を見極め、防衛のためのリソースの再配置を判断するか、別の戦略を展開できるようになる。このように、フュージョン戦略のフレームワークは、静的ではなく本質的に動的である。では、それぞれの戦略展開領域について順を追って考察していこう。

フュージョンプロダクトに力を注ぐ

フュージョンプロダクトには、リアルタイムでそのパフォーマンスを観察する遠隔測定機能が備えられている。重要なのは製品使用中データの収集で、これを分析すれば体系的にパフォーマンスを向上させる方法を見つけることができる。あらゆる場所に設置された製品からの情報を集約することで、企業はデータネットワーク効果を生み出し、機械効率を継続的に高めることができるのである（図4-1の左下の象限）。

フュージョンプロダクトには、ＡＩと機械学習の専用チップが搭載され、これを使って現場での製品のパフォーマンスを監視できる。三種のデジタルツインが製品の設計と展開を支援するため、企業は機械の性能を高めたり、予知保全によって機械のダウンタイムを最小化したりするルールの分析・策定・実行を行うことができる。メンテナンス・プログラムや生産性向上プログラムを有償のサービスで提供したり、顧客ロイヤリティを確保するために無償で提供したりすることで、新たな価値を獲得することもできるのである。

産業機械のデジタル化（テレマティクス機能の搭載、モジュラー型コンピューターアーキテクチャーの採用、データ分析の導入など）を社内説得する投資理論をまとめることは、一筋縄ではいかないだろう。そのため、多くの産業界企業は、馴染みのないデジタル領域に投資するくらいなら、より優れた産業製品の設計に力を入れたり、品質の限界を押し広げたりすることで、製品を最高クラスにしようとするかもしれない。そのように考えるのは合理的だが、近視眼的である。

確かに、センサー、スマートカメラ、ＧＰＳ機器、環境条件調査機、パフォーマンス監視モジュールなどは、単体だと高価に思えるだろう。しかし、産業界が注目すべきは、単一のセンサーで何ができるかではなく、いかにして数多くのセンサーが一体となって、製品使用中データをリアルタイムでオペレーションセンターに提供できるかだ。産業界は、フュージョンプロダクトがデータネットワーク効果を形成し活用する方法を考える必要があり、現場のさまざまな環境下で機械がどのように機能するのかを認識することで得られる洞察にもとづかなくてはならない。そして、市場で勝つためにこの洞察をどのように活かすか、分析を行う必要がある。

これらの営みを通じて、製品が技術的、物理的、商業的に融合した状態に達するまで、産業設計にデジタル機能を徐々に追加していくことが求められるようになる。製品設計の目標は、継続的な追跡、クラウドからのアップデート、遠隔操作ができることであるため、プログラム可能なハードウェアと組み込みソフトウェアが必要となる。これらの手順を踏むことで、産業界企業は、あとからではなく、デジタル化への取組みを始めたときから製品データグラフを作成できるようになる。このことは、自動車業界であればテスラ、農業や建設業界であればジョンディアやCNHインダストリアル［訳注：主に農業機械や建設機械の設計、製造、販売を行っている多国籍企業。本社はイギリスにあり、登記はオランダでなされている。世界180カ国以上で事業を展開している］、建築・建設業界であればハネウェルとシーメンスから学んだことである。

航空業界で長年行われている商慣習、「パワー・バイ・ザ・アワー（Power by the hour）」をご存じだろうか。これは、飛行時間当たりの固定料金だけで、エンジンと付属部品を完全に交換するサービスを提供するという考え方である。100％の稼働率で標準的性能を発揮するエンジンにのみ対価を支払うことであるため、顧客の納得感を得やすく、機械の能力を使用時間に応じた料金で利用することはいまでは一般的になっている。

この方式を1962年に考案したのはロールス・ロイスで、航空機に搭載された数少ない（いまと比べると未発達な）センサーを利用し、飛行中のパフォーマンスを追跡し始めた。現在、同社はエンジンパフォーマンスデータを利用することで、予定外のメンテナンスが発生するリスクを排除し、メンテナンスコストを計画に沿った予測可能なものにしている。GEやプラット・アンド・ホイットニーといったほかの航空機エンジンメーカーもこの方式を取り入れたことからわかるように、60年前に商標登録された「パワー・バイ・ザ・アワー」というフレーズは、業界では広く理解されているのだ。

フュージョンプロダクトには、自動車、トラクター、航空機のような移動するものだけでなく、ビル、ガラス窓、ガスタービンといった固定されているものもある。センサー、プログラム可能なハードウェア、ソフトウェア、クラウド接続を追加することで、どんな産業製品もフュージョンプロダクトとして再構築できるのである。そのためには、製品アーキテクチャーをエンドツーエンドで再考し、ソフトウェアを継続的に無線アップデートできるような、プログラム可能な機械にする必要がある。

産業界のすべての企業は、近接する分野から学習することで、このような考え方に焦点を当てるべきである。アセットライト分野とは異なり、産業製品のデジタル化には時間がかかるため、企業はただちに着手すべきなのだ。そうすることで、先駆的な企業は先行者利益を得られるだろう。

フュージョンプロダクトにフュージョンサービスを組み合わせる

産業製品からフュージョンプロダクトへの転換は土台となるものであり、必要なステップである。その土台があってはじめて、異なる経路を進むことも可能になるのだ。その検討すべきひとつは、製品からサービスへの移行である。

産業界企業は、自社のデータグラフの射程を顧客の業務にまで広げることで、サービスの提供が可能になる（図4-1の右下の象限が示す横軸に沿った移行）。ここでの戦略は、AI駆動型チャットボットによりカスタマーサービス機能を刷新したり、サービス収入のシェアを拡大するためディーラーとの契約を再締結したり、サードパーティー・サービスプロバイダーとリスクとリターンの共有を確立したりすることではない。フュージョンプロダクトを顧客の業務により深く浸透させ、ビジネス成果を向上させることである。この戦略がどれだけ成功したのかを評価するには、収入や利益の増加だけでなく、顧客のパフォーマンスを向上させるうえで果たす役割の重要性も考慮しなければならない。

フュージョンサービス戦略を突き詰めるには、産業界は三種のデジタルツインの力を借りる必要がある。製品パフォーマンスの追跡に利用するだけでなく、製品をサービスパフォーマンスツインと相互リンクさせることで、デジタルツインを拡張しなければならない。製品パフォーマンスの追跡は、企業内でできるのに対し、フュージョンサービス戦略は、顧客や、場合によってはパートナーの許可と協力が必要となる。産業界は、機械を改善することで顧客のパフォーマンスをどのように向上させられるかを理解するため、詳細なデータを収集する権利を取得しなければならない。

より広範なデータフローを利用するためのデータフックを作成することで、サービスデータグラフの範囲を拡張できる。もし航空機エンジンメーカーが、世界中に配備されているすべてのエンジンデータを、ほぼリアルタイムで、大規模かつ高速に収集できたら、どれほどの知識を得られるのか想像してみてほしい。集計したデータは、サービスデータグラフの作成に役立つだけでなく、製品からサービスに移行するための土台となるだろう。

フュージョンサービス戦略に着手するため、ロールス・ロイスは２０１８年に「R^2データラボ」を立ち上げた。それ以来、データによって優位性を獲得するための着実な努力を積み重ねてきた。データラボでは、効率性の向上、排出量の削減、的確なコスト節減、新たな収益機会の特定などのためにデータをどのように活用すべきかの研究を進めている。ロールス・ロイスのサービスは、長年培ってきたＡＩを利用する能力を活かしながら、エンジンの状態監視データに重点を置いている。わずかな異常も見逃さずに運用上の提案を行える経験豊富なデータアナリストによって、サービスが提供されているのである。

たとえばロールス・ロイスは、航空機の飛行ルート、飛行高度、飛行中の気象条件、飛行速度、積載量などの製品使用中データにもとづき、燃料消費パターンを分析している。同社は毎年、エンジンから送信される70兆以上のデータポイントを取得している。[2] データグラフの力を活用することで、顧客企業が常に最高水準の燃料効率を達成できるよう支援しているのだ。エンジンの燃料効率を１％改善すると、今後15年間で、世界の航空産業全体で約３００億ドルの節約につながるのである。[3]

別の例として、コンディションの変化や記録エラーにより、エンジンパラメーターが範囲外の値を示すことがある。システムはこのような変動を問題として検出し記録するものの、これが重大な問題なのか、それともデータの誤りなのかを判断するのは人間の専門家である。これまでの歴史において、状況を把握できる唯一の手段は人間の技術と専門知識だった。しかし、大規模言語モデルの能力を考えると、人間と強固なＡＩシステムが力を合わせれば、フュージョンサービスを効果的にし、収益化し、利益を生み出すことができるだろう。

ロールス・ロイスは、高度な分析から得られる洞察によって価格を抑えた契約ができ、そのことで生じる価値の一部を共有するよう航空会社に求められる強い立場にある。ロールス・ロイスは、フュージョンサービスで成功を収められるだろうか。それは可能である。なぜかというと、同社には優位性があるからだ。デジタルとデータの基盤があるため、ＧＥやプラット・アンド・ホイットニーなどの競合企業に対し先行者利益を得ている。同社は今後、フュージョンサービス戦略の機会を単独で追求していくべきか、それとも有利な立場を活かして他社と提携すべきかも見極めていく必要がある。

フュージョンプロダクトにフュージョンサービスを組み合わせることは、フライホイール効果［訳注：一度始動すると回転が持続しやすく、徐々に加速していく現象を指す。ビジネスでは、小さな成功が次の成功を生み、連続的に成長する様子を表す］を伴ういくつもの長い道のりになる。

この道のりは、企業が、自社のプロダクトパフォーマンスツインと、顧客拠点のサービスパフォーマンスツインをシームレスに相互接続する方法を設計することから始まる。そうすることで、製品パフォーマンスだけでなく、サービス提供にまでデータネットワーク効果が波及する。その結果、企業は、自社製品が顧客の生産性とパフォーマンスをどのように向上させるのかをより深く理解できるようになる。パフォーマンスツインから得られるデータは、さまざまな状況のものが集計され、積極的介入が可能な部分や、顧客にとっての価値を高めるため製品を微調整する方法を企業に指し示す。より多くの顧客がサービス提案を受け入れるようになれば、企業は、三種のデジタルツインを相互リンクさせるデジタル機能に投資できるようになる。

懐疑的な経営幹部は、顧客企業の業務に自分たちがアクセスすることが認められるだろうかと疑問に思うかもしれない。フュージョンサービスの提案の価値を明らかに示すことができれば、顧客はアクセスを認めるに違いない。もちろん、データのプライバシーを保護し、顧客データを匿名で分析することによって、顧客の業務に入り込む権利を得る必要がある。顧客は、データネットワーク効果の恩恵を受けにくいサードパーティー・プロバイダーが提供するサービスよりも、アクセスを認めることにより得られるサービスのほうが優れていると判断すれば、その企業の機械を自社の業務に埋め込まれたデータフックに接続することを許可することだろう。顧客が開発するサービスであったとしても、ヒューリスティック［訳注：発見的手法。問題解決や意思決定を素早く行うためのもので、これまでの経験などをもとに答えを導き出す。必ずしも正しい結果を出すとは限らないが、時間や情報が十分にない状況においては有効である」はその業務からしか導き出すことができないため、限界があるのだ。

製品をフュージョンシステムに統合

もうひとつの道筋についても見てみよう。産業機械のデジタル化は、三種のツインを用いたそれぞれの製品の改善だけでなく、相互接続された製品の高次システムを最適化することでも、効率性を高める新たな方法を提供してくれる。フュージョンプロダクトからフュージョンシステムへの移行は、データグラフの充実度を示す図4-1の縦軸上で生じる（左上の象限）。

大規模農場、建設現場、石油精製所、鉱山、工場などを訪れると、複数の企業が製造した機械や設備を目にするだろう。産業界企業の顧客にとって、複数のデジタル産業製品やサブシステムからなる複雑なシステムは当たり前のことである。システムインテグレーターがそれぞれ異なる機械を接続させたあとは、引き続きその企業が運用管理を行うか、サードパーティの管理業者に委託することとなる。

フュージョンシステムのインテグレーターを目指す企業は、まず自社の機械をすべてデジタル接続することでデータグラフを構築し、次にアプリケーション・プログラミング・インターフェース（ＡＰＩ）を使い、パートナー（および競合企業）の機械と相互接続するように徐々に拡張していく必要がある。構造化データから着手し、ＡＩや機械学習アプリケーションに供給可能な非構造化マルチメディアデータへと広げていくとよいだろう。ここでの目標は、グーグル、リンクトイン、アマゾンが使用しているのと同じ知識オントロジーを基礎とし、関連する概念とエンティティをリンクさせたシステムレベルのデータグラフを構築することである。

フュージョンシステムのインテグレーターは、システムを統合することに長けているが、それだけではない。稼働中の各システムの三種のツインからデータを取り込み、その結果、データネットワーク効果を生み出すこともできる。さまざまな条件下でのデータを分析することで、なぜ現場におけるフュージョンシステムのパフォーマンスが、設計レベルと比べて劣っているのかについての洞察も得ることができるのだ。

すべての機械が接続された状態になることで、顧客企業はこの戦略に価値を見出す。ここでの効率性は、単一の機械の信頼性や稼働時間のレベルではなく、連携して動作する機械システム全体の信頼性や稼働時間を指している。たったひとつでも製品が故障すれば、それはシステム全体の故障を意味する。システムの最も脆弱な部分が問題を引き起こすため、1台1台の機械の信頼性や稼働時間はあまり価値をもたない。しかし、フュージョンシステムのインテグレーターは、データグラフの範囲を自社製品以外にも拡張し、顧客よりも優れたシステム障害の追跡・分析・予測を行うことで、システムの混乱を最小限に抑えることができる。インテグレーターは、システムインテグレーション料金や、追加で機械を接続するための年間料金を請求したり、フュージョンシステムが仕様どおりに機能することを保証したソフトウェアアップデートを販売したりすることによって、この知識を収益化できるのである。

工業化時代のシステムインテグレーターは、エンジニアリング（シュルンベルジェやハリバートンなど）や、ＩＴシステム（インフォシス、アクセンチュア、タタ・コンサルタンシー・サービシズ、デロイトなど）に精通した人材を配置・再配置することで、大規模かつ複雑なプロジェクトを管理する能力を獲得した。しかし、シーメンス、ハネウェル、ロックウェル・オートメーションといったフュージョンシステムのリーダー企業候補は、個人の能力に頼るよりも、優秀な人材と強力な機械を組み合わせることに重点を置き、製品使用中データを収集する能力に磨きをかければ、成功を収めることができるだろう。

その道筋を示しているのが、航空機産業である。２０２０年、ロールス・ロイスはデジタル変革に向けた実験的な歩みとして、Ｙｏｃｏｖａ（You + Collaboration = Value）を設立し、最初の主要な業界パートナーとしてシンガポール航空を迎えた。[4] Ｙｏｃｏｖａは、航空業界がグローバル市場を通じてつながり、協力し、データ管理し、デジタルソリューションを売買するための、オープンでエンドツーエンドのシステムを提供することを目指している。この組織が生まれたのは、ロールス・ロイスが、サイロ化していた業界もデータを活用して共同ネットワークとして組織化すれば、ビジネスを成功に導くことができると考えたからである。このようなシステムレベルの統合が広まり、より多くの企業が参加するにつれ、その価値は最大限引き出されることになるだろう。

航空会社は、コードシェア（セーバー）、ルート最適化、マイレージポイント（ワンワールド、スターアライアンス）など、予約システム間でデータを交換している。多くの異なる組織間の安全を確保するには、このようなシームレスな連携が不可欠だ。とはいえ、この業界は、オペレーション、マーケティング、メンテナンスなどの分野で、データがサイロ化されたデータベースに滞留しているため、フュージョンシステムが本来もっている力はまだ十分に発揮できていない。エンジン、航空機、エンジン状態監視部門、オペレーターの間で移動するデータ量を考えると、システムレベルのデータグラフを作成し、ＡＩと機械学習を活用した実験を行う機会が現れるだろう。

データとＡＩの産業利用により、図４-１の左上の象限を占める産業が増えることが予想される。たとえフュージョンシステム戦略を追求するつもりのない企業であったとしても、三種のツインのシステムの力（３つのツインを合わせたもの）と、データグラフが価値を引き出す方法は理解しておくべきである。そうすることで、自社のフュージョンプロダクトが、ひとつまたは複数のシステムとどう連携すべきかを把握でき、顧客が競合他社製品に移行することを防ぐことに役立てることができるのである。

顧客の問題にはカスタマイズした解決策を

フュージョン戦略の最終段階は、製品、サービス、システムを組み合わせることで、それぞれの顧客特有の問題を解決することである。そのためには、外部から内部への視点が必要であり、それはデータグラフの豊富なセットを開発し、顧客の業務に深く入り込むことによってのみ可能となる。

産業界企業は、ソリューションパフォーマンスツインという特定の種類のパフォーマンスツインを設計し、他社や顧客自身でさえできないような方法で顧客の問題を解決するエキスパートとなることで、顧客の業務の延長とならなければならない。したがって、フュージョンソリューション戦略の力とは、顧客企業の問題を迅速に解決し、状況変化にソリューションを適応させることである。

このフュージョンソリューション戦略を追求するには、顧客の信頼を獲得し、彼らのニーズをきめ細かく理解することから始める必要がある。そうすることで、顧客のパフォーマンスに影響を与える、製品、サービス、システムを統合したソリューションを構築することが可能になるのである。

次に、独自のデータグラフを構築し、データネットワーク効果をさまざまな環境で活用するために必要な詳細レベルのデータにアクセスしなければならない。これらのデータグラフを武器に、フュージョンソリューション戦略では、すべての顧客に対し、カスタマイズされたソリューションを提供するアルゴリズムを開発することが求められる。そうすれば、産業界企業は成果ベースの契約や利益分配契約などを通じて、ソリューションを収益化できるのである。

フュージョンソリューションのプロバイダーは、自社製品だけを使用するのではなく、公平でなければならない。競合企業とのパートナーシップ精神のもと、顧客の問題を解決する最善のソリューションを編み出すことが役割である。ここでのソリューションとは、システムとサービスを組み合わせたものだが、一回限りではなく、企業の知識と経験にもとづいて継続的に改善していけるものである。製造業の機械に端を発するほかの産業データグラフとは異なり、ソリューションデータグラフは、顧客の問題が原点となる（図4-1の右上の象限）。

サウジアラビアが設立した新しい航空会社、リヤド航空を例に考えてみよう。中東で成功を収めているエミレーツ航空、エティハド航空、カタール航空といった航空会社に対抗し、サウジアラビアを観光地として生まれ変わらせるために設立された企業である。同社は、航空業界の専門知識と経験を活かしたソリューションを提供できるパートナーを探しているに違いない。

ロールス・ロイスは、インテリジェントエンジンの設計における専門知識を活かしてソリューション分野に参入し、かけがえのないパートナーになれるだろうか。同社がすでに、シンガポール航空とパートナー提携（前述のＹｏｃｏｖａの取組み）していることを考えると、その可能性は十分にある。ロールス・ロイスは、デジタルプラットフォームの統合に精通しているため、リヤド航空にＹｏｃｏｖａの利点を説明し、予知保全、燃料効率の最適化、航空機管理などを、はるかに効率的に行えることを示すことが可能だ。

デジタルツイン技術を用いた同社の高度なエンジン設計能力は、三種のツインの範囲を拡大できる。そのためロールス・ロイスは、エアバスやボーイングと提携して、航空機の設計を改良することが可能である。同社が蓄積してきた知識オントロジーによって、新規参入した航空会社は、同業他社が得ることのできなかった機会を獲得する具体的な手法を手に入れられるだろう。ロールス・ロイスが次世代の空の旅を定義するような信頼できるフュージョンソリューション企業となるためには、パートナーとのポートフォリオの関係を調整する準備をしておかなければならない。

産業界において、これほど大規模なビジネスチャンスはめったになく、既存のプレイヤーと新規のプレイヤーがこれをめぐってどのように争うかを観察することは有益であろう。

フュージョンソリューション戦略は、顧客の問題をきわめて詳細に把握し、それを解決するために最適な製品、サービス、システムを組み合わせることに重点を置く。フュージョンソリューションのプロバイダーは、信頼できるソリューションアーキテクトとして認識され、その利益は顧客の成功と結びつかなければならない。産業界企業がフュージョンソリューションで成功するためには、「つくったのは私たちです（Made by Us）」というよく知られた言葉から、「解決したのは私たちです（Solved by Us）」という新しいロジックに移行していく必要があるのだ。

新たな戦略展開領域

産業界のデジタル化に伴い、新たな価値の創造と獲得をめぐる4つの戦略展開領域が現れた。フュージョン戦略のフレームワークは動的であり、企業は何かひとつの戦略だけを選択し、それに固執してはならない。そうではなく、フュージョンプロダクト戦略に着手したあと、ほかの3つの戦略のいずれかに移行すべきなのである。

4つの戦略は、それぞれ着目するポイントは違えども、どれも産業界企業が新たな価値を解き放つことに焦点を当てている。1つ目は、優れた機械の戦い、すなわちフュージョンプロダクト戦略であり、価値を生み出すのは主に産業製品のデジタル化とそのパフォーマンスレベルの最大化である（図4-1の左下の象限）。産業界企業は、さまざまな規模、範囲、速度で機械のデジタル化を進める従来の競合企業に加え、いままでにない方法で機械を設計し、データとAIを使って新たな能力を開発できる新規参入企業とも競争しなければならない。

2つ目の戦略展開領域（図4-1の右下の象限）は、目覚ましい結果を求める競争、あるいはフュージョンサービス戦略と私たちは呼んでいる。この戦略は、顧客の業務に深く組み込まれた産業機械に関連し、顧客の業績を向上するためにより多くの方法を編み出すのに役立つ。この競争では、既存プレイヤー、より顧客の業務に近いサードパーティのサービスプロバイダー、さらには自らのビジネス目標を達成するために機械を最適化しようとする顧客とも争いを繰り広げることとなる。

3つ目の戦略展開領域は、左上の象限にあたり、スマートシステムの対決、あるいはフュージョンシステム戦略と呼ばれるものである。このセグメントでは、新たな価値を解き放つため、相互接続されたシステムが単体製品と競い合う。そして、フュージョンプロダクトをもつ企業は、彼らと間接的に競争し、かつ協力することとなる。

最後4つ目の戦略展開領域は、さまざまなカスタムソリューションが激突する、フュージョンソリューション戦略である（右上の象限）。このセグメントでの競争は、外部からの支援がなくても最高の成果を出せると信じて顧客にソリューションを提供しようとしのぎを削る、企業やエコシステム間の争いである。

パートナーを誘い、巻き込み、戦いを制す

今日、講義で教えられている戦略は、企業を中心にしている。これに対し、フュージョン戦略のフレームワークは、企業に、資産の所有と、補完的なリソースにアクセスするための関係構築とのバランスをとることを提案している。どの企業も、複数のエコシステムの一部となる可能性があり、データグラフの規模、範囲、速度によって、さまざまなエコシステムと、いつ、どこで、どのように連携すべきかが定まる。

フュージョン戦略はネットワークを中心に捉えており、重なり合うエコシステムのなかでビジネス領域とデータ領域が交わる。フュージョンプロダクト戦略の価値提案は、企業内で起きることではなく、新たな価値を生み出すパフォーマンスツインの力によって製品が現場でどのように機能するかにもとづく。企業がフュージョンプロダクト戦略をマスターしたあとは、相互接続されたデータフローと相互リンクされたシステムアーキテクチャーにより、顧客とパートナーの業務（それぞれ縦軸と横軸）に深く入り込む。顧客およびパートナーと価値を共有し共創する必要があるため、新たなエコシステムをコントロールし、重要なデータ要素を定義することが非常に大切になるのだ。

システム統合戦略をサポートするデータグラフには、必ず競合企業のデータも含まれる。競

合企業に自らのデータが正しく使用されていることを保証するために、明確な規則にもとづく運用モデルを構築する必要があるかもしれない。アマゾン ウェブ サービスが、顧客であるネットフリックスのデータを、(とくにアマゾンプライム・ビデオが競合するようになってから)きちんと保護するセキュリティプロトコルを保持しなければならないように、フュージョン戦略には、プライバシー、セキュリティ、データインテグリティ[訳注:データの正確性、一貫性、完全性を保つこと]を大切にする文化が求められる。

ひとつの戦略展開領域に固執してはいけない

よくある批判は、戦略のフレームワークはたいてい静的だというものである。しかし、フュージョン戦略のフレームワークは本質的に動的である。未来への道筋を探りつつ、ある時点において企業がとりうる選択肢を示しているのだ。

フュージョンプロダクトは、企業の機械の稼働率を向上させることで価値を生み出す。フュージョンサービスは、顧客の生産性向上のため、サービスとフュージョンプロダクトをセットにすることで価値を創出する。フュージョンシステムは、自社製品だけでなく、顧客が使用するすべての機器の稼動率を高めることで、付加価値を生み出す。そして、フュージョンソリューションは、顧客の問題を全面的に解決することを目的としている。したがって、それぞれの戦略がさらなる価値の蓄積を生み出すために、4つの戦略すべてを構築し展開していくためのロードマップを作成する必要があるのだ。

＊＊＊

ベンチャーキャピタリストのマーク・アンドリーセン〔訳注：アメリカのソフトウェア開発者、投資家。ウェブブラウザのモザイクやネットスケープナビゲーターを開発した〕は、2011年に「ソフトウェアが世界を呑み込みつつある」と述べた。[5] まさにそのとおりで、多くの消費者向けビジネスで、デジタル技術によるイノベーション、破壊、変革が巻き起こったのである。こうした技術はいまや、産業界企業にも劇的な変化をもたらしている。

その間、先進国は、製造、運輸、農業、医療、物流といったアセットヘビー分野において創出することのできる価値には見向きもせず、アセットライト分野で生み出される価値に心を奪われていた。2020年、アンドリーセンは「いまこそ構築のとき（It's Time to Build）」を公開し、工業化時代の方法ではなく、フィジカルとデジタルを融合させた新しい方法が必要であることを訴えたのである。[6]

いまこそ、産業界企業は、フュージョンの未来を構築すべきである。これまでは、規模、設計、特許、品質、顧客満足度といった、有形資産を基盤とした優位性で勝利を収めてきた。これらは今後も重要ではあるものの、デジタル技術が産業界に変革をもたらすとき、フュージョン戦略が新たな次元を切り拓いてくれるのだ。企業がフュージョン戦略を取り入れた暁には、自社のアルゴリズムが、製品、プロセス、サービスの提供形態に磨きをかけ、データネットワーク効果を使いこなせるようになるだろう。

フュージョン戦略こそが、産業界の変革を推進していくのだ。工業化時代の末期に完成した戦略を少しずつ変えたところで、効果は期待できない。機械はデジタル化され、プロセスは合理化され、サービスの提供は、ソフトウェア、データ、分析によって強化されていく。戦術的でも技術的でもない、戦略的なアプローチこそが効果的なのだ。

産業界の勝者となる企業は、未来を切り拓くためにデジタル技術を取り入れるだろう。そのような賢明な企業であれば、既存のビジネスを守るために、産業データグラフの力が必要であることを認識しているに違いない。そして何より、データグラフを利用して、将来の競争に勝つための新たなビジネスモデルを開発する道筋を立てる必要がある。これについては、本書の第2部で詳しく説明する。

第 2 部

価値のベクトル

Part2 VECTORS OF VALUE

第5章

優れた機械の戦い

Chapter5
The Battle of
Brilliant Machines

スティーブ・ジョブズがｉＰｈｏｎｅを発表する数カ月前の２００６年8月2日、イーロン・マスクは次の発表を行った。「テスラモーターズの最終的な目標（および私がこの企業に出資している理由）は、採掘して燃やす炭化水素社会から、太陽光発電にもとづく社会への移行を加速するためです」

当時の自動車業界は、彼がマスタープランと呼んだこのビジョンにほとんど関心を示さなかった。10年後の２０１６年7月20日に発表された「マスタープラン パート２」では、世界中のテスラ車の実走行から学習することで、人間が運転するよりも10倍安全な自動運転機能を備えた製品の完全なラインナップを提供することを約束した。これに対する反応は、「キャッシュフローに致命的な欠陥がある」「野心的すぎる」「既存企業が発表したものと変わらない」など、ほとんどが否定的なものであった。

マスクが２０２３年4月5日、「持続可能なエネルギー社会」に焦点を当てた「マスタープランパート3」を発表したころには、アナリストの意見は真っ二つに分かれていた。[1] 一方は、新しい車両のロードマップが示されていないことに失望し、もう一方は、車両プラットフォームの基盤と、2006年に発表された最初のビジョンである、持続可能なエネルギーに向けて自動車が主導的な役割を果たすという中心的な取組みを歓迎するものであった。

将来の経営史家は、自動車の変革と持続可能なエネルギーにテスラがどれほど貢献したかを書き記すだろう。現在、同社はビジネス界の時流に非常に大きな影響を与えている。2006年当時は自動車業界の既存企業の眼中に入っておらず、2016年時点でも、業界ではまだまだ目立たない存在だった。それが2020年代初頭には、自動車業界の中心的存在となり、自動車のエネルギー源だけでなく、自動車とは何か、そして将来はどうなるのかという概念そのものの変革にも拍車をかけたのである。

2021年8月30日、テスラは、自動運転システム「オートパイロット」とニューラルネットワークを訓練するスーパーコンピューター「Dojo」を制御する機械学習アルゴリズムを実行するための大型半導体チップ「D-1」の設計を発表した。2023年7月までに、半導体メーカーのエヌビディアからできるだけ多くのGPUを購入し、Dojoイニシアチブを強化するために約10億ドルを投じた。自動車メーカーが世界最速のスーパーコンピューターの設計を試みるとは、10年前は誰も思わなかっただろう。

オースティンに本社を置くテスラは、これまでにも自動車に搭載するセンサーや、カメラからの入力を解釈する小型チップを開発してきたが、D－1チップとスーパーコンピューターDｏｊｏの開発は、より困難かつ費用のかかるものだった。しかし、オートパイロットの改善にはD－1が必要であり、将来のための中核となる取組みなのだ。自動運転システムは、もはやレーダーまたはレーザー画像検出と測距（ＬｉＤＡＲ）〔訳注：レーザーを使って物体までの距離を測定する技術。レーザーが反射して戻ってくるまでの時間を測定することで対象物の３Ｄマップを生成する〕を使って物体や表面にレーザーを照射し、自動車が周囲の世界を３次元的に「見る」ことはしない。かわりに、コンピュータービジョンを使い、車両のカメラから収集された視覚情報を理解しているのである。この新たなアプローチでは、自動運転能力を実現可能なレベルに高めるために、視覚世界を認識し解釈できるようコンピューターを訓練する必要がある。

具体的には、トランスフォーマーと呼ばれるニューラルネットワークを利用しており、このネットワークは各車両に搭載された8台のカメラからの入力を受け取って動作環境を理解している。カメラのみを使用するシステムは計算量が多くなる。テスラの視覚アルゴリズムは、画像を直接捉えるセンサーからではなく、カメラの映像から各車両の周囲のリアルタイムマップを再構築しなければならないからだ。

テスラは、ほかの自動車メーカーよりも多くのデータを収集しているため、競争相手よりも優位に立っている。道路を走る４００万台以上のテスラ車が8台のカメラからビデオフィードを送信し、１０００人以上の従業員がそれらの画像をラベリング処理することで、ニューラルネットワークの訓練に役立てている。フォードが１９００年代初頭に垂直統合を行い、石炭や鉄鉱石を採掘し、自動車のガラスさえ製造していたように、テスラがD-1チップを設計したことは、同社が、電気バッテリー、シリコンチップ、ソフトウェアから、充電ネットワークやサービスセンターまで、フュージョンプロダクトすべてを自社で製造する現代の総合自動車メーカーへと進化したことを象徴している。

テスラのフュージョンプロダクトは、既存の自動車業界の企業にとって、二重の大きな脅威を表している。テスラは、パワフルで環境に優しく洗練された自動車を製造している。加えて、デジタル接続とデータ収集のための先進技術の開発にも投資をしてきた。各車両のカメラと12個の超音波センサーがリアルタイムでデータを収集し、機械学習アルゴリズムが絶え間なくそのデータを分析することで、オペレーティングシステム（ＯＳ）の改善を実施しているのである。

アップルがｉＰｈｏｎｅの新しいＯＳを開発し配布するように、テスラも定期的に車両のＯＳをアップデートしている。ソフトウェアの無線アップデートによって、テスラ車のオーナーは、ほぼ毎朝、起きるたびに自動車が新しくなっていることになるのだ。その一例として、２０１９年11月、テスラの熱心なファンであるブランドン・バーニッキーが、イーロン・マスクにこうツイートした。「クラクションを鳴らしたときのドライブレコーダーの画像を保存しておくのはどうでしょう？」[2]。「うん、それはいいね」とマスクは数時間後に返信した。同じ年の12月24日、無線でその機能がリリースされ、テスラ車のドライバーがクラクションを鳴らすと、フロントビデオカメラの映像が記録され、USBドライブに保存されるようになった。数カ月や数年ではなく、6週間という更新サイクルは、自動車業界では前例がない。

さらに、テスラ車はすべて同じネットワーク上で動作するため、ドライバーひとりひとりが車両ネットワーク全体の改善に貢献している。同社はこれを、「フリートラーニング」と呼んでいる。「モデルS」を車輪つきの高度なコンピューターとして設計したため、マスクはよく、テスラはハードウェア企業であると同時に、ソフトウェア企業でもあると強調している。私たちは、テスラは物理的な機械、本書でいうところのフュージョンプロダクトを製造する、データとAIの企業だと考えている。

テスラは、設計時の全車両モデルのデジタルツインや、それを製造した組立ラインのデジタルツインだけでなく、製造したすべての車両のパフォーマンスツインも構築している。各車両に搭載されたセンサーが、車両が路上でどのように動作しているかについてのリアルタイムデータを提供し、AI／機械学習システムがそのデータをリアルタイムで分析することで、最も適切なデータ主導の洞察により、すべての車両の自動運転システムを継続的に改善することができる。さらに、AIがデータを解釈し、車両が意図したとおりに動いているのか、あるいはメンテナンスが必要なのかの判断を行っている。テスラのデジタル専門家は、多くの問題をソフトウェアアップデートで修正できるようにしており、たとえば、衝突のリスクを減らすために回生ブレーキのレベルを調整したり、ドアのガタつきを調節したりすることも、ソフトウェアの無線アップデートで行えるのだ。平均すると毎月1回、大規模なソフトウェアのアップデートが行われている。

テスラの三種のツインは、ＡＩを応用して設計を最適化する新技術であるジェネレーティブデザインを使い、将来の製品の最適化に役立てている。現場の何千もの車両からリアルタイムデータを収集することによって、デジタルツインがフュージョンプロダクトが今後直面するであろうパフォーマンスと条件をシミュレートする。このデータをもとに、ジェネレーティブデザイン・ソフトウェアはテスラ車の製品設計を微調整し、設定した目標に達するまで、現実世界の状況でのパフォーマンスのシミュレーションを繰り返すのだ。

テスラは、トヨタとＧＭが２０１０年まで操業していたカリフォルニア州フリーモントの歴史ある工場、ＮＵＭＭＩで、生産ラインを立ち上げるまでの製造地獄を経験したものの、デジタル技術により自動車製造プロセスを変革した。高度に垂直統合され、自動化された製造プロセスを採用しており、工場内では、マーベルの映画『Ｘ-ＭＥＮ』に登場するヒーローにちなんで名づけられた世界最大級のロボット10台を含め、１６０台以上のロボットが稼働している。ＡＩをベースにしたテスラのシステムは、製造プロセスの自律的および継続的な改善が可能である。たとえば、走行中の車両の窓が常に震動しているといった小さな問題が発生した場合、そのデータがライン上のロボットに送信され、窓の取り付けプロセスの改善がなされるのである。

テスラは、2022年に131万台の自動車を販売し、2023年には約180万台の販売が見込まれている。2023年8月時点での時価総額は9000億ドル前後で推移しており、世界で最も価値のある企業ランキングのトップ10入りを果たした。同社の時価総額は、同業界2位以下の自動車メーカー9社の合計よりも大きくなっている。こうして、2003年の創業時は最も価値の低い自動車メーカーであったテスラは、フュージョンプロダクトのおかげで、世界で最も価値のある、そして人々の興味を刺激する自動車メーカーとして創業20周年を迎えたのである。

製品のパラダイムシフト

私たちフュージョン戦略家は、より高いコンピューティング能力をもつ自動車を設計し提供するだけでは、その自動車を優れた機械と呼ぶことはできない。現在の自動車のインテリジェンスは、自動車の設計、製造、そして消費者への提供方法に限られているからである。最新モデルの自動車を製造する企業であっても、自社の製品がどのように運転されているのかについてのデータはほとんどもっていない。製品戦略におけるデータの役割に対する彼らの考え方は、記録のためのシステム（ＳｏＲ）の世界（しばしば保存データと呼ばれる）から抜け出せず、使用中のリアルタイムデータ（しばしばストリームデータと呼ばれる）を活用し始めた企業には太刀打ちできないのだ。

単なるデジタルのオプション機能ではなく、自動車をフュージョンプロダクトにするものは何だろうか。それは、自動車に機械学習が導入され、実際の運転状況における操縦方法が繰り返し改善されるときであり、データグラフとアルゴリズムからの洞察によって、運転ルールが絶えず改良・強化されるときである。これがまさに、従来の自動車メーカーではないアルファベットの子会社であるウェイモが目指していることだ。ウェイモが製造に関わることはないかもしれないが、将来の自動車を動かす頭脳を設計しようとしている。そのビジョンは、金属、プラスチック、タイヤといった物理的なものではなく、車を動かすインテリジェンスが差異化要因になるという戦略的思考である。ウェイモが考える最も経験豊富な運転システムとは、継続的に学習し続けるデジタルアーティファクトなのである。

ではなぜ、ウェイモのＡＩ駆動型システムが最も充実した経験をもつのだろうか。それは、自動車の設計・製造時に一般的な運転ルールやナビゲーションルーチンがプログラムされるのではなく、道路を走行する自動車の集合的な経験から動的に学習するからである。[3] ウェイモのＬｉＤＡＲとレーダーセンサーの統合スイートは、リアルタイムデータを収集し、実際の走行距離（累計２０００万マイル以上で現在も更新中）とシミュレーションされた走行距離（累計

200億マイル以上で現在も更新中）を組み合わせて、運転データグラフを構築する。フィアット・クライスラー、ボルボ、ジャガー、吉利汽車などの自動車メーカーが、ウェイモの技術を搭載した車をより多くの都市の道路で走らせることにより、これらの数字は増え続けていく。

ウェイモが自動車メーカーと提携してデータネットワーク効果を活用し、今日の象徴的な産業製品である自動車がどのように未来のフュージョンプロダクトとなるのかを示していることに、フュージョン戦略家としては知的好奇心がくすぐられる。ウェイモ対テスラの争いは、物理的な車の台数も多少は影響するかもしれないが、勝敗を決定づけるのは、車の自律制御を現実にするデータグラフと運転アルゴリズムの優位性である。

ほかの産業分野の戦略家も、自動車分野と同様、デジタル機能を追加して相互接続するだけでは本当の意味で優れた機械にはならないことに注意する必要がある。デジタルディスプレイ、ブルートゥース、WiFi、テレマティクスによる接続、リモート診断は、急速に産業機械の標準的な機能になりつつあることを忘れてはならない。

もし産業界大手企業のCEOが、フュージョンプロダクト開発のロジックを、設計や製造の責任者に任せられるような、新機能を段階的に導入していくサイクルのひとつと捉えているならば、それは間違いである。デジタル活用で得られる優位性を、製品設計におけるエンジニアリングの卓越性や、製造・流通における規模の経済の観点に絞って考えるのは視野が狭い。

2015年にGMのCEOのメアリー・バーラが、自動車業界は「今後5年から10年の間に、

図5-1　優れた機械の戦いにおけるフュージョンプロダクト戦略

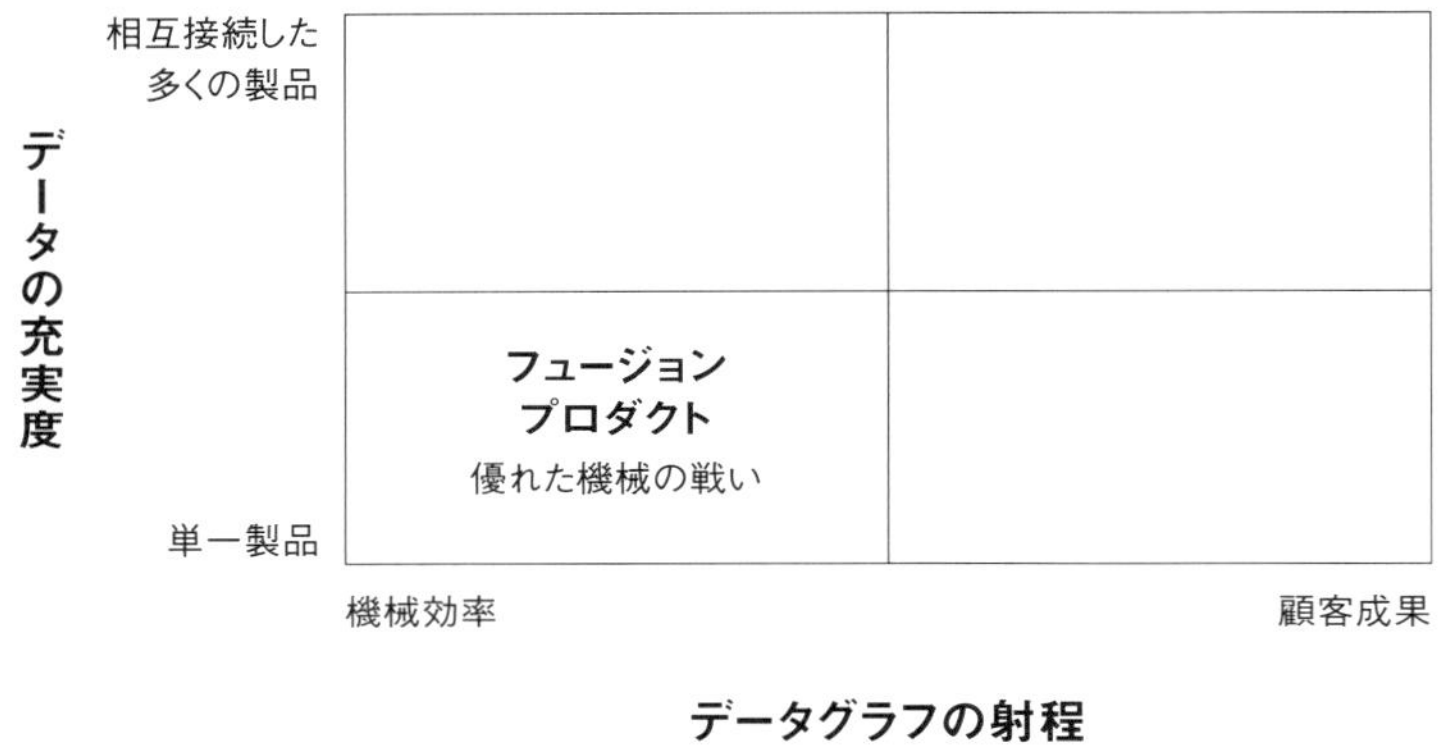

過去50年で経験した以上の変化に見舞われるだろう」と述べたことは、すでに正しかったことが証明されているのである。

企業は、センサー、ソフトウェア、クラウド接続によってデジタル機能を提供し、使用中の製品のリアルタイムデータを収集することで、フュージョンプロダクトのイノベーションと開発を行わなければならない（図5-1の左下の象限を参照）。また、フュージョンプロダクトの性能に対する信頼を高め、時間とともに改良し、より優れた次世代の製品を開発するには、リアルタイムデータを収集・保存・統合・分析する車両の能力も向上させる必要がある。

フュージョンプロダクト戦略が、産業分野でより理解され、重要になっていくにつれ、既存企業はこれまで以上に社内の部門横断的な変化を受け入れ、サプライヤー、顧客、パートナーとの企業横断的な関係を再構築することが求められる。新たな競争優位は、使用中の製品からモジュールを納入したサプライヤーにいたるまで、バリューチェーン全体にわたって始めから終わりまでデータを追跡できる可視性にあるのである。

優れた機械の核となるアイディアは、自動車に限らず、現場でリアルタイムデータを追跡・収集可能な多くの産業機械に適用できる。石油・ガス産業では、機器についたさまざまな種類の錆の高解像度画像を使って、故障の可能性と期間の予測モデルを訓練でき、シュルンベルジェやハリバートンなどの企業は、機器の改良に役立てることができるはずだ。同様に、さまざまな油田の地震データの画像化によって、シェル、エクソン、アラムコなどが石油探査の経済を再定義できる可能性もある。別の業界では、データとＡＩを活用したスマートガラスをビュー［訳注：２００７年設立のスマートガラスの開発・製造を専門とするアメリカの企業］が開発した。このガラスは太陽光の強さに応じて自動的に調整され、自然光へのアクセスを増やしながら、熱や眩しさを最小限に抑えてくれる。同社が設計した窓であれば、高価なウィンドウシェードを使うことなく、オフィスビルのエネルギー効率を向上させられる。同じ業界のコーニングは、最新の「ゴリラガラス」の落下性能に関連する詳細な画像をさまざまなスマートフォンで収集し、将来の製品設計に必要な洞察を導き出すための基盤モデルの訓練に役立てている。

自動車はフュージョンプロダクトの最もよい例として、４つの本質的要素からなる産業機械のより確定的な移行を予告している。１つ目の要素は、さまざまな顧客の環境下で、リモートかつリアルタイムでパフォーマンスを追跡し、データネットワーク効果をもたらす製品。2つ目は、AIを活用し、4つの分析（記述的、診断的、予測的、処方的）を統合的に実行するビジネスアルゴリズム。3つ目は、これらの分析から得た洞察をもとに、リモートでかつ効率的にパーソナライズした価値を顧客に提供すること。そして4つ目が、AIをさらに活用して次世代の優れた製品を開発することである。

それでは、このアプローチを実際にどう適用するのか探っていこう。

これからの道のり

アナログ製品をフュージョンプロダクトにするためには4つの段階的なステップがあり、第2部を通して解説していく。1つ目は、フュージョンプロダクトを「設計」すること。2つ目は、製品を大規模かつ迅速に展開するため、さまざまなプロセスを「調整」すること。3つ目は、移行ロードマップを「加速」すること。4つ目は、価値の創出・獲得・分配のため、「収益化」の仕組みを定義し改良すること。この4段階のサイクルが、迅速なフィードバックとともに繰り返されるのである。

設計

フュージョンプロダクトと産業製品はいったい何が違うのだろうか。ほとんどの産業界企業は、独自の技術、材料、プロセスを用いて製品を設計してきた。それもそのはずで、産業製品が最高水準のパフォーマンスを発揮できるように、科学、工学、経済において、時間、人材、資本に多大な投資を行って開発しなければならなかったからである。

しかし、このようなアナログ的な前提を覆すのがデジタル技術である。フュージョンプロダクトは、産業工学と情報科学が交わるところで設計される。フィジカルとデジタルを段階的に組み合わせ、産業機械の機能を高めるプログラム可能な新しいハードウェアをつくり出すのだ。加えて、ソフトウェアのオペレーティングシステムと、ほかの機器、コンポーネント、アプリケーションとの相互運用可能なインターフェースを備えたモジュラー型アーキテクチャーが組み込まれることもよくある。フュージョンプロダクトの設計は新しく生まれたばかりの分野であり、産業界の既存企業が、アナログ製品にセンサーやデータモジュールを場当たり的に付け加えるアプローチは、効率的ではない。アナログ設計の上に単にデジタル機能を付加しただけでは、フュージョンファーストで設計された製品に比べ、パフォーマンスは常に劣ってしまうだろう。つまり、フュージョンファーストの製品は、データグラフがより深い洞察を明らかに

し、状況に応じた推奨事項を提供できるよう、データネットワーク効果を生み出すことに重点を置いているのだ

フュージョンプロダクトのアーキテクチャーは、アナログでクローズドな独自のアーキテクチャーとは異なり、ハードウェア、ソフトウェア、アプリケーション、接続性を備えた、オープンな技術スタックである。この新しい設計は、産業製品よりもコンピューターのアーキテクチャーに近く、とくに三種のデジタルツインと、流れているデータに焦点を当てている。そしてこの技術スタックによって、業界内およびその垣根を越えて、ほかの技術スタックとどのように相互接続するのかマッピングできるのである。

アーキテクチャーの変化は、車が内燃機関からバッテリー式電気自動車へと変化した例が一番わかりやすいだろう。新たなアーキテクチャーの要素のひとつはソフトウェアで、最終的には人間にかわって自動車を運転する頭脳のことである。メルセデス・ベンツは、同社の電気自動車であるＥＱＳの生産ラインに必要な技術スタックを開発するなかで、自動車分野でソフトウェアの重要性が高まっていることに気がついた。そこで、「ＭＢ・ＯＳ」というオペレーティングシステムを開発するための社内チームを立ち上げたのである。同社はまた、アップルの「カープレイ」のようなサードパーティのハードウェアやソフトウェアを車両に組み込む方法も模索し、サービスとしてのモビリティ（ＭａａＳ）を提供する方法について検討している。同時にこの高級車メーカーは、一次サプライヤー、センサーメーカー、自動車研究機関、地図

製作会社、デジタルスタートアップなどの自動車業界の多くのプレイヤーとパートナーシップを結んでいる半導体メーカーのエヌビディアとの提携を選択した。エヌビディアのデバイスは、設定可能な論理ブロックのマトリクスにもとづいており、相互接続によってリンクし、設計の進化に合わせて再プログラム可能で、製品をアップグレード可能にするソフトウェアと結びつけられている。これらは、バッテリー式電気自動車のアーキテクチャーの不可欠な部分なのである。

次世代のメルセデス・ベンツ車は、エヌビディアのチップとMB・OSソフトウェアを搭載したEVプラットフォーム上に構築された、アップデートやアップグレードが可能なフュージョンプロダクトになるだろう。メルセデス・ベンツは、自社内でオペレーティングシステムを開発できることが強みだと述べている。同社は、チップセットが専門のエヌビディアと協力し、ソフトウェア・デファインド・アーキテクチャーを構築する計画も発表した[4]。AIへの依存度を高めながら自動車のアーキテクチャーがさらに進化していくにつれ、(テスラがすでに示しているように)メルセデス・ベンツをはじめとした大手自動車メーカー(フォルクスワーゲン、BMW、GM、トヨタ、現代自動車など)は、ソフトウェアスタックだけでなく、そのほかの技術レイヤーについても、内製・外製・パートナーのどれを選ぶか戦略を決定しなければならない。

メルセデス・ベンツは、デジタル技術スタックが運転手のスマートフォンと接続できることを忘れてはならない。アップルのカープレイは、現在、自動車メーカーのハードウェアと統合して、ラジオを操作したり、空調を調節したりできるが、近いうちにスピードメーター、燃料残量、温度なども、車のナビゲーション画面に表示できるようになるだろう。メルセデス・ベンツは、走行中データの収集能力は維持しながらも、アップルと相互運用する方法を見つけ出さなければならない。テスラがそうであるように、自動車メーカーがフリートラーニングを生み出すデータネットワーク効果に焦点を当て続けるなら、アップル、バイドゥ（アポロ）、グーグル（アンドロイドオート）などのソフトウェアのイノベーションを、一定の注意は払いつつも歓迎すべきである。技術開発が、従来の自動車メーカーが自動車の頭脳を制御するデジタル企業に対してもつ優位性を将来的には覆す可能性があることも、念頭に置かなければならない。だからこそ産業界は、現在と将来のフュージョンプロダクトのアーキテクチャーを明らかにし、その必須モジュールや相互接続とともに、自ら管理したい分野を選択し、ビジョンを達成するためのパートナーを招聘する必要があるのだ。

メルセデス・ベンツのCEOであるオラ・ケレニウスは、「ソフトウェア・デファインド・ビークル」という自動車のビジョンに強くコミットしていると同時に、走行、充電、快適性、インフォテインメント、自動運転などの現在の自動車のさまざまな機能を統合するうえで、従来の自動車メーカーが重要な役割を果たすと確信している。彼曰く、「（自動車業界の）イノベーションを推進している2つの技術は、電動パワートレインとソフトウェアである。この2つの領域では、垂直統合が必要であると判断した。これらは自社で保有しなければならない。この２つの領域に関して理解を深め、自分のものにする必要があるのだ」[5]

当然のことながら、生成ＡＩは自動車だけでなく、消費者と自動車の関わり方にも影響を与える。メルセデス・ベンツはマイクロソフトと協力し、ＣｈａｔＧＰＴをインフォテインメントシステムに組み込み、「やあ！　メルセデス」という音声コマンドによって、命令を実行できるようにしている。これまでの音声アシスタントは、あらかじめ定義されたタスクと応答に限定されていたが、メルセデス・ベンツはマイクロソフトの大規模言語モデルの能力を用いることで自然言語理解を大幅に向上させ、応答できるトピックを継続的に拡大しているのだ。

すべての自動車メーカーは、自ら所有すべきものと別の領域とをどのように結びつけるかを定義するために必要な専門知識を、身につけなければならない。単に車両をデジタル化させるだけでは十分ではないのだ。車両のパフォーマンスから生成されるデータを利用して、自動運転能力を継続的に向上させることが重要である。車両のデジタル化は必要であるが、運転パターンを分析することが差異化を図る要素となる。そして生成ＡＩの進歩により、自動車メーカーやほかの産業の企業は、新たな差異化要因を探さざるをえないのである。たとえばフィアットは、実在の人物がメタバース空間で見込み客からの質問に答える「フィアット・プロダクト・ジーニアス」を披露しており、ＧＭは実験的にＡＩアシスタンスを投入している。[6] トヨタはさらに踏み込んで、製品設計自体に生成ＡＩが果たすことのできる役割を検証している。[7] 産業機械のアーキテクチャーとそれを支える製造システムは、いま急速に再構築されているのである。

調整

アナログとデジタルが組み合わさった技術スタックにより、バッテリー、ソフトウェアOS、アプリケーションと統合したハードウェア、強力なアルゴリズムで分析されるデータグラフといった新しい機能が導入されている。いままでアナログ製品の製造に注力してきた企業が、フュージョンプロダクトの製造に移行することは簡単ではない。アーキテクチャーの優位性は、共有ビジョンにより組織が団結した場合によってのみ実現するのであり、これが2つ目の実行ステップである。

素晴らしいアイディアをもちながらも、新たにデジタル能力に重点を置くことの重要性を認識できなかったため、部門間の協力がうまくいかず経営に失敗した企業は数え切れないほどある。GEがデジタル産業企業を目指した10年構想を振り返るなかで、当時会長だったジェフリー・イメルトがリンクトインに2019年に投稿した冷静な考察は、産業界が直面する3つの危険を思い起こさせてくれる。アウトソーシングすることによって生じるデジタル能力不足の過小評価、各経営幹部が複数部門の責任を担っていること、そしてデジタル化を評価する組織で統一された指標がないことの3つである。[8]

デジタルファーストを目指すメルセデス・ベンツのビジョンを実現するには、ソフトウェア部門を設立し、エヌビディアとパートナーシップを締結するだけにとどまらない取組みが必要だ。MB・OSは、パワートレイン、自動運転、インフォテインメント、車体とコンフォートシステムなどを接続し、組織全体をエンドツーエンドで統合するものである。同社は、プロダクトツイン、プロセスツイン、パフォーマンスツインのロジックを、それぞれの目標、科学、工学が異なることを理解したうえで統合しているのだ。さまざまな設定で動作する車両のエラーコードの標準定義を、機械学習アルゴリズムに継続的にインプットする必要がある。そうすることで、過去の修理パターンを見つけ出したり、可能であれば特定の生産ラインやサプライヤーの工場を突き止めたりできるようになる。データとプロセスを統合することで、顧客対応チャットボットが、生産エンジニアやサプライチェーンの幹部がサプライヤーのパフォーマンス評価に使用するのと同じデータの利用が可能になる。

端から端までシームレスに社内外の組織をまとめることのメリットは、自動車事故の具体的なケースを見ればより明らかになる。自動車メーカーは、ゼロエミッションおよび自動車事故ゼロを目指しているが、残念ながら自動車は事故に巻き込まれることもある。緊急支援サービスである「オンスター」を搭載した車両が事故に遭った場合、GMはセンサーやソフトウェアで事故の重大さは識別できるものの、そのデータを瞬時に適切な生産ラインや、サプライヤーから供給された特定の部品にまで結びつけることはできない。データが異なるデータベースに存在するため、機械が記述的・処方的分析のための検索を迅速に行えないからだ。

テスラは自社の車両が関わるあらゆる事故に対処するため、三種のツインを活用して、さまざまな情報を引き出している。設計段階の製品データ、生産ライン・ロボット・組み立てた人間などのプロセスデータ、発売前のテストデータ、速度、進行方向、シートベルトの着用状況、オートパイロットの作動の有無といった関連するパフォーマンスデータを収集するのだ。そして、自社のデジタルネットワークを利用し、緊急車両が現場に到着するよりも前に、その事故の関連データを過去に起きたすべてのテスラ車の事故データと結びつけ、事故原因の仮説を立てて始める。[9] フュージョンプロダクトの製造者であるテスラの重要な強みのひとつは、設計から製造、使用までの全プロセスを通じて、自社製品のリアルタイムデータを分析できることである。そして、より多くの企業が三種のデジタルツインを使って機械を設計し導入するようになれば、これらの企業は産業データグラフに供給されるリアルタイムデータを活用できるようになるだろう。

リーダーたちが三種のツインの力を理解すれば、必然的に生じる組織の分断を克服しようとするだろう。デジタルツインをそれぞれ個別に展開するのは難しくない。たとえば、研究開発部門や設計グループにはプロダクトツインを任せ、サプライチェーン、オペレーション、サービス部門にはプロセスツイン、そしてマーケティング部門にはパフォーマンスツイン（サービスや修理も含む）を任せるといった具合である。これらのデジタルツインが、サイロ化された境界内で、それぞれ独立して活用・資金投入・運営がなされた場合、得られるメリットは限定的である。長期的に見てフュージョンプロダクトのポテンシャルを最大限引き出すには、これらを統合する必要があるのである。

ソフトウェア業界で使われる「技術的負債」という言葉を耳にしたことがあるだろうか。これは、一時的には問題を解決して製品開発のスピードアップにつながるものの、あとから修正するためにより多くの労力を必要とする近道と定義されている。[10] フュージョンの世界にも同様の考え方が存在する。「データ負債」とは、デジタルツインがそれぞれ独立して重要なデータ要素を定義し、追加の回避策によって、重要な洞察を導き出すためにデータを統合および変換することである。産業界の既存企業がデジタルツインを一括ではなく個別に管理すれば、大きなデータ負債を抱えることとなる。産業界のリーダーがフュージョンプロダクトから価値を創造し獲得するには、三種のツイン、データグラフ、アルゴリズムの設計と管理に対する統一されたアプローチを開発しなければならない。

デジタルツインを統合してデータ負債を最小限に抑えられれば、情報資源を最大限活用し、強力なアルゴリズムを通じてビジネス価値に変換できる。ネットフリックスのムービーグラフや、フェイスブックのソーシャルグラフなど、データグラフを活用する消費者分野のトップ企業は、希少価値があり、まねのできない情報資産を蓄積することで差異化を図っていることを思い起こしてほしい。産業界で生成ＡＩが勢いを増すなかで、情報資産は決定的な差異化要因となるだろう。そして、次で説明するように、企業はロードマップを加速させなければならない。

加速

すでに世界人口の60％以上が使用しているスマートフォンに比べると、産業分野のフュージョンプロダクトの普及にははるかに時間がかかるだろう。既存企業のほとんどは、大規模かつグローバルに展開する古くからの産業製品の製造基盤をもっており、一定の信頼性がある機械であれば、その交換は数十年単位でしか行われない。フュージョンプロダクトの可能性に一部の熱心な支持者が惹きつけられたとしても、産業界の大半の顧客は、使い慣れた産業製品にデジタル機能が付け加えられたものを、購入、使用、操作し続けるだろう。古い機械が長く使われ続ければ、それだけフュージョンの未来への移行は遠のいていく。次の３つのステップは、フュージョンプロダクトへの移行を加速させるためのものである。

第一に、利用可能なデータを用いてビジネスシミュレーションを行い、競合企業からの市場シェア獲得の可能性などといった、製品移行ロードマップを加速することで得られる利益を定量化することである。もしＣＮＨインダストリアルが自律走行トラクターの開発を加速させたら、キャタピラー、ジョンディア、マヒンドラ&マヒンドラ〔訳注：1945年設立のインドの自動車会社。インドのコングロマリット「マヒンドラ・グループ」のひとつ〕からどの程度のシェアを獲得できるだろうか。マヒンドラが、（製品アーキテクチャーを変えずに）センサーとソフトウェアしかテレマティクス機能に追加できなかったとしよう。マヒンドラは、デジタル技術を積極的に取り入れる競争相手から市場シェアを守ることはできるだろうか。そのほかの関連シナリオを追加して、シミュレーションを通じて、初期の熱心な支持者となりうる顧客を明らかにする。こうしたシミュレーションの結果を武器に、アーリーアダプターが最初から迷わず新世代のフュージョンプロダクトを採用し利用するような、魅力的で具体的な利点を示す必要がある。

第二に、プラグイン機能とモジュールを備えた、最小限のフュージョンプロダクト（MVFP）を開発し、現在のアナログ製品が貴重な使用中データを送信できるようにすることである。現在の自動車には、電子制御装置からデータを収集するためのオンボード診断ポートがすでに搭載されており、トラクターやそのほかの産業機械にも同様のものがある。ジョンディアは、すでに実用化しているトラクター用のJDLinkモデム機能を使えば、比較的簡単にこれを実現できる。このように独自のプロトコルを追加することで、各企業は、すでに機械に組み込まれている「ブラックボックス」から、データを追跡、収集、分析する方法を検討することが可能だ。こうしたデータは、これまで故障状況を分析するために使用されることがほとんどだったが、データグラフを充実させるインプットとしてこれらデータの体系的な利用を始めれば、さまざまな使用条件下で製品がどのように機能するかについて、より深い洞察を導き出すことができる。MVFPの目的は3つある。現場から一連のデータ属性を収集する可能性を示すこと、データグラフにデータを取り込んで関連分析を実施すること、そして顧客自身では得ることのできない実行可能な価値提言を考案することである。フュージョンプロダクトへの移行を加速するために、企業はこの方法を使って既存製品にセンサーとソフトウェアを追加し、迅速かつ正確にデータを送信できるようにすることが可能である。このようにして、現在の製品と互換性のあるインターフェースを設計することもできる。

第三に、製造基盤を迅速に切り替えることである。フュージョンプロダクトの展開を成功へと導くには、スピードが肝心である。製品設計者には、データサイエンティストと協力し、将来的なデジタル化のコストと機能の情報にもとづいて、現在の状態（既存の機械に遠隔測定機能を追加）から、フュージョンプロダクトを一から設計する状態に変革するまでの数年に及ぶスケジュールを策定することが求められる。ロードマップを加速させるさまざまな選択肢を提示し、説明を受けた経営幹部が、費用対効果分析にもとづき、必要な投資について十分な情報を得たうえで意思決定できるようにしなければならない。機械の製造基盤がフュージョンプロダクトに速やかに転換されればされるほど、多くの制約に阻まれているかつての競争相手との差異化を図り、勝利を収める能力が高まるのである。

フュージョンプロダクトは、定義上静的なものではない。デジタル技術、とくにセンサー、ソフトウェア、分析は、製品アーキテクチャーを絶えず変化させ、競争への対応を再構築していく。たとえばブロックチェーンは、モビリティサービス、保険、サプライチェーン認証、スペアパーツのトレーサビリティに役立つだろう。ブロックチェーンを使えば、分散型台帳によって、車両所有者、フリートマネージャー、メーカーからのデータを集約し、エコシステム内の企業間でデータを共有できるようになることから、自動運転社会の到来を加速させる技術と期待されている。トヨタはすでにブロックチェーンの実証実験を始めている[11]。私たちがとくに関心をもっているのは、部品の製造、出荷、配送に関する情報を記録・共有し、サプライチェーン全体にわたるエンドツーエンドのトレーサビリティを通じて、車両のライフサイクルにおけるあらゆる情報を利用することで、どのようなイノベーションが生まれるかである。自動車のブロックチェーンが構築されるにつれ、三種のデジタルツインの力は増していくだろう。さまざまな地域にまたがるサプライヤー、ディーラー、顧客、パートナーのすべてに関わるデータの信頼性が向上するからだ。産業界は、このような技術の合流点における複合的なイノベーションがもたらすであろう破壊と新たなチャンスを理解しなければならない。

製品移行ロードマップが成功するかどうかは、コンピューター用語でたとえると、産業界が「クロック周波数」をいかに最適化できるかにかかっている。これは3つの要素からなる。まず「設計速度」、フュージョンプロダクトのアーキテクチャーを一から構築し、パートナーの役割も含めたプロトタイプを実証する時間である。次に「開発速度」、フュージョンプロダクトを製造する時間である。これは、アーキテクチャーの実現可能性だけでなく、財務的および技術的な実現性の評価に必要な台数を製造するための、パートナーを含む必要なインフラの実現可能性を示すことでもある。最後は「展開速度」、データネットワーク効果を加速して優位性を獲得するために必要な時間である。これは、データグラフを特定し、製品をリモートでサービスする方法のヒューリスティックを開発するためにアルゴリズムが訓練された定常状態を確立することである。

収益化

B2B企業は、製品の性能と機能にもとづいて価格を設定するが、企業が常に頭を悩ますこのプロセスもフュージョンプロダクトの場合は異なる。なぜなら、短期的には非効率を改善し、長期的には生産性を向上させることで顧客に価値を生み出すからだ。フュージョンプロダクトは、機械のダウンタイムを(ほぼ)ゼロにし、独自のデータグラフとアルゴリズムを用いて、さまざまな顧客の多種多様な使用方法からの学習にもとづき、製品の改良とアップグレードを即座に行い、時間とともにさらに革新的な製品を開発する。価値を取り出すことができるこうした源泉は、アナログの世界には存在しない。データグラフにより、いままでは販売時点だけだった価値創造の瞬間が、製品が使用されるあらゆる瞬間へと移行したからである。

フュージョンプロダクトの収益化には、3つの選択肢がある。1つ目はプレミアム価格で、既存企業がテスラのようなプレミアム価格を設定できるというものだ。そのためには、企業はパフォーマンスと信頼性の面でフュージョンプロダクトがどのように価値提案を実現するかを顧客に理解できるよう、その機能を効果的に伝えなければならない。第三者機関（J・D・パワーなど）のランキングや、過去の平均的なデータにもとづいてしかパフォーマンスを主張できない競合企業とは異なり、フュージョンプロダクト・メーカーは、データグラフと生成ＡＩを使用して、自社製品が他社よりも優れたパフォーマンスレベルで動作しつつも、運用コストが低いことを保証し、プレミアム価格を正当化することができる。三種のツインによって生み出される情報資産があれば、信頼できる証拠を必要とし価格に敏感な法人顧客にも納得してもらえるだろう。

2つ目の選択肢はパフォーマンス契約であり、これは実際のデータにもとづき、さまざまなレベルの信頼性を保証するものである。ＵＰＳやハーツのような法人顧客にとっては、数多くの車両を調達する際の魅力的な選択肢かもしれない。メーカーはこれまで、リスクに関するデータを集約して算出した機械の平均的な信頼性にもとづいて保証を行ってきたが、そこからさらに一歩踏み込むことができる。リアルタイムデータやデータグラフ、デジタルツインやアルゴリズムを使用して問題を未然に防ぐ機能により、パフォーマンス契約を裏づけることが可能である。

3つ目の魅力的な収益化の選択肢は、フュージョンプロダクトによって得た洞察を利用して隣接分野に参入することである。テスラが他社よりも優れた自動車保険を提供できるのは、異なるリスクプロファイルに分類されたドライバーの平均的なデータではなく、個々のドライバーの実際の運転パターンを記録し分析できる能力があるからである。

優れた機械の戦いに向けたチェックリスト

CEOや経営幹部は、自社製品が新たな技術の変化や競争に対応できるかどうかの見極めに関心を抱いているだろう。膨大な数のデジタル技術を前に、いったいそれが何なのか、どのように製品設計に統合していけばよいのかと考えているに違いない。次の3つの質問を問いかけることで、来るべき戦いの準備ができているかどうかを確かめることができるだろう。

データグラフに対応した製品設計がなされているか?

自社製品と競合製品を見比べてみてほしい。デジタルの付加機能に過度に注目するのではなく、製品に備わった「流れているデータ」の送信能力が、競合製品とどのように比較できるかを体系的に評価することが重要だ。たとえば既存の自動車メーカーは、電気自動車の台数だけでなく、追跡でき詳細なリアルタイムデータの送信が可能でタイムリーなソフトウェアアップデートを無線で行える車両の台数にも注目すべきである。同様に、トラクターメーカーは、機械からデータを収集するテレマティクス機能だけを基準に評価するのではなく、どれだけうまくリモートでソフトウェアをアップデートできるかも考慮すべきなのだ。競合企業に先行しているのか、それとも遅れをとっているのか？　先進的なフュージョンプロダクトをもつほかの業界から何を学びとれるだろうか？

データネットワーク効果を活用しているか？

異なる環境下にあるデータから学ぶことが競争優位を生む可能性もある。ウェイモは、新たに製造する車と既存の車の両方に自動運転ソフトウェアを搭載している。その結果、データネットワーク効果は拡大し、同社はほとんどの自動車メーカーに対して優位性をもっている。アナログの世界では、高い市場シェアと規模の経済が製造コストを下げ、優位性をもたらしてきた。しかしフュージョンの世界では、データネットワーク効果が優れたパフォーマンスを生むのである。自社のアルゴリズムが新たな洞察を導き出せるようにするため、競合企業と比較してどれだけデータネットワーク効果をうまく活用できているだろうか?

差異化した事業価値を提供しているか?

フュージョンプロダクトが市場で成功を収めているのは、その独自のメリットによるもので、フュージョン思考を機械設計にまだ取り入れていない競合企業にはまねのできないものだ。三種のツインを取り入れるのは素晴らしいことだが、データを成果に結びつけない限り、その真価は発揮されない。AIの進歩により、産業アルゴリズムは、製品パフォーマンスを大幅に向上させられるようになった。フォードやGMのような自動車メーカーは、EVのアーキテクチャーによる差異化だけでなく、データとAIがいかにそれを促進するかにも焦点を当てなければならない。これと同じことがほかの産業分野にも当てはまる。クラウドの高性能コンピューティングを利用することで、三種のツインを活用してアルゴリズムを訓練し、製品パフォーマンスを継続的に向上させるデータが提供できる。このアプローチは、事前に問題を発見し修正できるため、競合企業よりも優れたパフォーマンスを発揮することも可能になる。自社が行う価値提案は、多くの顧客にとって特徴的かつ魅力的なものだろうか?

＊　＊　＊

産業製品を製造する企業にとって、デジタル化するかどうかはもはや選択肢ではない。とはいえ、アナログ製品にデジタル機能を追加するだけでは不十分だ。優れた機械の戦いを制するには、設計から製造、展開まで、製品アーキテクチャーを一から再構築する必要がある。データネットワーク効果と産業アルゴリズムの力を反映したデジタル技術が組み込まれた産業機械があってはじめて、新しい技術を使ってまだ見ぬ価値を引き出す道を探ることができる。各分野の産業展示場でさまざまな機械の最新のプロトタイプを実演することは、ほんの手始めにすぎない。イーロン・マスクの言葉にあるように、「プロトタイプは簡単だが、製造は難しい」。さらに付け加えると、現場で稼働する機械から得られるデータネットワーク効果にもとづき、比類なき価値を提供する専門知識を有していることが実証できたときにのみ、真の独自の優位性がもたらされるのである。

フュージョンプロダクトは出発点であり、企業が将来の選択肢を模索する第一段階に導いてくれる。次に議論するのは、その選択肢のうちのひとつ、フュージョンサービスである。

第6章

目覚ましい結果を求める競争

Chapter6
The Race for Remarkable Results

アメリカの農業機械大手ジョンディアは、トラクター、コンバイン、プランター、耕運機、散布機、芝刈り機、スクレーパー、ローダーなどの産業機器を、デジタル機能を取り入れながら段階的に再設計を進めている。１９９０年代半ば、ジョンディアが専門のデジタルチームを立ち上げ、ＧＰＳ搭載の自動操舵トラクターを導入したことで、農家は自動化できない高付加価値の作業に集中できるようになった。このイノベーションは、車両のすべてのセンサーに地理空間情報をタグづけすることを可能にした。ＧＰＳ連動センサーという強みを手にしたジョンディアは、播種、農地への施肥、作物の収穫といった農作業の重要なステップを追跡し、何がうまくいっているのかを評価できるようになったのである。

ジョンディアは、アグリテック（農業技術）という言葉が生まれるずっと前から、アグリテック戦略を追求してきた。１８０年以上にわたって鉄でできた大型機械の製造経験を積んできたが、顧客のビジネスをよりよく知るために、テラバイト規模の精密データを重視するようになった。より多くの機械やより高性能な機械を販売するだけでなく、アナログとデジタルを組み合わせたサービスを提供することで、新たな価値を創出することに注力しているのだ。これこそが、「フュージョンサービス」なのである。

第1章で紹介したイノベーション「シー&スプレー」は、2017年に買収したブルー・リバー・テクノロジーによるものだが、これだけではない。[1] ここ数年、すべての機械にセンサーを搭載し、同社の製品を所有する世界中の農家から製品使用中データを集めている。これらのセンサーによって機器のパフォーマンスと出力をリアルタイムで分析し、いつ、どこで、なぜ逸脱が発生するのかを理解し、その原因を深く掘り下げることができるようになったのである。

このように、ジョンディアはトラクターを産業機械ではなく、クラウドに接続された車輪つきのコンピューターだと考えている。同社の専門デジタルチームは、機器からデータを収集し、それらのデータを本社へ転送し、AIを用いた機械学習のためにデータを準備し、農家の生産性と収益性を向上させる洞察を引き出す最善の方法を、長年にわたって追求してきたのだ。

ほとんどの農家は自分の農場のデータしかもっておらず、これまでの作業と経験から蓄積したデータと代々受け継がれてきた暗黙知にもとづいて、最善の実践方法を導き出している。対照的にジョンディアは、自社の機器を使用するすべての農家のデータをもっているため、データネットワーク効果とデータグラフからの洞察によって、付加価値を高めることができるのである。

クラウド対応のＪＤＬｉｎｋシステムによって、ジョンディアは世界中の農場にあるすべての機械を種類ごとに接続し、その種類に応じて学習できるようになった。同社は大規模データの収集を開始し、全世界で３億２５００万エーカー以上の農地に存在する、約50万台もの接続された機械から、毎秒１０００万～１５００万件の計測データを収集している。[2] これらのデータがすべて機械学習アルゴリズムに供給されることで、農家がすべきことを定めるプロセスを、説得力と確信をもって体系的に構築し始めることができるのである。

ジョンディアは業界最大手の一角を占めるため、そのデータネットワーク効果は競合企業よりも強力であり、他社が（今後も）アクセスできないデータこそ、同社のデータグラフの原動力である。長年にわたって機械製造の規模と範囲をもとにしてきたこの企業の競争優位は、いまや他社にはないデータにもとづいて導き出す対応策と、それをミクロレベルで詳細に分析する能力に移行しているのだ。

このように記述的分析と診断的分析を、予測的分析と処方的分析へと結びつけるロジックが、ジョンディアの優位性となる。データ収集機能と通信機能を備えた新型の機械を導入し、旧式の機械は改修してそれらの機能を組み込む方法を考案することで、競合企業に対し徐々に優位を築いてきた。トラクターの２０２４年モデルには、今後新たなイノベーションが実用化されたときに利用できる自動運転コンポーネントの搭載を開始しており、次世代のデータ送信モデムは、旧式の車両を念頭に設計されているのだ。

ジョンディアはハードウェアとソフトウェアのレイヤーを組み合わせ、農作業のコントロールセンターとして機能する統合ディスプレイを生み出した。オートメーション機能を搭載した同社のトラクターは、農地の端まで進んだときに正確に方向転換することが可能で、ミスや無駄を減らすことで農家の負担と投入コストを削減している。新型トラクター「８ＲＸ」は、農家がリモートで作業を監視したり、リアルタイムでデータを分析したりすることができ、将来的には自律操作も可能となる。ジョンディアはデジタルスタートアップの買収によっても、デジタル化の波に乗り遅れたほかの農業機器メーカーより優位に立つことができた。２０２１年のベア・フラッグ・ロボティクスの買収により、既存の機械と互換性のある自動運転技術を利用できるようになり、これが大きな利益をもたらしたのである。

ジョンディアのシー&スプレーシステムから、農薬に焦点を当てたフュージョン思考を見てとることができる。これまでは、雑草や害虫の問題に対処するには農地全体に満遍なく農薬を散布する方法が最善と見なされていたが、雑草のみに集中して散布するやり方に徐々に変わりつつある。このイノベーションは、単に的を絞って農薬を散布するだけではない。このシステムは散布を終えると、よりよい雑草管理のために必要な洞察を提供する2つのマップを作成する。散布マップには、各周期で除草剤が散布された面積が表示され、雑草マップには、農地のすべての雑草の位置が表示される。この2つのマップを組み合わせることで、農家はより優れた今後の雑草対策計画を立てることができるのだ。データへのアクセス、ＡＩビジョン、分析能力を用いてカスタマイズされたサービスを提供できる企業は限られている。より多くの農薬散布機がより多様な場所に配備されるにつれ、ジョンディアは雑草対策の比類ない専門知識を蓄積していくことだろう。

農業では、雑草駆除だけでなく、農場の収益性に直結する肥料管理も重要である。ジョンディアの最新の製品イノベーションである「イグザクトショット」は、機械に搭載したセンサーとロボット工学により、種子の列全体に肥料を連続して散布するのではなく、必要な場所のみに正確に散布できる。これにより肥料の使用量を最大60％削減でき、利益の増加に結びつけることができる。

IoT搭載の機械から得られる農地の状態や地形に関する500億のデータポイントがあるマップにより、ジョンディアはすでにアメリカの農場や芝生のインテリジェント神経システムを構築している。時間とともに、種子、肥料、雑草の管理方法のデータが得られれば、世界中の農家の収益性向上に貢献しうる存在となるだろう。同社のトラクター設計は確かに革新的だが、最終的な目標は、機械の生産性指標の向上ではなく、農家の利益を増加させることなのだ。

ジョンディアのイノベーションは、これらにとどまらない。サンフランシスコの研究所では、コンピュータービジョンを使った穀物の最適な分類方法の研究を行っている。テスラの自動車チーム同様、ジョンディアのビジョンチームは、多種多様な微気候や土壌条件のもとでさまざまな種をまいた農地の写真にもとづいてヒューリスティックを改良し、複数の状況で学習でき

第2部 価値のベクトル　　176

るよう、アルゴリズムを訓練している。状況が異なれば種子から育つ作物の品質に影響が出ることを経験豊富な農家は知っているが、アルゴリズムをそうしたことを理解できるレベルにまで引き上げようとしているのだ。クラウド接続しコンピュータービジョンを搭載した機器は、さまざまな環境を学習でき、農家がよりよいパフォーマンスを発揮できるよう導くデータを提供してくれる。有望なスタートアップと提携したコラボレータープログラムを通じ、さらなる顧客価値の提供を実現する道が開かれるかもしれないのだ。

アグリテック市場のリーダーになるというこの企業のビジョンを支えているのは、デジタルアーキテクチャースタックである。要素としては、ハードウェアとソフトウェア、GPS駆動型ガイダンス、オペレーションセンターへの接続、肥料や雑草管理において機械知能を向上させる自動化、最後に非常に重要な自律性がある。このデジタルインフラは、データグラフと分析によって強化されたフュージョンサービスを提供することを目的としている。ジョンディアが優位性を維持するには、産業機械、設備、AI能力を相互にリンクさせ、農場経営の詳細かつより優れたオントロジーを開発しなければならない。その土台があってはじめて、農家の比類なきパフォーマンスに貢献できるのである。

今日の農業はデータ集約型であり、商習慣は、代々受け継がれてきた暦、メモ、ルール、手引きなどをはるかに超えて進化している。Tomorrow.ioのようなスタートアップの新しいアプリケーションに組み込まれた気象・気候予測AIによって、農家はより正確なデータにもとづいて意思決定を行い、農場の収益性を高めることができる。農業向けＣｈａｔＧＰＴの画期的なイノベーションである「ノーム」は、天候、土壌モニタリング、最新の出来事などの公開データを通じて質問に答えることができる。政府機関（アメリカ海洋大気庁など）や民間企業（カーギル、バイエル、シンジェンタなど）の気候データをもとに訓練されたこうしたモデルは、まもなくその価値を解き放つだろう。これこそがフュージョンサービスの未来なのだ。

サービスのパラダイムシフト

産業界は、これまでアナログ製品と同等かそれ以上の価値をサービスから獲得してきたため、サービスによる収入や利益の流れには精通している。機械や設備の開発には費用がかかるので、どの国でも、国や地方の経済政策によって地域ごとに資本設備メーカーが誕生している。市場の競争は激しく、製品の利幅は非常に低い。企業は収入を、メンテナンス契約、パフォーマンスのアップグレード、融資などのサービスに頼っており、これらは設備の老朽化につれ拡大していく可能性がある。しかし、修理する権利に関する取組みや法律が、この収益プールを脅かしている。機械を購入するために資金を投じるのではなく、機械の出力やパフォーマンスに応じた対価のみを支払う、リースやサブスクリプションを基本としたサービスを提供する企業も

図6-1　目覚ましい結果を求める競争における
フュージョンサービス戦略

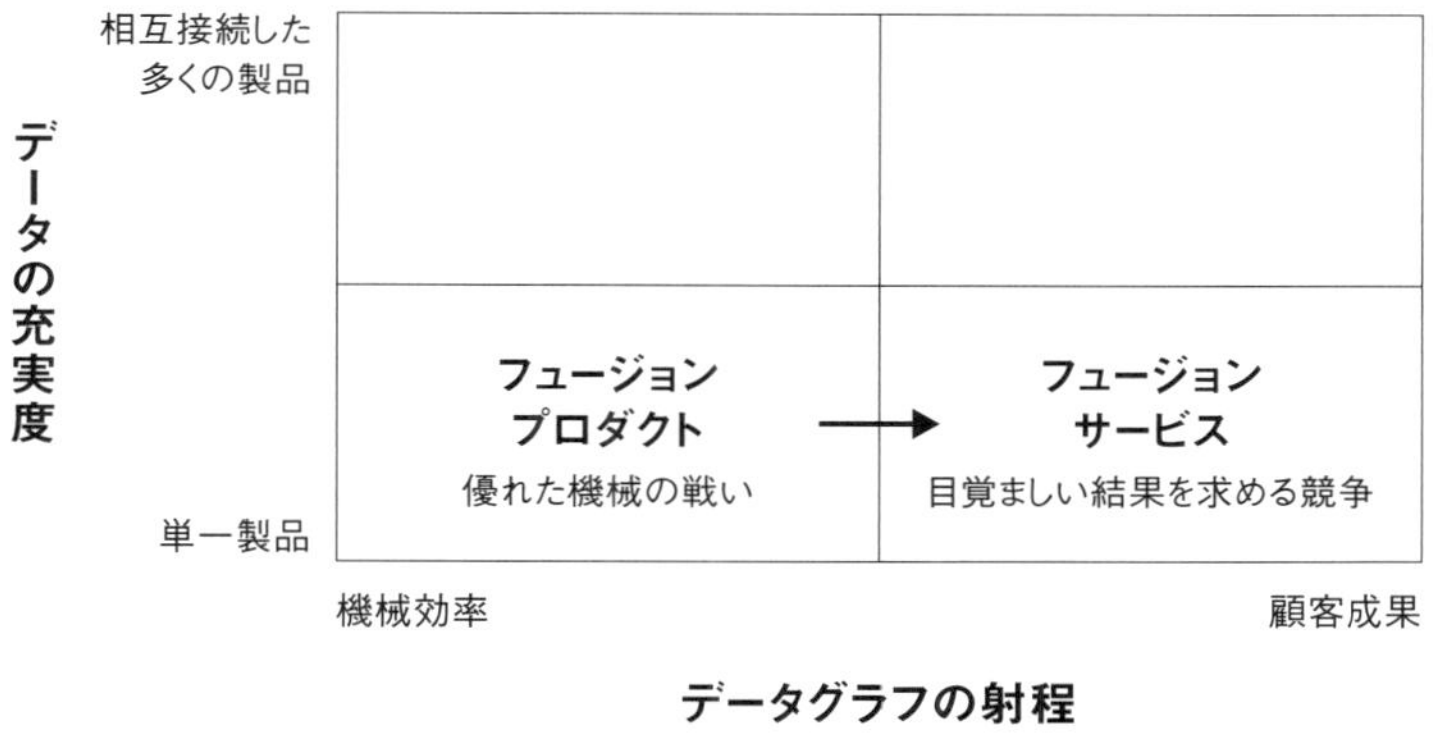

現れている。しかし、このようなファイナンスを活用したサービスは、幅広く採算性の高いものではあるが、フュージョンサービスではない。

それはなぜか。主な理由は、製品使用中データを追跡していないことと、データネットワーク効果を活用していないことである。第4章の戦略のフレームワークおよび図6-1に示すように、フュージョンサービスは、自社の製品と顧客業務の主要なビジネスプロセスを相互接続するものである。三種のツインが、顧客が許す限り業務の奥深くにまで拡張される。この顧客からの信頼を獲得することで結ばれたより強いつながりによってのみ、企業は顧客の生産性を高めることができるのである。データグラフは、顧客のビジネス目標を反映するデータ要素を含むように範囲を拡大させ、アルゴリズムはビジネスの収益性を高めるための推奨事項の予測および処方を支援する。
　産業サービスの究極の理想は、大規模かつ迅速なカスタマイズ、つまりすべての顧客に対して、適切なタイミングで、適切なサービスを、適正価格で提供することである。現時点では、まだその段階からはかけ離れている。専門家やコンサルタントは、機械がどのように機能するのか分析したうえで改善策を提案し、既存企業やパートナーは、機器の稼働を維持するためのサービスを提供している。しかし、フュージョンサービスは、データネットワーク効果から得られる独自の洞察により新たな価値を生み出すことができ、パーソナライズされたアルゴリズムを通じてその価値の大半を獲得できるのである。
　さまざまな条件下で時間とともにもたらされるデータネットワーク効果により、機械学習アルゴリズムは、シー&スプレーやイグザクトショットのようなイノベーションの可能性を常に拡大している。データネットワーク効果とアルゴリズムは、ジョンディアのデジタル産業機械のポートフォリオが将来的に顧客に提供するものを向上させるだろう。同社のCEO、ジョン・メイは、「機械学習は、当社の将来にとって重要な能力である」と述べている。[3]
　フュージョンプロダクトとフュージョンサービスは、画期的な方法で顧客の成果を向上させる。フュージョンプロダクトにより、機械の稼働率は100%近くに高まるので、顧客のメンテナンス費用が削減され、結果として顧客の収益性向上につながる。データグラフとアルゴリズムにより、ジョンディアは壊れたら直す（事後対応型）メンテナンスから、予測的（事前対応型）メンテナンスへと移行できたため、フュージョンプロダクトの価値提案を実現できた。そしてそこからさらに踏み込み、フュージョンサービスの提供も推し進めている。

さまざまな農場、地域、国でのシー＆スプレーの運用データ分析により、ジョンディアはＡＩ／機械学習にデータを供給し、作物の収穫量を増やすルールの構築が可能となった。このサービスの目的は、機械の稼働時間の効率を高めることではなく、農家の収穫量をどれだけ増加させられるかである。人間がシー＆スプレーのサービスを行うと、コストと時間がかかり、ミスも起こりやすい。フュージョンサービスにより、顧客業務の効率と効果を改善することで、顧客利益の増加へとつなげているのだ。したがって、フュージョンサービスのプロフィットプールは、フュージョンプロダクトから生まれるそれをはるかに上回るのである。

これを実現するためには、企業は顧客業務に組み込みやすい製品を設計し、それによって顧客の生産性を向上させる新たな方法を見つけ出さなければならない。獲得できる価値を最大化するには、現場に技術者を大量に配置したり、サービスパートナーを雇ったりするなどといった費用のかかる方法に頼ってはならない。かわりに、データ、データグラフ、アルゴリズムが支えるドメインの専門知識から、カスタマイズされた推奨事項がほぼ自動的に生成される仕組みを構築しなければならないのだ。

機械の効率性の向上から農場の収益性に影響を与えるまでを目指すジョンディアの野心は、フュージョンサービスを生み出すための４つの重要な側面を浮き彫りにしている。１つ目は、シームレスなデータフロー、データネットワーク効果、サービスデータグラフを通じて、顧客業務に入り込むこと。２つ目は、それらのデータグラフを利用して、ＡＩアルゴリズムによる記述的・診断的・予測的・処方的分析を実行すること。３つ目は、これらのアルゴリズムを使用して、顧客にカスタマイズしたビジネス提案を迅速かつ効果的に提供すること。４つ目は、顧客業務の詳細に対するより深いサービス洞察を用いて、将来の価値提案をつくり上げることである。では、その具体的な実践方法について見てみよう。

フュージョンサービスを提供するまでの道のり

サービス重視、顧客中心主義を謳う企業の多くが、自社の機械がどのように顧客の収益性に直結しているかについてのリアルタイム情報をほとんどもっていない。顧客に影響を与えられる高いレベルのデータにはアクセスできるものの、それぞれの顧客のパフォーマンスを最大化させるように製品をカスタマイズすることはできずにいるのだ。そうした企業のパンフレットやホワイトペーパーには、業界トップクラスの業績を上げている事例が紹介されているが、下位４分の１に属する企業がどのように体系的に地位を向上させられるかについての詳細な洞察は欠けているのである。

これらの企業がフュージョンサービスへの移行を試みると、社内外の課題に直面する。社内の克服すべき課題は、販売第一、サービスは二の次という考え方から脱却し、顧客成果を第一に据えることである。現場レベルで働くエンジニアやマーケッターがこの新しい方向性を取り入れたなら、社外の課題は、この意識改革が既存のマーケティングスローガンよりも重要な意味をもつことを、顧客（既存および潜在顧客）に納得させることである。フュージョンサービスは、企業が顧客業務に深く入り込み内部から方向性を変えなければ、顧客の収益に影響を与えることはできないという根本的な信念にもとづいている。

ここでは、産業界企業がフュージョンサービスのリーダーとなるために必要な4つのステップを紹介する（このステップは、第5章で説明したアナログ製品をフュージョンプロダクトにする4つのステップに対応している）。1つ目のステップは、デジタルフックを顧客業務に統合させた新たなサービスを「設計」すること。2つ目は、顧客成果に焦点を当てながら、自社のオペレーションをエンドツーエンドで「調整」すること。3つ目は、大規模かつタイムリーにサービスを提供するためのロードマップを「加速」すること。最後4つ目は、フュージョンサービスの実現に貢献したすべての企業が、公平公正に新たな価値を引き出すことができるような方法でサービスを「収益化」することである。この4段階のサイクルが、迅速なフィードバックとともに繰り返されるのである。

設計

フュージョンサービスの範囲を顧客業務の奥深くにまで拡大することは、決して簡単ではない。というのも、通常は社内の業務への外部からのアクセスを望まない顧客企業を説得する必要があるからである。スマートフォンやそのほかのデジタル機器、サービスを通じて、自分たちの生活に多くの企業が入り込んでくることを、気にせずに、あるいは知らず知らずに許可している個人顧客と比べ、法人顧客は当然のことながらより慎重である。

デジタル相互連携の話を進めていく方法の1つ目は、持続可能性やサプライチェーンのレジリエンスといった、ビジネスの新たな優先事項と結びつけることである。たとえばユニリーバは、環境再生型農業の理念として、「土壌の健全性、水質と大気の質、二酸化炭素の回収・貯留、生物多様性にプラスの影響をもたらすこと」を掲げている。ユニリーバはこの理念に沿ったビジネスを行っている農家との取引を好むことから、ジョンディア、CNHインダストリアル、バイエル、カーギルなどは、この新しい取組みを活かし、データリンクを相互接続することで、農家がこの理念を遵守していることの証明を支援できる。サプライチェーンの世界的な崩壊により、建設や運輸を含むほとんどの産業で、レジリエンスが最優先事項に位置づけられるようになった。産業界は、データフックがどのようにエンドツーエンドの可視化を実現し、サプライチェーンのリスクを軽減・管理する新たな方法を提供するのか示すことが可能だ。たとえば、農業および建設の企業であるＡＧＣＯは、コロナ禍の初期を、顧客の新たな優先事項に合致した事業展開を行うことで乗り越え、より多くの顧客と相互接続できるようフライホイール効果を促進させた。これは、重いフライホイールを押して勢いをつけると、ある時点からは力を加えずともそれ自体で速く回り始める現象である。

顧客業務に入り込む権利を獲得する2つ目の方法は、リアルタイムデータの価値を教え込むことだ。アセットライト分野での事例を参考に、産業界はリアルタイムデータの分析を通じたサービスの利点を描き出せるだろう。ウーバーは、トラック輸送と物流において、運送業者向けのアプリでリアルタイムの出荷機会と事前の価格情報を表示することでこれを実行した。パイロットテストのデータにもとづいたシミュレーションにサポートされれば、より説得力のある主張になるだろう。ジョンディアは、シー＆スプレーのデータを使い、すべての機器を農業サイクル全体にわたってリンクさせることで、農業生産高をどう最適化できるか示すことが可能だ。ＣＮＨは、収穫量と農場全体のパフォーマンスを向上させる自社のシームレスなフュージョンサービス（調査→購入→計画→使用→レポート）の価値を示すことに力を入れている。バイエルの専門農学者は、クライメート・コーポレーションのデータサイエンティストと協力することで、精密農業におけるデータグラフと可視化の力を、懐疑的な顧客に納得させることができるだろう。

顧客を取り込む3つ目の方法は、相手のデータと引き換えに、フュージョンサービスの価格を割り引いたり、補助金を提供したりすることである。多くの顧客は、十分な量の顧客データを集め、それから洞察を引き出し、ビジネスアルゴリズムを開発するのに必要な速度でフライホイールを廻す手助けを必要としている。早期購入者に対して割引価格でサービスを提供する見返りとして、新しいアプローチを共創していく考えのもと、データグラフの役割を明らかにし、製品と顧客業務を結びつけるデジタルフックが両者にどのようにより多くの価値を生み出すのかを示すデータを求めることができるのである。

4つ目のアプローチは、フュージョンサービスの導入に対するコミットメントと信念を示すことである。既存企業は、これまでに構築してきたデジタルインフラ、データ収集能力、獲得した人材を明らかにすることで、顧客の同意を得る可能性を高めることができる。さらに、カスタマイズされたサービスが、厳格なルールや直感などではなく、AIによるリアルタイムデータの分析にもとづいていることを示すことも有効だ。

大切なのは、能力を説得力をもって示すことである。フュージョンサービス戦略に転換すると競争環境は一変し、データ、システム、AIにより精通しているデジタルスタートアップと競い合わなければならない。専門知識の深さ、データから継続的に学習する能力、機械にリアルタイムで実行可能な推奨事項を提供する能力を有している強みがあることを相手に示すことができてはじめて、既存企業がフュージョンサービスで勝利を収めることができるのである。

調整

データフィードを顧客業務に接続する許可を得て基盤を確立できたら、次のステップは、組織内および外部パートナーが、独自サービスを提供するためのデータの活用方法に同意していることの確認である。

価値創造と価値獲得の中心は、製造する機械から、顧客の収益性を向上させるサービスへと移行する。とはいえ、ほとんどの企業の社内組織は、長年染みついた（サービスではなく）製品というマインドセットのサイロから抜け出せずにいる。パフォーマンス指標は、買い手のビジネスにもとづかなければならず、売り手にもとづくものであってはならない。そのため買い手をきちんと理解するために、企業は能力と知識を強化しなければならないのだ。自らの組織が顧客をより深く理解するため、サービスを追求する経営幹部は、重要な領域において少なくとも3つの変更を検討する必要がある。

第一に、自社の組織構造が、再定義されたサービスに焦点を当てた新たな戦略を支えられることを心から信じ、それを実現させなければならない。2020年に発表されたジョンディアの新体制は、統合製品ロードマップとその関連事業への投資を推進し、顧客のニーズを余すことなく満たすものであった。[4] 既存の多くの産業組織は、販売部門とサービス部門が分かれており、販売第一、サービスは二の次という考え方が見てとれる。そしてほとんどのサービス部門では、サービスが顧客の生産性をどのように向上させるかではなく、機械がどのように機能するかという考え方を中心に、自らの任務やパフォーマンス指標を定めている。自社の機械が顧客業務にどのように配備されているのか知らない場合がほとんどだろう。効果的なフュージョンサービスを実現するには、営業とサービス部門が方向性を共有し、より緊密な連携を図り、顧客業務から継続的にデータを収集するための単一のインターフェースを採用し、共通のパフォーマンス指標を用いて評価を行う必要がある。

デジタルパフォーマンスツインを顧客業務にまで拡大させることで、より新しくかつ充実したデータを獲得するための効果的なパイプを構築できる。ジョンディアの包括的な技術スタックは、これまではできなかった、精度、自動化、速度、効率性の向上を通じて、新たな顧客価値を提供する機械のポートフォリオ全体をサポートしている。多くの別の環境では、サービスへの移行によって、異なる機能や部門間で対立が生じることがあるのである。

第二に、いまやパフォーマンスツインはセキュリティとプライバシーを非常に重視したうえで顧客業務に深く浸透しているため、CEOは三種のデジタルツインの統合を社外にまで推し進めていく必要がある。第5章で述べたように、機械が顧客の収益性に与える影響に焦点を当てた三種のツインは、機械のパフォーマンスに焦点を当てたデジタルツインよりも強力で、なおかつ価値がある。

サービスパフォーマンスツインを利用すれば、組織は顧客全体で使用されている製品について学習する機会を逃さず活用できる。たとえばジョンディアやCNHのような企業が、使用中の機械にリンクした、顧客の収益性を左右する重要な要因に関する包括的かつ絶えず拡大し続ける知識オントロジーを開発したとしよう。そうすれば、グーグルのナレッジグラフがさまざまな検索クエリから洞察を得るのと同じ仕組みで、ほかの企業よりも優位に立てるだろう。生成AIを用いた実験を成功させるには、企業はエンドツーエンドでプロセス全体を合理化し、なおかつエンドツーエンドの視点で物事を考えなければならない。これができれば、マルチモーダルな知識オントロジーを習得し、推奨事項を導き出すことに使えるだろう。生成AIモデルを利用したとしても、組織の基盤が固まっていなければ、その価値を最大限引き出すことはできないのである。

第三に、フュージョンサービスを効率的に提供するには、外部から集めた能力が不可欠である。フュージョンサービス戦略を実行に移すには、補完的な役割を果たすデータソースや技術パートナーが必要となるため、戦略立案者は最初の段階から、最適なサプライヤー、ベンダー、パートナーを選択しなければならない。そして、どこの部分を自社で製造、購入し、どこをパートナーと提携するかを示すロードマップを作成し、関連するリソースのコミットメントによって顧客のプロセスと自社のプロセスをどのように相互接続させるかを明らかにする必要がある。したがって、フュージョンサービスにおける重要なステップは、組織が機械や設備に当てていた焦点を移行し、すべての顧客の業務を自社の業務の延長として取り扱うことなのである。

加速

フュージョンサービスを効果的に拡大するにはどうすればよいだろうか。この取組みに、限られた資金、人的資源、上級管理職の時間を投入する必要があるため、これは非常に重要な問題である。これにより、ほかの優先事項へのコミットメントは下げざるをえない。このようなリソースの優先順位を見直す作業に、既存企業は常に頭を悩ませているのだ。

まずは、一握りの熱心な顧客とともに、実用最小限のフュージョンサービス（MVFS）の作成から始めるとよい。とはいえ、ラフスケッチや簡単なスライドをつくればよいのではない。熱心な顧客とサービスを共同で作成するためのプロトタイプであり、データネットワーク効果によってどのようにサービスデータグラフが構築されるのか、そのようなデータグラフ上のアルゴリズムがどのように実行可能な処方箋を生み出すのか、推奨事項がいかにしてビジネス上の利益へとつながるのかについての詳細（必要に応じてシミュレーションも含む）を示すものである。MVFSは、これらの顧客とともに規模を拡大する機会と課題について、貴重な洞察をもたらしてくれる。まず、サービスプロバイダー部門、ビジネス購買部門、そしてその両者がどのように協力すべきかが明らかになるだろう。データを共有し、さまざまな収益化の仕組みをテストすることに意欲的な顧客の存在も見えてくるだろう。このプロジェクトにより、構造化・コード化されたデータを、半構造化・非構造化データで補完する方法も見出すことができるはずだ。たとえパイロットプロジェクトが終了した時点で、最初は熱心な支持者だった顧客が離れてしまったとしても、貴重な教訓を得ることができるのである。

ロードマップの次の段階は、初期の熱心な支持者に提供できる洗練されたサービスの開発だ。この支持者の集団が事業領域や所在地などが多様な顧客で構成されていれば理想的で、中核となるサービスをさまざまな顧客ニーズに適応させて設計する方法を試すことができる。フュージョンサービスは画一的なものではなく、特定のニーズに合わせて組み合わせられるモジュールを提供する。初期の熱心な支持者は、さまざまなタイプのハードウェアとソフトウェアの統合、相互運用性のためのデータフックの追加しやすさ、ほかの顧客の多様なビジネス成果に対する役割と責任などを、詳細に理解するためのものと考えてほしい。この集団によって、データの収集と分析を迅速に自動化する方法や、機械学習と人間の専門知識を組み合わせる最適な方法を編み出すことなどができるのだ。

第二段階の結果にもとづいて、企業はファーストフォロワーの獲得に進み、その後も順調であれば、より多くの顧客が利用することになる主流サービスへと移行することとなる。

このような段階的アプローチを踏むことで、データを相互運用するパートナーの役割を検討できる。クラウドによってコンピューティングのコストが下がったように、アマゾン ウェブサービスや、マイクロソフト、スノーフレイクといった企業によるデータエクスチェンジによって、データへのアクセスはより容易になるだろう。農業、建設、住宅建築、運輸、物流などの分野におけるデータエクスチェンジは、標準的なデータから始まり、やがてはより多様で価値の高いデータの提供へと拡大していくと見込まれる。そうなれば、実行可能な推奨事項を導き出す分析とアルゴリズムに精通した企業が、競争優位を手に入れるだろう。

この加速する段階においては、将来的な提携や買収の重要性も認識しておくべきだ。数十年前、ＩＢＭがハードウェアメーカーからＢ２Ｂのサービスプロバイダーへと戦略的転換の舵を切ったとき、同社にはコンサルティングの専門知識がなく、変革を推進するためにＰｗＣを買収する必要があった。同様の例として、モンサントは２０１３年にクライメート・コーポレーションを約10億ドルで買収し、買収した企業の農業分析およびリスク管理の専門知識と自社の研究開発能力を組み合わせることで、農作物の出来具合に影響を及ぼすさまざまな要因について、より多くの情報を農家に提供することを目指したのである。これは、産業界が従来の製品にデジタルサービスを組み合わせて提供することを試みた最初の例のひとつだった。

ジョンディアは、同社に大きな変革をもたらしたブルー・リバー・テクノロジーの買収を行うまでは、トラクターにデジタル機能を追加して社内で解決することに20年間注力してきた。しかし、デジタル能力を加速させる必要性を十分に認識し、２０２０年にはバッテリー・テクノロジー企業の株式の半数を取得し、カスタマーサービスプラットフォーム（アグリシンク）

も買収した。２０２２年には、自動運転車向けの深度センシングとカメラベースの認識技術を専門とする企業（ライト）から特許と知的財産権を取得し、２０２３年には精密散布企業（スマートアプライ）とロボットＡＩ企業（スパークＡＩ）の買収へと踏み切った。このように、同社のＣＥＯと経営陣は、提携、パートナーシップ、買収を組み合わせることで変革を成し遂げようとしているのである。

一方、ＣＮＨは２０２１年にデジタル変革を加速させるためにレーベン・インダストリーズを買収し、２０２３年には、ジョンディアの製品に対抗する独自のセンス（認知）＆アクト（操作）技術を持つマシンビジョン企業、オーグメンタを買収した。[5] フュージョンサービスへの転換は企業内でも進められるが、それを加速させるのは買収や提携である。産業界はフュージョンサービスを推進するための有力な買収候補を探すべきだが、統合の課題にも留意しなければならない。

収益化

産業界企業がデータを活用し、新たな価値の源泉を創出するため顧客業務に深く入り込むのであれば、安易に価値を独占するようなことがあってはならず、公正かつ透明性をもって顧客と価値を共有することが求められる。たとえば、マッキンゼーの試算によると、農場をデジタル化することで収穫量の増加とコスト削減がなされ、アメリカのぶどう畑は1エーカーあたり新たに200〜800ドルの価値が創出されるという。[6] アクセンチュアは、データ主導の意思決定により、作物によって1エーカーあたり55〜110ドルの農場パフォーマンスの向上が見込めると試算している。[7] しかしほとんどの農家や買い手は、さまざまな要因に左右されしかもその多くが意思決定者がコントロールできない平均的なパフォーマンスが向上するからといって、説得されることはない。ここで活躍するのが、実用的な洞察を導き出すデータグラフである。

顧客がフュージョンサービスの役割とメリットについてより明確な説明を必要としている初期段階では、買い手はフュージョンプロダクトの代金をこれまで通り支払うようにし、複雑な追加条項を設けないアンバンドリングな価格設定を検討すべきだ。そうすれば顧客は、データネットワーク効果とアルゴリズムが導出する推奨事項にもとづくフュージョンサービスが価値あるものかどうかを別途評価できる。慎重な買い手であれば、サードパーティのサービスプロバイダーと、フュージョンサービスを提供する企業のどちらがより優れているかを検討するだろう。というのも、製品をいっさいもたないサムサラのような純粋なサービス企業が、テレマティクス、遠隔装置モニタリング、作業現場の可視化などの進歩によって、競合するサービスを提供するコネクテッドオペレーションクラウドを設計・展開しているからである。このような純粋なサービス企業は、物理的な機器を所有せずに必要な機能を組み合わせられる。純粋なデジタルサービス企業は、テレマティクスやソフトウェアを介して、顧客拠点にある産業製品にデジタルリンクを事後的に加えることで新たな顧客価値を創出し、ジョンディア、キャタピラー、ＡＢＢなどのメーカーが提供してきたサービスと直接競合する。ジョンディアが自社のフュージョンサービスをより魅力的なものとするためサムサラと提携したのは、驚くべきことではない。買い手が以下の疑問のもとに、提供されるサービスを体系的に比較することは賢明である。「統合された三種のデジタルツインをもつフュージョンサービス企業は、サードパーティ企業には不可能な提案ができるだろうか」

バンドル価格は、当然のことながら統合された価値提案を守るために設定されている。この価値提案は、複数の環境にまたがる製品やサービスのドメイン知識から導き出された顧客固有の推奨事項の正確性にもとづいている。ネットワーク効果により、フュージョンサービスは、一般的な経験則にもとづいたヒューリスティックを開発しようとする挑戦者に対して優位に立つことができる。ビジネスプロセスがシンプルでわかりやすいほど、顧客は企業に業務を任せ、データ統合を確実にし、付加価値のある役割を果たすことを望むようになる。より広範かつ多様な顧客基盤から学習できれば、サービス提案への自信も高まるだろう。最後に、収入にはつながらないものの、追加データを収集する権利を取得する契約を結ぶことも可能だ。

農業を含む多くの業界で、デジタル化が業績を左右する可能性がますます認識されるようになってきている。マッキンゼーが農業バリューチェーン全体で１００社以上を対象に行った

2020年の調査では、デジタル化の取組みによってプラスの影響を受けるのは、わずか30〜40％にとどまることが示された。[8] したがって、自動化による単純なデジタル化では最低限の利益しか得られないが、データネットワーク効果を活用して特定の顧客にパーソナライズした推奨事項を提供できる企業は、より大きな利益を得られるだろう。このことはフュージョンサービスによって得られる価値のフロンティアは、さまざまな環境にわたるデータを蓄積するデータグラフ（データネットワーク効果）と、個々の顧客に合わせた実行可能な提案を生み出す強力なアルゴリズムにもとづくという私たちの見解と一致している。

サービス提供におけるディーラーや販売店の役割には、注意する必要がある。フュージョンサービスは、遠く離れたオペレーションセンターやクラウドを使ってリモートで提供することはできない。自己診断や自己修復能力をもたない機械を修理するには、しばしば、そして当面の間は、人間の介入が必要になるだろう。テスラでさえメンテナンスセンターを設けており、無線によるソフトウェア修正では対応できない問題の解決に役立てている。ジョンディア、ABB、キャタピラー、CNHといった企業は、ディーラー、請負業社、サービスプロバイダーと長年にわたり関係を築いてきた。こうした地元のディーラーは、センサーや衛星から送られる体系化されたデータを補完できる農業のノウハウをもっている。フュージョンサービスを提供するには、彼らと連携し、新たに創出された価値を公正に分配することが不可欠である。

目覚ましいサービス成果のためのチェックリスト

デジタル変革が進行しているいま、大企業のCEOは事業範囲を体系的に検討する必要に迫られている。第5章では、機械を再設計し、製品データグラフとのシームレスな統合を確実にするため、デジタル技術スタックに焦点を当てることの重要性を強調した。そのうえではじめて、企業はサービスデータグラフを成長の主軸とするため、境界を越えて顧客と相互連携する方法を探るべきなのだ。

アナログ世界で、顧客にサービスを提供する多くの手段がある。認可修理店によるサービス、事後保全、延長保証、マネージドサービス、資本投資を運用費用に移行させる金融工学などだ。しかし、これらのサービスはデータネットワーク効果を活用していないため、差異化できているとはいえない。では、フュージョンサービスを戦略として追求すべきだろうか。そのために検討すべき3つの質問を挙げる。

データグラフを利用すればよりよい顧客成果をもたらせるか？

工業化時代のサービスは機械の稼働時間がすべてだったが、フュージョンサービスは優れた専門知識とパーソナライズされた推奨事項によって顧客成果を向上させる。もし、顧客のパフォーマンスが目標に達していない原因についての洞察を提供でき、機械からの洞察を活用することで業績を伸ばせる方法を顧客に提案することができるのなら、フュージョンサービスを検討すべきである。GEアビエーションの例を見ればそのことがわかるだろう。

2012年、GE-90エンジンの一部の部品が急速に劣化していることに気がついたエミレーツ航空［訳注：アラブ首長国連邦の航空会社。就航開始は1985年］は、エンジンの故障や長時間のダウンタイムを避けるため、GEアビエーションに、そのエンジンを予定よりも早く回収し、予防保全を実施するよう求めた。GEアビエーションにしてみれば当初の計画より多くエンジンを整備する必要があるためコストが増加し、一方のエミレーツ航空も、より多くのエンジンと予備の部品を入手しなければならなくなることから、この要請は売り手と買い手双方にとって財政上の課題となった。アナログ時代であれば、GEアビエーションは黙ってエンジンを主翼から外し、整備回数を増やし、財政的な打撃を受け入れていたことだろう。

しかし、彼らの対応からデジタル時代の兆候を感じとることができる。GEアビエーションはGEソフトウェアに依頼し、デジタルツインを利用してエミレーツ航空が保有するすべてのGE製エンジンのパフォーマンスをモデル化した。その結果、同社のエンジンを2つに分類できることがわかった。ひとつは、熱く乾燥したコンディションのなか、ドバイから中東・南アジアへの短距離フライトで使用されるもの、もうひとつは、それよりもよいコンディションで、ドバイからアメリカ・西ヨーロッパへの長距離フライトで使用されるものだった。短距離フライトのエンジンは、GEの想定を上回るスピードで劣化が進み、逆に長距離フライトのエンジンは、劣化のスピードが遅かった。[9] GEアビエーションは、このデータグラフを活用した分析により、短距離路線に使用されるエンジンの保守点検の頻度を増やすことで、双方に利益をもたらす計画を策定することができた。両社の収益を向上させたこの例は、フュージョンサービスのメリットを物語っている。

人間の専門知識とAIを組み合わせたものか？

キャタピラーは、ダウンタイムの超微細予測や、顧客ごとに自動掘削プロセスを微調整する方法を確立させるなど、デジタルツイン活用の最前線に立ち、データ主導の洞察を提供して顧客成果を向上させてきた。それだけでなく、人間も補完的な役割を果たしている。人間が、既存の機器にセンサーを配置する方法や、現場からより豊富なデータを送信できる次世代機械を開発する方法を提供し、データグラフを分析する産業アルゴリズムを設計し、最終的には初期段階でアルゴリズムが推奨した提案を検証し承認するのである。この人間の専門知識とＡＩを組み合わせた拡張知能は、ＡＢＢ〔訳注：スイスに本社を置く多国籍企業。中核事業は、電力関連、発動機、ロボティクス、産業オートメーションなど。世界１００カ国以上で事業を展開している〕のサービス提供アプローチの根幹をなしている。[10] クラウド中心かつＡＩファーストのサービスを設計することで、ＡＢＢは人間の専門家が現場で提供してきたものを、さまざまな場面の問題を分析しそれらに対処するためのルールやヒューリスティックを導き出す人間の専門知識を備えたＡＩ主導のプロセスに変換させたのである。

このように、組織全体を通じて人間の専門知識と機械知能を組み合わせたサービスを提供し、顧客業務にまで拡大させているのであれば、フュージョンサービスを追求すべきである。

サービスの知識ベースに独自性はあるか？

デジタル化による重要な変化とは、ビッグデータのことではない。データベースが、記録のためのシステム（どこで、何が、どのように、いくらで製造されたか。そして、誰に、何が、どこで、いくらで販売されたか）から、データグラフのためのシステム（産業機械がさまざまな顧客の業績にどのように貢献しているかの傾向）に進化したことである。多くのＢ２Ｂ企業は、顧客関係管理とディーラー管理のシステムを開発しており、すべての顧客の収益性を計算し、顧客がサービス契約を更新しない確率をコンピューターで計算するのに役立つ統合された顧客データベースを有している。しかし、販売データベースは、ディーラーやサードパーティのプロバイダーが提供するサービスデータとは別個に保管されている場合がほとんどである。

自動車保険会社のデータベースを見てみると、その多くが被保険者名、車種、メーカー、関連する保険金請求で構成されている。一方テスラの知識ベースは、車両の保有者がオートパイロットを利用していた場合と、それ以外の場合のデータで構成されており、業界最安値でありながら収益性の高い自動車保険の提供を可能としているのである。アナログ世界の企業は、自分たちが何を製造し販売したかについての詳細な記録を保持していた。しかし、フュージョンサービスを追求する企業（ジョンディア、キャタピラー、ＡＢＢなど）は、クラウド接続された機器がさまざまな場所でどのように機能するのかについての記録をさらに追加して収集している。その結果、優れたサービスを提供するための知識ベースは、従来の顧客データベースとは異なり、より包括的でなければならないことに気づき始めている。サービス知識ベースは、顧客、状況、条件にまたがって分析できるよう設計しなければならないことも認識している。こうした企業は、いつ、どこで、なぜサービスニーズが発生するかを学習し、それらをすべて満たすルールにもとづいたサービスを開発することができるのである。

ここでの教訓は、従来のサイロ化されたデータベースから脱却し、企業や顧客の業績向上を継続的に支援できるサービス知識ベースを構築しているのであれば、フュージョンサービスを追求すべきだということである。

＊　＊　＊

サービスのフロンティアは、産業界にとって新しく刺激的なものだ。企業はいま、優れた機械を提供するだけでなく、顧客成果に影響を与えうる仕事に取り組む機会を得たのだ。これは人員を配置したコストのかかるサービスセンターを設置するという意味ではなく、自社のデジタルツインを顧客業務のより深いところまで拡張させるという意味である。そして、産業機械の域を超えた顧客成果をもたらす機会を追求するための適切な条件を検討するということだ。どれほどの価値を製品からサービスへと移行できるか可能性を見積もり、この新しい戦略展開領域で勝利を収めるための効果的な方法を分析する必要がある。そのためには、競争相手が同じ業界の産業機械メーカーからサードパーティのサービスプロバイダーに移行していることを、認識しなければならない。

たとえばジョンディアであれば、デジタルに精通した新たなサービスプロバイダーを警戒すべきである。トリンブル、ファーマーズ・エッジ、グラニュラーといった新興企業が、ジョンディアと顧客の間に割って入り、農家やそのほかの顧客と長年築いてきた取引関係に終止符を打つような新サービスを提供するかもしれない。この新たな競争上の脅威は、これらの企業が、デジタルツールを使ってジョンディアが何十年もかけて蓄積してきた知識をリバースエンジニアリングする可能性からきている。生成ＡＩツールはビジネスのベストプラクティスの知識を高いレベルで体系化するため、ジョンディアは農業生産性を1ドル（あるいはユーロ、円、ポンド、人民元）でも向上させるために自社の機械をどのように調整すればよいか、データにもとづいてサービスの価値提案を独自のものにするよう努力すべきである。新たなサービス価値は、体系化された一般的知識に頼っている者には利用できない、データグラフから導き出される推奨事項によってのみ創出できるのである。

産業大手が、この目覚ましい結果を求める競争に勝利するには、アナログ時代に提供していた以上のサービス価値の提案を検討し、差異化された洞察を導き出し、顧客関係を再構築し、これまでとは異なる競合企業にも目を向け、拡張されたエコシステムで新たな組織体制を構築する必要がある。これらの展望に可能性を感じないのであれば、別の戦略、自社の機械と補完的な製品および設備を統合し一貫したシステムとする戦略を検討することもできる。そしてこれは、企業の熾烈な争いを別の次元へと移行させる。このことについては、次の章で議論していこう。

第7章

スマートシステムの対決

Chapter7
The Showdown of
Smart Systems

ドバイにあるブルジュ・ハリファは世界で最も高い建物であり、換気、空調、照明、水管理、駐車場、倉庫、エレベーター、通信、セキュリティなど、数多くのシステムを備えている。バックグラウンドで人目につかずに作動しているこれらのシステムは、居住者や訪問者の体験を最大化するために不可欠である。この建物が2010年にオープンしたとき、接続され、安全で、エネルギー効率が高いシステムが居住者の生活の質を向上させているとして、インテリジェントビルと評価された。

ブルジュ・ハリファに多くのシステムを提供したハネウェルに尋ねたなら、「レンガとモルタル」構造から、デジタル技術により、人間が住み、働き、学び、遊ぶ空間にある、鋼鉄、コンクリート、木材、ガラスを通してデータを送信できる「鋼鉄、ガラス、クリック」のシステムへと焦点を移しつつあると語るだろう。この移行を成し遂げるため、暖房、冷房、換気機器から、電子スイッチ、モーター、産業オートメーション制御にまで、すべての製品に、センサー、ソフトウェア、相互接続の機能をもたせている。ハネウェルは、これらを国境を越えさまざまな業界で展開することで、ありとあらゆる機器から多くの異なるデータを収集しているのである。

異なる空調制御システムのコンポーネントを統合させる能力に魅力を感じ、ブルジュ・ハリファはハネウェルを選んだ。ハネウェルのソフトウェアは、空調制御システムの多くの部分からリアルタイムで現地データを収集・照合し、それらを分析して異常を検知し、積極的な是正措置を推奨できる。それだけでなく、ブルジュ・ハリファは、日々変化する冷暖房のニーズに対応するため、ハネウェルのインテリジェント機器も導入している。リアルタイムデータにアクセスすることで、ブルジュ・ハリファはインシデントを早期に発見して迅速に対応することで、潜在的なリスクを軽減できる。ハネウェルが開発したシステムは、ブルジュ・ハリファの機械資産のメンテナンス時間を40％削減するとともに、稼働率を99・95％にまで向上させたのである。[1]

この超高層ビルでのハネウェルの取組みは、カスタムプロジェクトではない。新たな価値を創出するため、さまざまな企業がシームレスなデータフローによって相互運用性を確保することに同意し、製品やサービスを他社のものと接続する実験の初期段階なのだ。アナログ時代には、このようなシステムを構築することは不可能だった。企業ごとに製品開発や最適化がなされ、他社の製品と組み合わせて使用することなど想定されていなかったからである。

建築業界は長きにわたって、設計、建設、運用という3つの連続し、かつ独立した段階で運営されており、各企業は独自の仕様、運用ルール、プロトコル、プロセスを用いて各段階を管理してきた。相互の連携がほとんどないまま、各企業が自社の活動範囲を最適化していたのだ。建設後、ビルの資源利用、快適性、アクセシビリティなどの最適化のためには、ビルの所有者や運営者がさまざまなデータソースにアクセスする必要があったため、煩雑で非効率的だった。施設管理者はリアルタイムのエンドツーエンドの可視性がないまま、いつ、どの問題を解決し、誰にタスクを割り当てるかを決定していたのである。加えて解決した問題は、ほかの人の参考になるような標準的な方法で記録されることもなかった。

ビルの管理にはいくつもの独立した技術が必要であり、そのため複雑になってしまい、データの報告を難しくし、リモートでのビル管理を不可能にしていた。サイロ化された状態で管理業務に取り組むのでは、システムレベルの最適化はできず、ビルのポートフォリオ全体で新たな学びを得ることもできない。言い換えれば、データネットワーク効果の開発と利用がされてこなかったのである。しかし、これからは変わっていくだろう。従来の建物のシステムは、室温や汚染レベルなどのパラメーターが規定値を超えた場合にのみアラームが鳴る仕組みであった。それが、デジタル機能のおかげで、建物がどのように運用されているのか全体的に把握できるようになったのである。物事がどのように連携して動いているかを分析することで、さまざまな部分を統合し、コスト効率を高めながらシステムのパフォーマンスを向上させる方法を見つけることができるのだ。

デジタル技術によって、設計、建設、運用の3つの段階をつなぐ、データとデータグラフという新たな優位性が生まれたのである。その結果、デジタル相互接続によりリアルタイムデータを収集・分析する建物のフュージョンシステムが利用可能となった。データ主導で得た洞察をリアルタイムで実行に移すことにより、建物の健全性が最大限に高まるだけでなく、持続可能性、運用効率、居住者体験も向上させることができる。コンクリート、鋼鉄、ガラスも重要な資産ではあるが、新たに差異化を生み出すのはデータとＡＩなのである。

マッキンゼーの分析によると、建築・建設業界がデジタル化の問題解決に苦戦している主な原因は、本来ひとつのシステムとして相互運用しなければならないさまざまな部分が、極端に断片化されているためだという。[2] しかし、この難題に挑む大手企業はほとんどない。多くの企業が異なる事業部門の製品を必要最低限の調整で提供しているのと同様に、ハネウェルもかつては最低限の調整で事業ポートフォリオを運営していた。２０１８年、同社はデジタル世界で製品を統合することでより多くの価値を提供できることに気がつき、システムの利点を探求するためハネウェル・コネクテッド・エンタープライズを立ち上げた。ハネウェルがこの分野でリーダーシップを発揮できるかどうかは、個々の部品やサブシステムをどう運用するかだけでなく、システムレベルでデータグラフとＡＩを用いて独自の洞察を導き出す能力にかかっている。

システムのパラダイムシフト

視覚、温度、動作のモニタリングなど、さまざまなセンサーを搭載した建物を設計した場合、収集されるデータはマルチモーダルであり、個々の製品のレベルよりも充実したデータが得られる。このことは、第4章で紹介したフレームワーク、および図7-1で示される（左上の象限を参照）。フュージョンシステムは、たとえばエネルギー使用量やセキュリティについてであれば、建物内の独立した製品の数十カ所のデータポイントをつなぎ合わせるのではなく、複数の製品にまたがる何十万ものデータポイントを追跡・分析するのだ。何千ものセンサーが、システムの状態、建物全体の状況、天候などの外部要因の影響などについての情報を継続的に提供する。パフォーマンスデータのダッシュボードを備えたビルディングツインによって、エネルギーを節約し、信頼性やセキュリティを最大限に高め、そして建物内にいる人々の快適性を最適化するといった新たな価値領域にステップアップできる。突き詰めると、ビルディングツインは唯一の信頼できる情報源、建物の信頼でき利用可能なリアルタイムデータの情報源として機能するのである。この建物の統一された視点が、ハネウェルがシステムレベルでデータグラフを構築するために必要なのである。

図7-1　スマートシステムの対決における
フュージョンシステム戦略

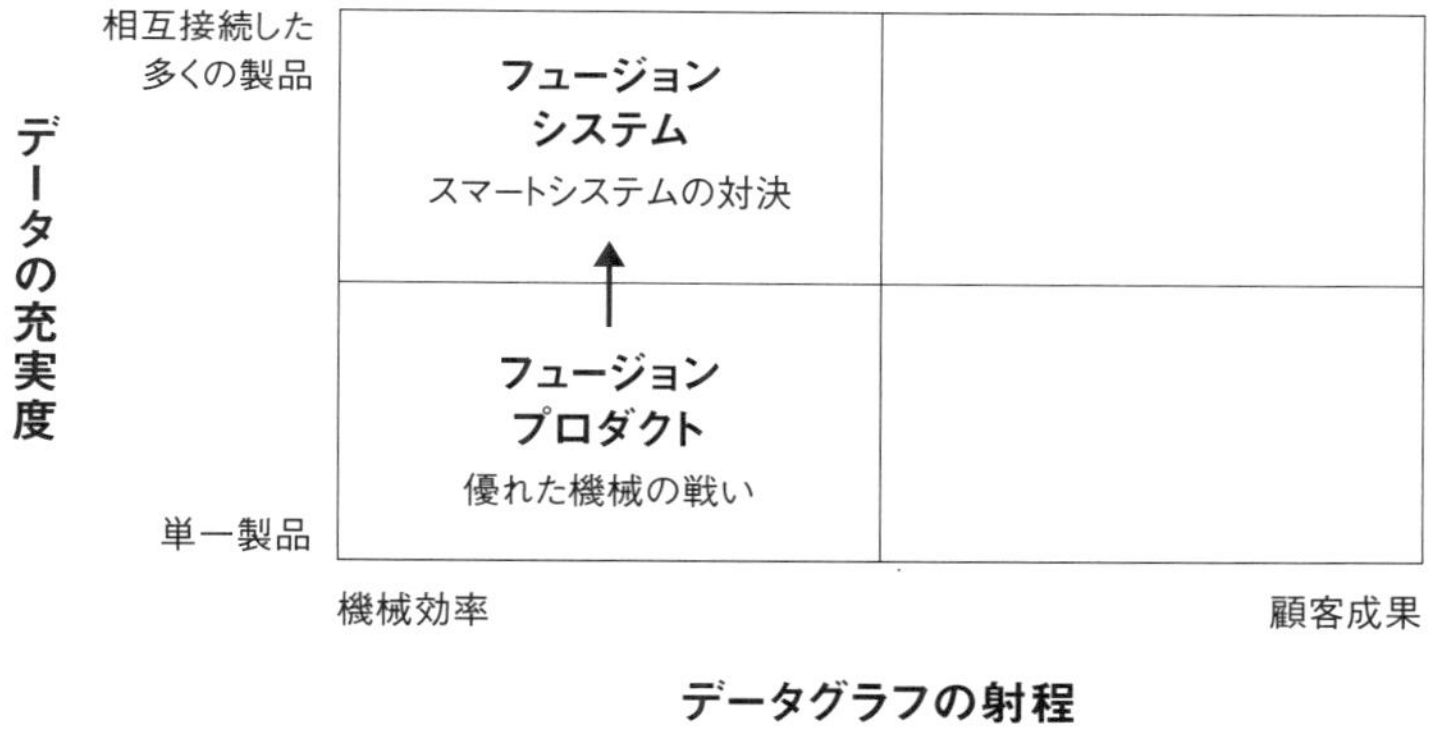

ハネウェルをはじめとするいくつかの企業は、5Gセルラー技術とセンサーを利用して、ゲート、ドア、エレベーター、エスカレーター、照明、空調など、建物のあらゆる構成要素からリアルタイムデータを収集し、それらを分析して、建物の健全性や居住者のウェルビーイング向上につながるような洞察を提供するＡＩアプリケーションの開発に着手している。ハネウェルは、数多くの施設からのデータを蓄積して複数の建物にわたって学習することで、データネットワーク効果を活用し、システムレベルでのビジネスチャンスを多角的に検討してきた。同社の技術は1千万棟もの建物で使用されているが、すべての建物から本社にリアルタイムデータを送信できるわけではない。そう遠くない将来、何百万もの異なる建造物からのデータがひとつのデータグラフのシステムに流れ込み、建物の健

全性を最大限にまで高め、現実世界におけるオペレーションや居住者の体験をよりよいものにしていくだろう。これほどの規模のデータグラフから生み出される洞察があれば、顧客に付加価値を提供する新たな方法を導き出すことができ、フュージョンシステムの力をまだ理解していない企業と、ハネウェルを差異化することになるだろう。

生成ＡＩを活用したフュージョンシステムは、建築分野に限らず、運輸、農業、鉱業、医療、小売、製造、物流、航空会社など、複数の企業が製造した機器を使用する多くの分野で運用されている。たとえばＡＢＢは、「ＡＢＢアビリティ」という統合システムを提供し、これまでは互換性のないサイロ化された活動に閉じ込められていた価値の解放を目指している。

注意しなければならないのは、インテグレーターがさまざまな要素を相互接続してひとつのシステムとして機能させるアナログ世界のシステムインテグレーションは、フュージョンシステムとは異なることだ。フュージョンシステムを構築する者は、システムをつくり上げた当日だけでなく、新しい部品や機能が追加されることを想定したうえで、継続的に機能するものを構築しなければならない。生成ＡＩは、多種多様な構成を検証して、システムをより高いレベルで機能させる方法を導き出すために不可欠である。建設業界は、ビルディングインフォメーションモデリング、協調的グローバルサプライチェーン、ＣＡＤ／ＣＡＭなど、多くのデジタルツールを活用してきた歴史があり、設計と製造のためのデジタルツインのこともよく理解している。私たちの評価基準では、フュージョンシステムの成否は、三種のツインが個々の製品を超えてどれだけ広く行きわたるかにかかっているのである。

　フュージョンシステムは、単一の機械によってではなく、連携して動作する機器のシステムによって効率が最適化され、さらなる価値が生み出される。障害を引き起こすのはシステムの最も脆弱な部分であり、データグラフの範囲を拡大すればハネウェルはサブシステムの障害も予測できるようになるだろう。しかしサブシステムは、多くのベンダーの機械によってつくられているかもしれない。

　システムへの移行は、単なる技術的変化だと考えている人が多い。しかし、データグラフとアルゴリズムの能力による戦略的な転換なのである。ハネウェルの元最高技術責任者（ＣＴＯ）は、興味深い問いかけとともにこのことを見事に言い表している。「もし製油所のナレッジグラフを構築したら、『最後に事故やガス漏れが起きたのはいつか。何が起きたのか。どのような措置がとられたのか』と尋ねることができるだろう。これは運用において非常に強力なツールだ。そして、今日では簡単に実現できないことでもある。デジタルデータを必要とし、さまざまなソースからのデータをひとつのグラフに結びつけなければならないからだ」。さらにこう続けた。「グーグルは検索グラフを構築した。フェイスブックはソーシャルグラフを構築した。私たちハネウェルは産業建物システムのナレッジグラフを構築したいと考えている」[3]。この言葉どおり、産業ソフトウェアとＡＩに特化した部門であるハネウエル・コネクテッド・エンタープライズには、総人員３６００人のうち、約１５０人のデータサイエンティストを含む1800人以上のソフトウェアエンジニアが在籍している。システムレベルでデータグラフを構築するという同社のビジョンは、マイクロソフトやグーグルなどが生成AIにさまざまな種類のデータを取り込む機能をもたせるツールを提供することで、現実となりつつある。フュージョンシステムを追求する企業にとっての最大の課題は、ビッグデータとデータネットワーク効果を同一視するという罠に陥らないようにすることである。[4]

フュージョンシステムへのシフトは、ミクロレベル（独立した企業の単一製品）のデジタル化から、マクロレベル（さまざまな業界にまたがった異なる企業の多くの関連製品）への移行でもある。鋭敏な戦術家であれば、独立したフュージョンプロダクトから相互依存するフュージョンシステムへと、競争の場が移行していることに気がつくはずだ（図7-1の縦軸）。こうしたシステムにより価値が最適化されるのは、組織理論の専門家であったラッセル・アコフの言葉にあるように、「システムとは部分の総和ではなく、相互作用の産物である」からだ。[5] システムレベルの充実したデータグラフが相互作用を明らかにすることと、データグラフを活用した強力なアルゴリズムによって価値が獲得されることを、この言葉に付け加えておこう。

フュージョンシステムを追求する産業経営者が考慮すべき重要な側面を、ハネウェルを参考にまとめると次のようになる。1つ目は、多種多様な顧客環境において、機械のパフォーマンスのリアルタイムでのトレーサビリティを提供する関連製品のシステムを設計し、価値あるデータネットワーク効果を生み出すこと。2つ目は、テキスト、数字、音声、動画などといったさまざまな種類のデータを統合し、システムレベルで高度なＡＩアルゴリズムを用いた分析を促進すること。３つ目は、これらのアルゴリズムを活用し、個々の顧客に合わせた価値をリモートで効率的に提供すること。そして４つ目は、より深いシステム洞察を武器に、将来の価値提案をつくり上げることによって、それまで閉じ込められていた価値をさらに解き放つことである。では、これらを実現する方法を見ていこう。

フュージョンシステムを実現するまでの道のり

これまでの章と同様に、産業界企業がフュージョンシステムの先駆者となるためにとるべき４つの重要なステップを示す。１つ目のステップは、フュージョンシステムを構成するあらゆる製品にまたがるデジタルフックを備えた、新しいシステムの「設計」である。２つ目のステップは、システムを特徴づける主要製品やコンポーネントを提供するパートナーのポートフォリオ全体にわたってシームレスな統合を確実にするため、企業の業務をエンドツーエンドで「調整」すること。３つ目のステップは、ロードマップを「加速」して、全体的なシステムロジックがないまま個々の製品が動作することによる非効率性を減らすため、システムを常にアップデートすること。最後の４つ目のステップは、フュージョンシステムの実現に貢献したすべての企業に、公平公正に新たな価値がもたらされる方法でシステムを「収益化」することである。これまでの章と同様、この４つのステップはフィードバックとともに繰り返されるのだ。

設計

業界のトップであり続けるためには、各企業がフュージョンシステムの高いレベルの構造を想像し、どこに参入したいのかを決めなくてはならない。産業分野のさまざまなセグメント内およびセグメント間で、統合や相互運用性を求める動きが広まってきているのはもはや明白である。最終的にはデジタル化により、競争の場は個々の製品から相互依存的なシステムに移行するだろう。そのため、自社が直面する可能性のあるシステムの種類と数を予測し、その理解に努めなければならない。

「独立して動作する製品をつくっているのに、なぜフュージョンシステムを考える必要があるのか」という、当然の質問を企業から寄せられる。単純だが重要な理由は、フュージョンシステムによって競争の焦点がシフトするからだ。もはや、優れた機械同士の戦いのような、製品vs. 製品という構図ではない。顧客の意思決定プロセスは変化し、特徴的な機能をもつ製品から、ほかの製品と連動・統合することで効果的なシステムを構築できる製品へと嗜好が移る可能性が高い。これまで単体で機能する優れた製品を製造してきたメーカーは、ほかの製品との互換性を備えたより魅力的な製品を製造するメーカーに対し、不利な状況に追い込まれるかもしれないのだ。

システムの設計方法は2通り存在し、企業はそのどちらも検討すべきである。ひとつは、インサイドアウト・アプローチで、既存企業が自社の製品やサービスがさまざまなフュージョンシステムにおいて、どこにどのように適合するかを検討することから始める。どのような相互接続性と拡張可能性があるか？　シームレスなデータフローの実現にはどうすればよいか？そのようなシステムで最適なパートナーとなるのはどの企業か？　製品同士がどのように関連し、相互接続するかについてのフレームワークを構築することで、既存企業はフュージョンシステム戦略に向けた最適な道筋を見出すことができるだろう。

たとえば、ビュー社は、ソフトウェアとＡＩで、天候や室内温度に応じて窓ガラスの色合いを制御できるスマートガラスを製造している。この企業が、窓ガラスとそれによって得られるデータから新たな価値を生み出すようなフュージョンシステムを構築するには、どうすればよいだろうか？　ビルの建築段階で製品サプライヤーとして選ばれるのではなく、設計段階でエネルギー効率の向上に貢献する役割を担うような企業になることはできるだろうか？　同社のフュージョンプロダクトとクラウドネイティブなプラットフォームを使って、居住者の体験を向上させたり、従業員の労働生産性を高めたり、建物のカーボンフットプリントを削減できるフュージョンシステムを構築できるだろうか？（同様に、ジョンディアは、自社の機械や設備だけでなく、さまざまなサブシステムをもつ農場のフュージョンアーキテクチャーを開発できるだろうか？　結局のところ、精密農業のフロンティアビジョンは、ほかの部分がシームレスに相互作用され、非効率性が減少することではじめて実現するのである）

システムを設計するもうひとつの方法は、アウトサイドイン・アプローチあるいはフューチャーバックワード・アプローチと呼ばれるもので、将来ありたい姿を先に検討し、それにもとづいて逆算していく方法である。既存企業は、自社製品の現行バージョンではなく、自社製品をより広範なシステムに相互接続する可能性を秘めた外部の動向に目を向けるべきである。どのような新しいデジタル技術によって、よりシステムの実現性が高まり、経済的にも魅力的なものになるだろうか？　たとえばウーバーとリフトは、ドライバーやライダーが、5Gセルラー機能を搭載したスマートフォン上で高解像度の地図を見ることができるようになってはじめて、モビリティシステムを構築することができた。これにより、小規模事業者がそれぞれ独立して存在していた運輸産業が、モビリティデータグラフを習得し、アルゴリズムを使いこなすプレイヤーで構成される世界規模のシステムとなったのだ。そしてより将来を見渡してみると、ロボタクシーは今後10年間で、パーソナルモビリティや物流システムをどのように再定義するだろうか？　どのような補完的な部品をつくり出せば、今日の異なる部品を結びつける複雑さを回避しつつ、システムをスムーズに動作させられるだろうか？

既存企業は、システムレベルの最適化がどの段階で顧客にとって利益をもたらすかを示す実験を行わなければならない。ハネウェルは、2020年、AIが自動で行うエネルギー最適化システムの有効性を示すパイロットプロジェクトを実施した。さまざまなHVAC運転コンポーネントからデータを収集することで、このシステムはエネルギー消費を少なくとも10％削減したのである。ハネウェルはこの実験にもとづき、AIモデルを活用して自社製品を再設計することで、建築物のフュージョンシステムを構築する新たな方法を見出すことができるかもしれない。強力なAIによって、個々の設定に合ったシステムの設計方法を、より合理的な形で発見できるようになるのだ。

調整

フュージョンシステムによってもたらされる価値創造の可能性を活かすには、さまざまな部分を統合し、それらの間をデータがシームレスに流れるようにし、データにもとづく洞察にしたがって行動を起こすことに集中しなければならない。フュージョンシステムの可能性を引き出すため、ビジネスリーダーは次の3つの課題に取り組む必要がある。

第一に、企業は重要な分野が交わるところで、いままでにはなかった洞察を利用すべきである。システムを効率的に機能させるには、異なるエンジニアリング分野（土木、構造、機械、電気、配管、エネルギー）にまたがる、データオントロジー、予測、ルール、専門用語を相互に接続することが重要になる。リーダーはさまざまな分野のチームを組み合わせてフュージョンシステムを機能させ、既存の分野と、センサー、ＩｏＴ機能、ソフトウェア、接続性、データ、分析、ＡＩなどの新しいデジタル技術をつなげる方法を見出す必要がある。そうすることで、多領域的な思考の最前線で新たな洞察を生み出すことができるのだ。

第二に、既存企業は、自社のすべての部署や事業部門がフュージョンシステムに注力するようにしなければならない。システム思考は直観的には魅力的なものの、それぞれ異なる責任範囲やパフォーマンス指標をもつグループで組織が構成されることから、成果は上げられていない。このような状態では、フュージョンシステム戦略を十分に実行することは難しい。組織は、機械製品とデジタル技術が組み合わさり、積極的に取り組む問題を特定するために必要な、プロセス、役割、責任の変化を受け入れなければならないのだ。

分析だけでなく行動を起こすためにさまざまな機能を統合することで、新たな価値を獲得できるだろう。フュージョンシステムでは、機能と部門間での緊密な調整、そしてトレードオフの必要もある。たとえば、システムレベルのデジタルツインへの多額の投資と、現場人員の削減は、営業部門からデータ分析部門に権限が移ることを意味する。その結果生じる緊張を収めることができる組織は、そう多くはないだろう。フュージョンシステム戦略の実行には、機能の統合、部門を横断した採用、新たな企業文化の創造などが必要不可欠なのである。

第三に、ＣＥＯは、自社だけでなくサプライヤーやパートナーにも目を向ける必要がある。

企業組織の中で何をするのかという観点だけで、フュージョンシステムの範囲を定めてはならない。フュージョンシステムを強固なものとするデータフローは社外にも及ぶため、トレードオフは組織内の機能に限られない。フュージョンシステムの構築と運用に関係するすべての組織が対象となるのだ。

システムレベルの三種のツインにはさまざまな企業が関わるが、システムを機能させるためには、それらの優先順位と時間軸を一致させなければならない。フュージョンシステムがどれだけ堅牢かは、最も脆弱な部分が基準となるため、経営陣は組織内の活動を管理したいと考えるだろう。しかし、相互接続された世界では、すべての行動を管理することは不可能であり、仲介業者や市場に頼らざるをえないのである。

これにはリスクが伴う。すべての組織は、システムの構成要素が交わるところで生じる障害を気にかけなければならないからだ。たとえば、１９８６年のスペースシャトル・チャレンジャー号爆発事故を引き起こしたOリングシールの故障や、２０１０年のBP社の石油採掘施設、ディープウォーター・ホライズンで発生した原油流出事故の原因となった油井の基盤部分におけるセメントの浸食などを思い浮かべてほしい。２００８年の金融危機のときでさえ、AIGやリーマン・ブラザーズなどの金融機関がとったリスクは許容範囲内で制御可能であると思われていただ、最終的にはシステムリスクを抑え込むことはできなかった。個々の製品のリスク管理と比べ、外部パートナーが含まれるシステムのリスク管理はより難しい。フュージョンリーダーに新たに求められることは、データ接続がますます進む世界で、人々、エンティティ、機関が関与するシステムに内在するリスクに取組み、管理することである。

加速

フュージョンシステムの推進を加速させるために、戦略立案者は、エコシステムが形成され、発展し、加速するなかで、自社が果たすべき役割を理解したいと考えるだろう。デジタルとフィジカルの領域が新たな能力を生み出すために変化するにつれて、ビジネスエコシステムの重要性は高まっている。私たちの考えるビジネスエコシステムとは、サプライヤー、流通業者、顧客、競合企業を含むさまざまな組織が相互接続されたネットワークのことであり、これらの組織が相互作用し、協働することで、価値を創造し提供する新たな方法が定義される。効果的なビジネスエコシステムは、単独で行動していたときには得られなかった価値を生み出すことができる、補完的な資源と能力を集約する共生的関係を重視するのである。

フュージョンシステムのリーダーは、新たな価値を引き出す可能性に着目し、「オーケストレーター」としての役割を担う。これは、独立したエンティティが提供するさまざまな相互依存するコンポーネントやサブシステムを戦略的に調整し調和させ、システム全体のシームレスで効率的な運用と価値創造を確保するものである。[6] 農業分野ではジョンディアやバイエル、建築分野ではハネウェルやシーメンス、エネルギー分野ではシーメンスやシュルンベルジェといった産業大手がその役割を担うかもしれない。あるいは、アナログ時代のリーダーだった企業から価値を奪い取ることができる新しい技術の力を知るデジタル企業かもしれない。

オーケストレーターとして台頭する企業は、フュージョンシステムを形作る力と戦略がどのように新しく定義されるかを理解している。産業システムのオーケストレーターは、エコシステムを管理するための独自のプレイブックを作成し、主要なパートナーを選定し、適切なインセンティブを提供するための正式な基準を設けなければならない。部品を供給するさまざまな独立したエンティティが使用するシステムを、完璧かつ効率的に機能するよう支援する「コンプリメンター」なしには、オーケストレーターは、顧客、サプライヤー、株主、従業員などの主要な利害関係者に、デジタル産業エコシステムのビジョンが完全に実現されることを納得させることは難しいだろう。

オーケストレーターは、シームレスなデータフローで異なる機械をひとつのシステムに結びつけるソフトウェアを利用して、アーキテクチャーを開発する。開発者は、システムのインフラが整い次第、新しいアプリケーションのためのソフトウェアをつくりコードを作成する。これらのアプリケーションは、流れているデータを追跡・収集する方法を設計するために必要であり、堅牢なクラウドコンピューティングのインフラによってのみ、それらのデータをシステムのデータグラフに変換でき、ＡＩの力によってのみ、そのデータグラフを分析して信頼できるアルゴリズムを導き出せるのである。

たとえば、メルセデス・ベンツやフォルクスワーゲンは、自社の自動車用ソフトウェアをもとにオーケストレーターの役割を果たし、ほかのメーカーを自社のソフトウェアエコシステムに招き入れることができる。と同時に、他社が主導する充電バッテリーエコシステムに参画することもできるのである。すべての自動車メーカーは、さまざまなスタックにおいて、自らがオーケストレーターとなるのか、あるいはほかのシステムに参加するのかを選択しなければならない。これは自動車業界に限ったことではなく、トラック、トラクター、電車、建物など、デジタル化されるあらゆる産業製品に当てはまる。さらに重要なのは、その選択は常に変化することだ。技術のさらなる進歩や競争が繰り広げられることによって、フュージョンシステムの形は進化していくからである。

システム全体のネットワーク効果により、フュージョンシステムは進化する。隣接する分野が構築されると、この効果が発揮されシステムの価値は高まる。システム内のほかの要素から、複合的な価値が効果的に引き出されるのである。たとえばインターネットが価値をもつようになったのは、ウェブブラウザ、電子メール、そのほかのキラーアプリが利用可能になってからだ。スマートフォンが普及したのは、通信事業者が4Gや5Gネットワークを導入してからである。クラウドコンピューティングのインフラが強化されるにつれ、より速く、より簡単にビデオストリーミングを展開できるようになった。そして、大規模言語モデルが成熟し、今後10

年間で生成ＡＩがより主流になっていくと、さまざまな業界に特化したモデルが登場し、それらを相互接続して新たな価値を創出するための投資が増えることだろう。[7]

フュージョンシステムは本質的に動的である。三種のデジタルツインは、それまで独立していた部分を相互に結びつける新たな方法を提供する。そうすることで、フュージョンシステムの内部構造を全体的に、端から端まで理解することが可能になるのだ。そして新たな技術開発が実現するにつれ、システムは必然的に進化していく。ＡＩモデルは、手ごろな価格で開発できほとんどの企業が利用できるアルゴリズムを通じて、複雑な相互関係を理解するための新たな方法を見出してくれるのである。

持続可能な環境再生型農業を目指す機運が高まるにつれ、農業機械や機器が、作付サイクルのさまざまな段階にシームレスに統合されることが不可欠となっている。これにより、多様な生物学的条件に合わせて種子や肥料を慎重に使用し、最適な収穫と持続可能性が促進されるのである。[8]こうしたシステムは、個々の条件にあった速度で、かつ世界的規模で、設計、構築、展開されなければならない。製品の設計、開発、展開という、第5章で取り上げた3つの「クロック周波数」はシステムにも当てはまり、複数の企業にまたがる調整が必要となるのである。

したがって、あるひとつの企業がフュージョン農業システムの設計段階のオーケストレーターとして登場すると同時に、別の企業がそのシステムの開発や展開におけるオーケストレーターになることも可能なのだ。あるいは、設計段階に参加し、開発や展開段階でオーケストレーターになろうとする企業もあるかもしれない。システムの全体的な役割と形に対する認識が変わるだけでなく、さまざまな企業が果たす役割とともに、技術によって部分同士がつながり新たな経済価値が創造され獲得されていく方法も変わる可能性のある基本的なダイナミクスを理解しなければならない。フュージョンシステムを静的なもの、かつ狭義に捉えてしまうのは効果的ではないのだ。

収益化

フュージョンシステムは、アナログ技術とデジタル技術が企業間で相互接続することで、より多くの価値が生み出され、システムのオーケストレーターは、参加するプレイヤー間でその価値を再分配する責任を負う。たとえば、2007年にiPhoneを発売して以来、アップルはハードウェア、ソフトウェア、そしてサービスを一貫した戦略に統合することで、スマートフォンシステムにおいて大きなシェアを獲得してきた。グーグルは、アンドロイドシステムを利用して広告やサービスで新たな価値を生み出し、サムスンなどのハードウェアメーカーがデバイスで価値を獲得することを可能にしている。

では、フュージョンシステムは産業界にどのように価値をもたらすのだろうか。建物を例にとって説明しよう。高性能ビルでは、日光を最大限活用するよう、建築設計がなされている。

たとえば、工学設計では電気照明システムを空調制御システムと統合し、ビルのさまざまなエリアの照明レベルを定め、運用設計ではビルの稼働状況に応じて照明を微調整するのである。これまでのアナログの世界では、各サブシステムは特定の目的を達成するため独立して設計されていた。しかしシステムレベルの設計によって、さまざまなサイロに閉じ込められていた価値を解き放つことができる。ハイブリッドワークが導入されたコロナ後の世界では、オフィスビルは完全には稼働していないことが多いため、システムレベルの可視性があれば、稼働率データを使用して照明や空調制御を調節でき、運用コストを最小限に抑え、排出量削減にもつながるだろう。

上記の例が示すように、システムによって利益は再定義され、システムの構築者には、株主や従業員も含め主要な関係者に価値を公平に分配する責任が生じる。価値の創造はイノベーション段階で起こり、価値の獲得は実行段階でなされるのである。

イノベーション段階では、新しいフュージョンシステムの特徴が定義され、新しい能力が試され、重要なプレイヤー間（異業種間であることが多い）の連携のための新しいプロトコルが規定される。フュージョンシステムを定義することで、システムのほかの部分に関与する企業が背中を押され、システムの構築者とともに新たなイノベーションを創出するようになるのもこの段階だ。複数のエンティティとさまざまな期間にまたがるシステムレベルの調整は一筋縄ではいかず、未知で実績がない製品やサービスへの投資はリスクが高いことは誰もが知っている。

単一製品のレベルでさえ調整は難しく、システムの場合はさらに困難なため、そのリスクを軽減することが最大の価値創出要因となる。

先に述べたように、価値は補完的なイノベーションが存在するシステムにおいてのみ創出され、それがシステム全体に広がるネットワーク効果を生み出すのである。たとえば、スマートフォン世代は誰もが、エリクソン、ノキア、ファーウェイなどの通信機器メーカーが設計し、AT&T、ベライゾン、リライアンス、ボーダフォンなどの通信サービスプロバイダーが運営する通信ネットワークを必要とするだろう。同様に、フュージョンシステムの各プレイヤーは、製品の販売からフュージョンシステムの提供に方針転換する意向を示すシグナルを、他社から受け取る必要がある。マーケットリーダーは、リスクとリターンのトレードオフを計算して評価を実施し、ハネウェルが近年マイクロソフトやSAPと行ったように、他社と提携することでプロジェクトのリスクを回避しなければならないのである。[9]

企業は特許を通じてイノベーションを保護する必要がある。システムが安定期に達したときに、すべてのプレイヤーが成功を収めていなかったとしても、特許の使用許可によってすでに行った投資に対するいくらかのリターンは手にできる。逆に、テスラのように特許をオープンソース化し、ほかのプレイヤーにリスクを与えないようにすることで、フュージョンシステムの活性化を図るイノベーターもいるだろう。[10] クアルコムとエリクソンは、特許を通じた知的財産権の価値を、ライセンス契約によって獲得している。ほかの企業も、自社の特許の公正な取り分を確保するため、同様の手段をとる可能性がある。しかし、生成ＡＩに関わる知的財産権は、誰にとっても未知の領域である。[11]

技術の進歩により、産業界が価値を創造する手法のアイディアは生まれているが、それが大規模に実践されてはじめて価値を獲得できる。プレイヤーがそれぞれの貢献度に応じて戦利品（価値）を分け合うこの段階が、実行段階である。この段階に達したころには、それぞれの役割と責任はより明確になっており、不確実性の要因も解消されているだろう。既存企業はプロフィットプールをマッピングすることで、フュージョンシステムに貢献したプレイヤー間で価値創造の源泉をたどることができる。デジタル技術とともに商習慣が発展していくにつれ、イノベーションはプロフィットプールをシフトさせながら、このサイクルが繰り返されるのである。

フュージョンシステムの勝者は、システムインテグレーション料金や追加で機械を接続するための年間料金を徴収するなどして、創出した価値を収益化するだろう。また、サービスとしてのソフトウェア（ＳａａＳ）を提供し、一時払いのライセンス料金、月額サブスクリプション、従量制課金モデルなどで、業界の顧客やそうでない企業にフュージョンシステム・ソフトウェアを販売することで、さらなる収益を生み出すこともできるのである。

スマートシステムの対決に向けて

フュージョンプロダクトとフュージョンサービスはさまざまな分野に存在しているが、フュージョンシステムはまだ出現し始めている段階だ。システムの役割やメリットは明らかになりつつあるが、その形態や構造はまだ形作られている途中である。しかし、やがては競争の場がフュージョンシステムのレベルに移行していくことはほぼ間違いない。その要因として次の3つを挙げることができる。

接続されていくデータ

データを異なる領域間で相互接続し統合するこれまでの試みは、地道で体系的で目立たないものだった。グーグルは、気候、健康、食品、農作物、排出量など、約100個の新しいデータソースを接続するシステムレベルのナレッジグラフを構築する取組みを始めた。これには、30億の時系列データがあり、10万の変数と約290万のジオコード化された場所データが含まれている。[12] データネットワーク効果をさまざまなエンティティが活用できるようにするため、より多くのデータコモンズを構築する努力がなされている。[13] 今後、システムレベルでの情報探究を活発化させるために、多種多様な分野のデータを収集し、相互にリンクする取組みがますます広がっていくことが予想される。

消費者データがコード化され接続されたのと同様に、産業データもデジタル化され、建物から、農場、サプライチェーン、都市まで、あらゆる産業機器の充実したデータグラフが構築されるだろう。ほとんどの企業は、アドホックな形で自社製品を統合し最大の効率化を図りながら運営している。システムデータグラフによって、製品間の相互作用におけるさらなる効率化の余地が見つかるに違いない。たとえば、フュージョンシステム内のどこからかの警報にもとづき、石油掘削装置の初期不良を検知することができたとしたら、重大な危機を未然に防ぐことができるはずだ。

浸透していくデジタルツイン

フュージョンシステムへと競争の場が移行する2つ目の要因は、現実の可視化、物理ベースのモデリング、データ駆動型分析を組み合わせたＡＩ技術を用いたシステムレベルの三種のツインに関連する。いまやすべての仮想データセットに対して、デジタル表現において物理的に正確で、物理法則に従う単一の真実の情報ソースを開発できる可能性がある。三種のツインの

3つの要素が正確なタイミングで完全に同期し、リアルタイムデータを獲得することができれば、生成ＡＩは洞察を導き出すための強力な手段になる。これまでは、端末に十分なハードウエアがなく、クラウドに十分な計算能力がなかったため、三種のツインは実現不可能だった。システムを構成する製品間でデジタルツインを相互接続する必要性は認められていたものの、それを実行するとなると、アメリカの宇宙開発のような国家プロジェクトでもない限り、財政的に実現不可能だったのだ。そのため企業は、個々の製品やサービスレベルで最適化を図ったのである。今後10年間で、生成ＡＩが絡むＩｏＴに膨大な投資が行われることが予想されるため、デジタルツインはあらゆる場所に存在するようになるだろう。そうなれば、デジタルツインを需給チェーンの中で垂直方向に、そして鉱業や石油産業などの関連産業と水平方向に相互接続する道が開かれるのである。

デジタルツインがより広範でマルチモーダルになれば、現実世界とデジタル世界をつなぐシステム内のセンサーからのデータを組み合わせて、これまでは不可能だった成果を上げることができるようになる。多くの問題の原因は、製品と科学が交わるところに存在するため、その解決のメカニズムには、領域を超えた調整と統合が必要だ。システムレベルのデジタルツインは、サイロ化されたデータセットを統合し、相互関係を可視化し、将来シナリオのシミュレーションを繰り返し行うための強力な方法である。これまで多くの企業がこの種のイノベーションに取り組んできた。ＡＢＢ、アラップ、日立、ハネウェル、ＩＢＭ、エヌビディア、ＰＴＣ、シュルンベルジェ、シーメンスなどの既存企業は、多分野にわたるデジタルツインを構築し、この重要な技術的機能を顧客が活用できるよう支援している。

ダークホースとなりうるメタバース

フュージョンシステムは、シミュレーション、実験、ＡＩ駆動型分析によるタイムリーな介入をバックアップする産業メタバースの可能性によって、より強力なものになるかもしれない。新たなフロンティアは、システムレベルの産業環境にあるだろう。産業メタバース、デジタルツインの設計と展開、生成ＡＩアルゴリズムにより、異なる条件や状況でシステムがどのように作動するか理解するのに役立つより充実したデータグラフを手に入れることができる。

これまでデータグラフは、メタバースの力をとくに必要とせず、音楽、映画、ショッピングなどの分野で使用されてきた。しかし、産業分野こそ、メタバースを最も必要としているのである。たとえば、ジェット機の翼の流体力学シミュレーションでは、現実世界のシナリオを１秒間シミュレートするのに１５０テラバイトのデータが必要となる可能性がある。アマゾンやエヌビディアといった企業の技術を使えば、産業メタバース上で効果的にシミュレーションが実行できるのだ。

産業メタバースは、コンピューター支援設計（ＣＡＤ）や、コンピューター支援製造

（ＣＡＭ）などの基盤ツールやモデルをもとに構築されており、企業が製造予定のものをデジタル領域で概念化し、創造するのに役立つ。メタバースも概念的には同じで、現実世界をデジタルで表現したものである。

ＣＡＤ／ＣＡＭシステム上の個々のオブジェクトだけではなく、拡張されたサプライチェーン、世界中のさまざまな場所における機械の配置、エコシステム内のほかの補完的デバイスとの相互接続といった要素を含む、完全なデジタルユニバースをつくり上げることが可能だ。デジタルの領域は、これまでの設計から製造段階におけるＣＡＤ／ＣＡＭの使用から、工場の枠を超え、現場でのリアルタイムのパフォーマンス向上へと移行する。つい最近まで、企業はこのようなイノベーションを設計し構築するために必要な投資に二の足を踏んでいたが、もはやそうではない。デジタル技術のコストパフォーマンスが向上したいま、それが実現可能となったのである。

産業メタバースが構築されれば、製品がどのように人間、デバイス、システムと相互作用するのかについてのデータを収集し、きわめて複雑かつ動的な行動パターンを導き出すことが可能になるだろう。これまで、ほとんどの企業の知識の範囲は、自社で設計・製造したものに限られていた。メタバースによって、その常識はもう当てはまらなくなっているのだ。

＊＊＊

既存企業の課題は、相互接続が進むなかで、自社の機械を顧客のサプライチェーンや製造プロセスとシームレスに統合させることだ。これは、決して簡単なことではない。その理由のひとつに、システムの枠組みが重要であり、それによってシステムが機能する境界が定められることがある。しかし、融通の効かない定義を設けると、既存企業は自らの首を絞めてしまう。なぜなら、システムのニーズは業界と業界の境界線上に存在するからである。

もうひとつの理由は、各システムは、業界内外の多くのプレイヤーの行動に影響されることである。そのためCEOは、自分が知っている競争相手だけでなく、視野を広げて考えるべきだ。さらに企業は、システム全体に及ぶネットワーク効果を考慮して戦略を立てなければならない。つまり、考えられる技術進化の行く末を予測し、技術のコモディティ化が進む市場セグメントから、新興技術を活用する市場セグメントへと移行するタイミングを判断する必要があるのだ。

ほとんどの産業界企業は、リーダーとなるために集中戦略を追求してきた。その結果、現在はアナログ技術により精通しているため、多くの異なる機械をデジタルで統合するフュージョンシステムの設計には支援が必要かもしれない。フュージョンシステムから価値を創出するには、システムレベルのデータネットワーク効果を生み出さなければならないのだ。そのため、適切な技術を選択し、適切なパートナーを選び、適切なコラボレーションモデルを使用するために、共同開発戦略に着手する必要がある。

　アナログ世界の産業のエコシステム戦略は、構造（ガバナンスルール、参加者の役割と責任）とプロセス（システムがどのように設計、運用、適応されるか）に立脚していた。フュージョンシステムでは、エコシステム内のプレイヤー間のデータフローと、別のエコシステムとどのように相互接続するかにも焦点が当てられる。重要なのは、どの企業とどの企業が相互接続しているかだけでなく、システムの最適化を可能とする、ある企業から別の企業へのデータフローのパターンである。これこそが、フュージョンシステムのリーダーが取り組むべき課題なのだ。

　フュージョンプロダクトの製造から、フュージョンサービスやフュージョンシステムへと拡張していく3つのフュージョン戦略について説明してきた。これらは、産業界企業がインサイドアウトの拡張として追求すべき論理的進化である。多くの場合、この3つの戦略によって顧客のニーズに合致したものを提供できる。しかし、企業が顧客の立場に立ち、彼らが求めるソリューションの形を理解することが重要な場合もある。それが、次に述べる最後のフュージョン戦略である。

第8章

カスタムソリューションの激突

Chapter8
The Clash of Custom Solutions

フュージョンプロダクトは、企業が保有する機械の稼働時間を向上させることで価値を生み出す。フュージョンサービスは、サービスと機械を組み合わせることで価値を生み出す。そしてフュージョンシステムは、自社の機械だけでなく、顧客が使用するすべての機器の稼働時間を高めることで価値を生み出す。

しかしフュージョンソリューションは、各法人顧客がそれぞれ抱える問題を全面的に解決するために設計されるのである。メーカーの機械を起点とするほかの3つの戦略と異なり、フュージョンソリューションは顧客の問題を定義し、それを解決することから始まる。どの戦略もさらなる価値の蓄積を生み出すが、フュージョンソリューションが最も大きな価値を創出する。私たちが構築したフレームワークは動的であり、どの産業界企業もフュージョンプロダクトから着手することが求められるが、ゆくゆくはほかの戦略へと移行し、4つの戦略すべてを追求すべきである。

フュージョンプロダクト、フュージョンサービス、フュージョンシステム、さらにＡＩを組み込んだとしても、顧客が抱えるすべての問題を解決するには不十分だ。最後のフュージョン戦略について言及する前に、これまでの３つの戦略の説明に用いたケーススタディ（モビリティ、農業、建物）を簡単に復習しておこう。

フュージョンプロダクトはソリューションの一部にすぎない

自動車はモビリティの重要な手段だが、場所も時間も異なる多種多様な個人の交通ニーズを満たすには、別の手段を組み合わせなければならない。

フュージョンプロダクト企業の典型であるテスラに、モビリティソリューションについて尋ねれば、完全自動運転型のライドシェアリングネットワーク（運転手なし）を通じて自動車を安全に利用することに加え、場合によっては顧客に公共交通機関の利用を促すこともあると答えるだろう。テスラの野心的なソリューションには、世界的な急速充電ネットワークの構築や、家庭での定額制の充電サービスの提供（テキサス州にて実験済）などによるエネルギー消費の最適化も含まれる。テスラにとってモビリティソリューションの領域は、自動車から始まりエネルギーや持続可能性にまで広がるのである。

フュージョンサービスもソリューションの一部にすぎない

顧客の問題を読み解くことで、企業は自社の機械を通じて提供するサービスと、顧客が必要とするソリューションの違いを明らかにできる。サービスもソリューションも顧客の業務に組み込まれるのだが、その範囲は異なる。サービスでは、範囲は顧客のパフォーマンスを向上させる機械の役割に限定される。一方ソリューションは、問題定義の範囲は顧客の視点から見るとより広くなる。サービスの視点は狭く、ジョンディアのシー&スプレーやイグザクトショットなどのような、企業が提供する機械に限定されてしまう。農業機械のコスト（減価償却費や修理費を含む）は、農家の総投入コストの10%に満たない。[1] ジョンディアがフュージョンソリューションのフロンティアに足を踏み入れ、精密農業のリーダーとなるためには、労働、飼料、燃料、家畜などが主に占める投入コストの残り90%の生産性を、向上させなければならないのだ。

このようなソリューションの提供には、工業化時代にほとんどの企業が垂直統合で行っていたような物理的資産の取得は必ずしも必要ではない。いまでは機械メーカーは、エコシステムアプローチをとり、ソフトウェアアーキテクチャーを定義し、種子、肥料、化学薬品、天候、農業保険会社のデータと相互接続する必要がある。フュージョンサービスからフュージョンソリューションに移行することで、競争環境は一変する。ソリューションを開発すれば、ジョンディアは必然的にさまざまな業種の企業との競争に巻き込まれる。たとえば、CNHインダストリアルやAGCOなどの農業機器メーカー、トリンブルやレーベン・インダストリーズなどの部品メーカー、バイエル、デュポン、ダウ、BASF、シンジェンタといった肥料および種子企業、クライメート・コーポレーションなどのソフトウェア企業、そしてもちろんIBMやアルファベットなどの大手デジタル企業などである。

そしてフュージョンシステムも同じくソリューションの一部にすぎない

商業ビルは実に複雑であり、オートメーションシステム、ソフトウェア制御、建築とメンテナンスサービス、冷暖房、セキュリティ、防火点検サービスなどさまざまな要素がある。これらは多くのプレイヤーによって設計、製造、配送、組立、メンテナンスがなされているが、使用中にそれらを相互接続できる統一されたアーキテクチャーは存在しない。さまざまなサブシステムが建物内の人々と相互作用し、冷暖房システムによって快適に過ごせるよう室温を調節したり、センサーを使ってある場所が使用されているかどうかを確認したりしているのだ。

ハネウェルやシーメンスは、単に自社の機械やシステムを導入することだけに焦点を当てるのではなく、建物がどのように利用されているかを把握したうえで、利用者があらゆる面で快適に過ごせるような包括的ソリューションを提供すべきである。このような考え方には、冷暖房システムだけでなく、人流、セキュリティ、エレベーターやエスカレーターの動き、天候などの要素も含まれる。以前であれば、このような包括的なアプローチは複雑でコストがかかりすぎるという問題を抱えていたが、三種のツインによって現在ではより実現可能性の高いものとなっている。

ソリューションのパラダイムシフト

第4章で取り上げた4つの戦略展開領域の図では、産業界企業はまずフュージョンプロダクトからはじめ、そこから縦軸と横軸に沿って論理的に進んでいくと説明した。横軸に沿って進むと、顧客の業務に深く統合され、企業はフュージョンプロダクトからフュージョンサービスへと移行することになる（第6章）。縦軸に沿って進めば、さらなる製品や周辺機器と相互接続し、フュージョンシステムを構築することになる（第7章）。どの企業も、これら2つの論理的な戦略の拡張を、順次または同時に探っていくべきである。そして最終的には、「フュージョンソリューション戦略」を開発することを検討する必要があるのだ（図8-1の右上の象限）。

**図8-1　カスタムソリューションの激突における
フュージョンソリューション戦略**

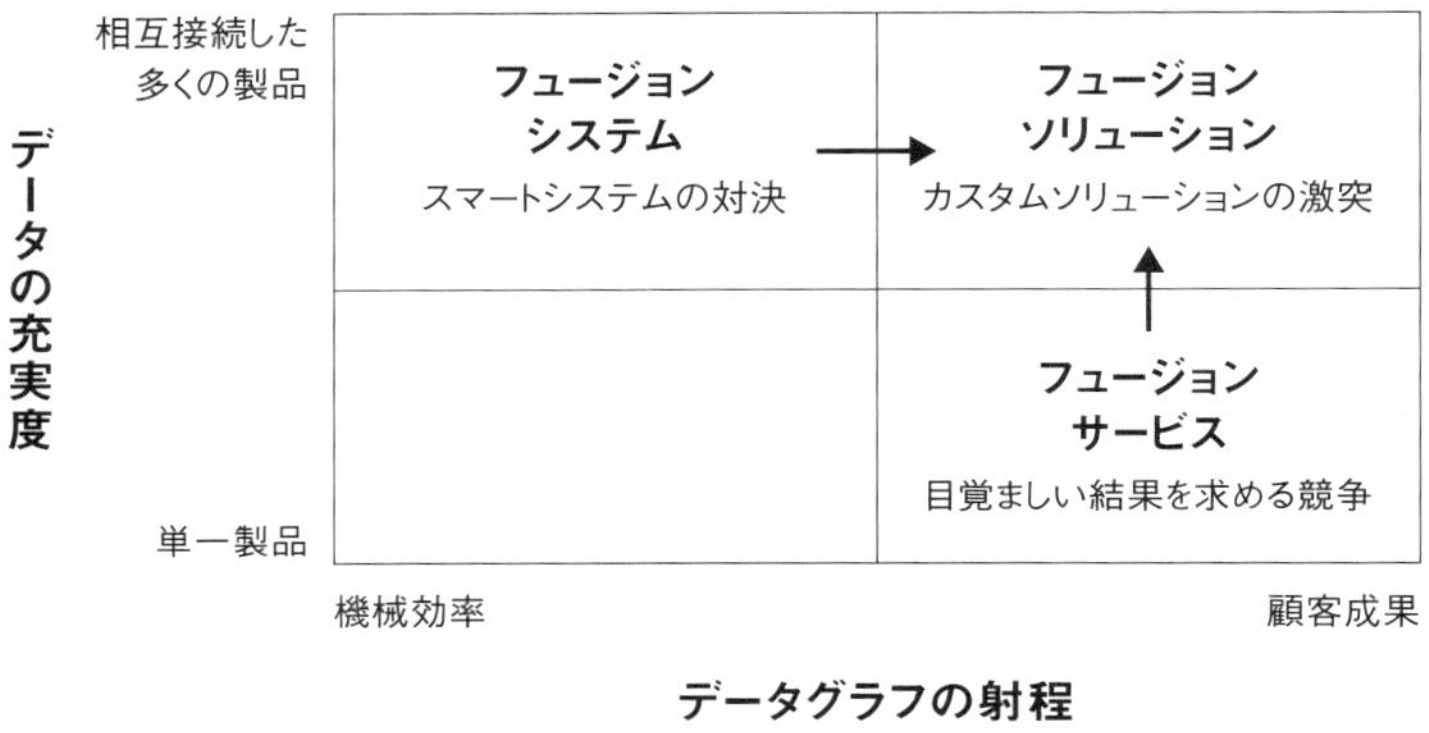

テスラやウーバーは、ひとりひとりのモビリティニーズを理解し、手ごろな価格でタイムリーにそれらを満たす交通手段を統合してはじめて、最も効率的な交通ソリューションを提供できる。したがってソリューション企業は、受動的ではなく積極的であり、関連する重要なデータにアクセスし使用する権限をもち、どの問題をいつ解決しなければならないかを予測し、解決に必要な要素を組み合わせることができなければならない。タクシー会社やリムジン会社では、簡単に代替されてしまうだろう。しかし、テスラやウーバーのようなソリューションプロバイダーとなりうる企業は、データへの優先的なアクセス権をもち、顧客業務により深く組み込まれているため、簡単に取って代わられることはない。タクシー会社やリムジン会社がさまざまな取引をサイロ化されたデータベースに格

納しているなか、テスラやウーバーは常に自社のデータグラフを充実させているのだ。

ジョンディアは、自社のトラクターの走行を調整し、適応させ、パーソナライズすることで、各農場の効率を最大限引き出すことができる。それでもデータグラフの充実度は、自社の機械や装置、周辺機器で達成できる範囲に限られてしまう。もしジョンディアが、補完的な機械や設備の企業、そして種子企業や肥料企業とパートナーシップを拡大できたとしよう。その場合、同社のデータグラフはより充実し、顧客から信頼されるソリューションプロバイダーになれるだろう。農家が抱えるビジネス上の問題は独特で、その解決には、自社だけでなく複数の企業の機械を組み合わせる必要がある。将来のソリューション企業の候補であるジョンディアは、ゆくゆくは顧客の問題がどのように定義され、解決されるかを、より深く理解できるようになると考えられる。同社のナレッジグラフがさらに充実すれば、農家が自分たちで行うよりも、よりニーズにあった（そしてより実践的な）問題解決方法を提供できるようになるはずだ。

ハネウェルが、フュージョンシステムからフュージョンソリューションへと進んでいくには、建物のライフサイクル全体を最初から最後まで把握するため、強力で活力のあるパートナーが必要である。単独でフュージョンソリューション戦略を構築することは、現実的ではない。パートナーは、ソリューション企業が顧客の具体的な要件に合致する一連の製品およびシステムを組み合わせる手助けをする。場合によっては、顧客のニーズに最も適したソリューションを提供するため、ソリューション企業は、自社の製品ではなくパートナー企業の製品を使用しなければならないこともあるかもしれない。このようにエコシステムを組織化することが、フュージョンソリューションの開発と提供には重要なのである。

生成ＡＩは、どのような場面で最適なソリューションの構築に役立つのだろうか。生成ＡＩは、多種多様な環境で学習した内容を活用して、問題の異なる定義づけをしたり、問題を解決する複数のアイディアを生み出したりすることに役立つだろう。この技術は、人間が見逃した問題を明らかにし、考えつかなかった対応策を生成できる。ただしどの段階においても、必ず人間が生成ＡＩの出力を解釈し、適切に修正し、最終的な判断を下さなければならない。

以下の特徴がひとつでも当てはまる場合、どの企業も図8-1の右上の象限にあたるフュージョンソリューション領域への進出を検討すべきである。

- プログラム可能なハードウェア、ソフトウェア、アプリケーション、分析用のリアルタイムデータを送信できる相互接続性を備え、定義された技術スタックを用いて、自社製品のデジタル化に乗り出している。このことは、フュージョンプロダクトが、フュージョンソリューションの一部となる可能性を高める。
- データ駆動型サービスを積極的に提供してきた経験を活かし、すでに産業製品を顧客業務にまで拡大している。この経験は、さらに発展させることで、フュージョンソリューションを形作る要素になりうる。

- データをエンドツーエンドで追跡および分析し、製品をシステムに統合可能な、実証済みの専門知識をもつ。このシステムでの経験は、可能なソリューションへと拡大することができる。
- 現場からのデータを追跡しそれを業務に戻し、サプライチェーンをエンドツーエンドで拡張する三種のツインの開発と展開に成功している。この取組みを発展させることで、詳細なレベルでソリューションを追跡することが可能になる。
- フュージョンソリューションのアーキテクチャーを活性化させる産業アルゴリズムに精通したデータサイエンティストの獲得に成功している。
- さまざまな場所で稼働する複数の産業機械が、優れた製品使用中のデータグラフをどのように生成できるかについて、業界横断的な専門知識を有している。
- 特定の領域に特化したＡＩ基盤モデルを使用して、産業知識ベースからの洞察を体系化して開発する実験を行っており、これがアプリケーションアルゴリズムのインプットとなる。

フュージョンソリューションを検討する企業は、次の４つの課題に取り組む必要がある。１つ目は、顧客業務に深く相互接続してデータネットワーク効果を生み出し、ソリューションデータグラフを構築すること。２つ目は、これらのデータグラフを使用し、アルゴリズムによる４段階の分析を実施すること。３つ目は、これらのアルゴリズムを利用して、顧客にパーソナライズした提案を行うこと。4つ目は、さまざまな環境で学習することで、解決すべき核心の問題を絶えず再定義することである。では、その具体的な実践方法を見てみよう。

フュージョンソリューション実現までの道のり

産業界企業は、これまでの章でも説明してきた4つの段階的なステップを踏んで、フュージョンソリューションを評価し実行するため論理的な計画を立てるべきである。1つ目は、ビジネスにおける重要な問題を解決するための最適な方法を「設計」すること。2つ目は、構築したソリューションを効果的に提供するため、企業間のプロセスを「調整」すること。3つ目は、多種多様なビジネス上の問題に対する、大規模かつスピード感のあるソリューションの提供を「加速」すること。そして4つ目は、問題解決やソリューションの提供に独自のスキルや専門知識で貢献する企業間で、価値を創造、獲得、分配することで、ソリューションを「収益化」する方法を確立することである。そして当然のことながら、このサイクルはフィードバックとともに繰り返されるのである。

設計

対処する問題が企業にとって意義のあるものかを確かめるため、問題に取り組む前に、3つの重要な問いを投げかけるべきである。まず、どんな問題に対処しようとしているのか。次に、その問題の影響を受ける顧客の数である。その数が多ければ多いほど、その問題に取り組む価値は高い。そして、問題に対処するためにデータグラフやＡＩが必要かどうかも判断すべきである。それらを必要としないソリューションは、そもそも付加価値を生み出さない可能性があるからだ。

問題のフレーミングおよび特定は、ソリューションを設計するうえできわめて重要である。それができなければ、企業はリソースを無駄遣いしたり、ビジネスチャンスを逃したり、重要ではない取組みに時間を割いてしまう恐れがある。たとえば、モビリティの問題にとって、化石燃料の使用を取りやめることが重要だと考える自動車会社は、電気と水素のフュージョンビークルの開発に焦点を当てるだろう。信頼性の低い車や煩雑なアフターメンテナンスが問題の核心だと認識する企業なら、効率性向上のため、フュージョンプロダクトの設計、ソフトウェアアップデートの開発、無線アップデートの実施などに重点を置くはずだ。所有コストの高さと利用率の低さを問題と捉える企業であれば、ライドシェアサービスを提供し、乗客とドライバーを必要に応じてマッチングさせるアルゴリズムを作成するだろう。顧客の問題を全体的に理解することが、フュージョンソリューションの提供へとつながっていくのである。

企業が既存の能力やリソースを単に最適化するだけにとどまらないときに、フュージョンソリューションは実現できる。それを見極める方法のひとつは、未来から現在を振り返るアプローチを採用することだ。現在の取組みを単に続けていくのではなく、未来のあるべき姿を思い描き、それを実現するために現在とるべき行動を定義する手法、「バックキャスティング」を使うのである。バックキャスティングはエンビジョニングと似ているが、その目的は未来を決定づけることではなく、考えられるさまざまな未来を想像し、それによって引き起こされるであろう結果を理解したうえで、望ましい未来を定め、その実現に向けた必要なステップを明らかにすることである。

たとえば、ある企業が都市交通に関連する多くの問題（人々が抱えるモビリティの課題、都市の交通渋滞、環境汚染など）を解決することに関心がある場合、フュージョンテクノロジーだけが解決できる複雑かつ多次元的な問題に挑むことになる。あるべき未来の姿から逆算して取り組まなければならないだろう。より高い視点から俯瞰的に問題をフレーミングすることで、既存企業は過去から抜け出して未来志向となり、課題の解決へといたることができるのである。

交通ソリューションのリーダーを目指す企業は、次のような問いを立てるべきだ。４人乗りの車をひとりで運転することを認めてよいのだろうか？　物流企業は人の輸送を目的とした車両に頼るべきだろうか？　特殊用途の車両が展開された場合、経済と環境にどのような影響が見込まれるのか？　人間のドライバーと自動運転のどちらがよいのか？　自動運転車の普及を加速させるには、道路にどのような変更が必要なのか？　公共交通機関はどのように適応していかなければならないのか？　燃料、サービス、修理、駐車場についてはどうか？

これは決して現実と乖離した話ではなく、現に多くの企業が目的をもって未来を再構築している。農業分野の企業は、持続可能な形で全世界に食料を提供する方法を模索している。建設や建築分野の企業は、より多くの人が快適に、持続可能で、コスト効率よく暮らせる建物を設計しようと試みている。ヘルスケア企業は、あらゆる段階の病気や疾患を治そうと考えている。今後10年の間に、他社に先駆けて行動を起こした企業が、エンドツーエンドのフュージョン戦略を築き、多くの産業でフュージョンソリューションが生まれるだろう。

多くの既存企業は、デジタル思考と科学が交わるところから生まれるソリューションを駆使して問題に取り組んでいくだろう。たとえば、生物と生命を研究する生物学を考えてみよう。遺伝情報の操作によって生物システムは変化するが、これが可能となったのはデジタル技術が発展したおかげである。実際、遺伝子配列解析、遺伝子編集（ＣＲＩＳＰＲ／Ｃａｓ９）、合成生物学などの技術によって、生物学は再構築されている。科学者は、新しいＤＮＡを解読し、編集し、書き込むことができ、デジタル技術はそれをデータに変換する。そのため、健康、美容、医療機器、エレクトロニクス、製薬、食品化学、さらには鉱業、電力、建設にいたるさまざまな業界の既存企業が、合成生物学ビジネスにおいて果たせる役割を検討しているのだ。

ソリューションを設計するには、顧客の視点で問題を捉える必要がある。なぜ顧客は企業に答えを求めるのだろうか？　個別のケースに応じてソリューションを構築するのはコストがかかり、ほとんどの産業界の買い手はそのようなアプローチには興味を示さないだろう。むしろ顧客は、データネットワーク効果と独自のアルゴリズムに精通し、利用可能なすべての製品、サービス、システムを組み合わせて最適なソリューションを導き出すことができる専門知識を有するソリューションプロバイダーを選ぶのである。

調整

ソリューションは、標準的な製品、サービス、システムによってではなく、それらが補完的な製品、サービス、システムと相互接続されることによって提供される。つまりソリューションを提供するには、それらを組織化するロジックが重要なのだ。精密農業、インテリジェントビル、個別化医療、持続可能な交通、スマートホームの進歩は、それぞれの企業が独自に新製品を開発するだけでは実現しない。これらの製品とほかの補完的な部品を統合して効果的なソリューションを形成することによって、はじめて実現するのである。

フュージョンソリューション企業には、サービスの提供だけでなく、コンサルティングの機能も求められる。たとえばハネウェルは、既存のモジュールとサブシステムを使用して建物を設計し、顧客のニーズに応じて必要な機能を追加している。カスタマイズされ、直面する問題に的確に対応できるソリューションを提供するには、さまざまなパートナーと連携するスキルに長けていなければならない。

産業界企業は、人と技術を組み合わせて、カスタマイズされたソリューションを開発するだろう。フュージョンソリューション企業は、自社およびパートナー企業が管理する製品、サービス、システムを結びつけるデジタルスキルを身につけなければならない。デジタル企業（スタートアップ）は、既存の部品を使用したり適応させたりしなくても、ソリューションを開発することが可能である。産業界企業が顧客にとって最良なソリューションを開発するには、自社よりも制約が少なく自由に活動している競合企業のソリューションと比べて、自社のソリューションがどれほどの価値をもつのか、両者のパフォーマンスギャップを調整する必要がある。

企業は現在、現場の人間の専門家を用いて、ケースごとにソリューションを開発している。将来的には、統合されたデータフローと、さまざまな環境にわたるデータネットワーク効果から蓄積された専門知識によって、ソリューションが導き出されるようになるだろう。顧客のライフサイクルに沿ったデジタル技術を開発することは、企業と顧客との関係の価値を高めるうえで不可欠なのだ。

加速

フュージョンソリューションの進歩を加速させるには、プロバイダーはカスタマイズされたソリューションを大規模かつ効率的に提供するための堅牢なデジタルツールを開発する必要がある。常に最新の技術にアンテナを張り巡らせ、それらを組み合わせてパーソナライズされたソリューションをつくり出し、絶えず変化する問題に対応できるようにならなければならない。カギとなるのは、異なる要素を最も効果的に統合させられる、成熟し、収束した技術である。このアプローチにより、過去の問題解決方法にとらわれることなく、将来のソリューションを開発できるのである。

CEOは、どの新しい機能を自社で開発すべきか、どの機能をデジタルスタートアップや大手企業との提携で得るべきなのかを選択しなければならない。このプロセスにおいて、人材、手順、ポリシーに対する投資の優先順位を見直すことになるだろう。ある領域におけるイノベーションによって、異なる分野で問題を解決するための独創的な方法が生み出されることもある。たとえば、テスラが自動運転技術にビジュアルコンピューティングを採用したことが、アマゾンがレジなし店舗をつくるきっかけとなったのである。[2]

フュージョンテクノロジーを用いて問題を解決するには、俊敏性と適応力が求められる。リーダーは、デジタル技術を積極的に受け入れ、深く掘り下げてその可能性を理解し、何事にも好奇心をもって取り組む文化を育むことで、デジタルイノベーションの強みを発揮できるようにしなければならない。実験にオープンな姿勢でいることで、技術がいつ導入できるようになるのか、そしてその技術を適用するにはどのような補完的イノベーションが必要なのかが把握できるようになる。フュージョンソリューション企業のコアコンピタンスは、規則を用いて長期間機能するソリューションを構築することではなく、さまざまな分野からインスピレーションを得て、より効果的に問題を解決し続けることである。

重大な問題のほとんどは動的であり、フュージョン戦略においてもしかりだ。多種多様な環境でソリューションがどのように機能しているかのリアルタイムデータにアクセスすることで、フュージョンソリューションのプロバイダーは、ソリューションを改良し、より効率的かつ効果的にできる。たとえば、都市における渋滞の問題はいまに始まったことではない。しかし、環境への影響を最小限に抑えつつ、人やモノを経済的に輸送するための選択肢は以前よりも多様化しており、さらに優れたソリューションが実現できる可能性があるのだ。

フュージョンソリューションは本質的に動的であり、さまざまなソリューションが異なる環境でどのように機能しているかのリアルタイムデータへのアクセスが必要である。時間とともにデータネットワーク効果を蓄積することで、フュージョンソリューション企業は常に問題を再定義し、最適なソリューションを導き出す知識に磨きをかけることができる。効果的なソリユーションを提供するためには、企業は顧客業務に深く入り込む権利を獲得しなければならないのである。

収益化

フュージョンソリューション戦略を用いる場合、顧客とパートナーが価値の共創において最も重要な役割を果たすため、企業はその価値を顧客やパートナーと分け合わなければならない。多くの場合、顧客は製品そのものよりもソリューションにお金をかける傾向がある。そのため、成果ベースの契約や利益分配契約などによって、フュージョンソリューションを収益化することが可能だ。自動的に充電される自己監視サービスや、ソリューションに対して時間ベースの料金を定期的に請求するサブスクリプションモデル、顧客のニーズに合わせたソリューションを提供するソリューションビジネスなど、すでにさまざまな形で収益化を試みる企業が存在している。フランスのアルストム［訳注：鉄道車両の製造など、鉄道に関連する総合的技術・ソリューションを提供するフランスの多国籍企業］は、列車運行サービス事業において24時間365日体制で顧客のニーズに応えられるようにしており、とくにピーク時の故障には金銭的なペナルティを設けている。ドイツのケーザー・コンプレッサーは、エアシリンダーの販売を取りやめ、圧縮空気をサービスとして提供しており、デジタル技術を用いて機械の使用状況をリモートで監視している。オランダのフィリップスは、アムステルダムのスキポール空港などで、ＬＥＤ電球を販売するのではなく、照明ソリューションを提供している。

では、フュージョンソリューションを用いて価値を最大限創出する最もよい方法を考えてみよう。ソリューション企業は、業界横断的な専門知識とデータグラフを活用して価値を最大化させるには、異なるピースをどのように組み合わせるべきかを検討することで、問題を完全に理解し、必要に応じて再定義することが可能となる。その結果、流れている多様なデータをデータグラフに供給できるようになる。そのデータは、設定の数と多様性においてより大規模で広範囲にわたるものとなるだろう。この詳細なデータが、事業の規模と範囲が限られている競合企業には提供できないソリューションを開発する基盤となるのだ。そしてより多くのパートナーと協力するにつれ、フュージョンソリューションに磨きをかけ、さらなる価値を引き出すことができるようになるのである。

価値創造は、専門知識を絶えず蓄積することによってもたらされる。ソリューション企業が顧客の詳細な情報を知ることができるのは、顧客拠点で使用されている一連の機械から得られるデータグラフを通じてのみである。こうして直接的に、あるいは他社と連携して間接的に拡充した専門知識をもとにすることで、システムインテグレーターやサービスプロバイダーとしての役割から、さらに事業範囲を拡大することができる。ソリューション企業は、現在構成されているシステムがどう機能するように設計されているかについての知識を強化し、顧客業務に深く入り込んでいるパートナー企業から得たデータでそれを補完しなければならない。

フュージョンソリューションのプロバイダーは、科学的専門知識とデジタル技術の両方を兼ね備えたイノベーターと見なされなければならない。イノベーターでなければ、有望なパートナーを引き寄せることはできないだろう。一方、保守的で時代遅れと見なされる企業は、イノベーターからの支持は集められない。ソリューション企業の信頼性は、これまで協力関係を築いてきたパートナーの視点から評価される。それでもなお、プロダクト戦略、サービス戦略、システム戦略を追求している優良企業は、二流のソリューション企業と協力したいとは思わないに違いない。

さらに、パートナーの果たす役割を理解している信頼できる仲間と見なされることも不可欠だ。パートナーは、リバースエンジニアリングによって、自分たちの専門知識が無断で補償なしに使用されることがあることも理解しておかなければならない。パートナーの貢献を尊重し、すべてのプレイヤーが公平な分け前を得られるよう、確固たるコミットメントを示すことが重要だ。パートナーの果たす役割は顧客ごとに異なる可能性があるため、ソリューション企業は価値を分配するにあたって、明確にその根拠を伝えなければならない。フュージョンソリューション企業は、高度に相互接続したエコシステムにおいて、競合となりうるパートナーからのデータフローの中心に位置する存在となるため、信頼を得ることはきわめて重要なのである。

ソリューションプロバイダーは、対立の解決や、エコシステムのルールを伝える際、公平であることが求められる。これまではデータガバナンスに重点を置いてきたかもしれないが、ソリューションを提供する場合は、顧客やパートナーにもその範囲が広がることになる。価値の創造と獲得の推進力として、プライバシーとセキュリティの重要性を高めることは必要不可欠だ。多くの企業が協調することでフュージョンソリューションが提供されている場合、つながりの最も弱いところが業績低下の原因となる。こうしたとき、フュージョンソリューション企業は、価値を破壊するのではなく向上させる、公正公平な仲裁者と見なされなければならない。

カスタムソリューションの激突への備え

4つのフュージョン戦略のうち、フュージョンソリューションは、機械の設計や製造のバックグラウンドをもたない新規参入企業にとって、より魅力的かもしれない。新しい視点から問題を捉え、ＡＩや機械学習などの最新のデジタル技術を活用して問題解決の代替手段を開発し、必要な製品やシステムを組み合わせることができるからである。これらの企業は、自分たちの提案に影響を与えるかもしれない他企業に縛られることがないため、偏りなく活動できる強みがある。そのため、顧客の問題に対して最も効果的なソリューションを自由に提供することができるのだ。

コンサルティング会社も、フュージョンソリューションに魅力を感じるだろう。過去の経験から最善の方法を集め、顧客に合わせた戦略的方向性と提案を作成することには長けている。だがこれまでは、企業のリアルタイムの製品使用中データやデータネットワーク効果を利用することなく、人間の知力に頼ってきた。しかし、アクセンチュアが近年スタートさせた「インダストリーX」のように、パートナーとなってソリューションを提供することは可能である。アクセンチュアは、以下のような野心的なメッセージを発信している。

私たちはデータとデジタルの力を結集して、製品そのものとモノづくりのあり方を再構築していきます。デジタルインテリジェンスがすべてのポイントをつなぎ、拡張現実（AR）／仮想現実（VR）、クラウド、AI、5G、ロボティクス、デジタルツインなどのデータと技術を活用して、さらなるレジリエンス、生産性、持続可能性を、お客様と協力してコアビジネスにもたらします。そして、かつてないほどパーソナライズされた体験と、インテリジェントな製品およびサービスをつくり出していきます。[3]

このアイディアの成功事例はまだ確認できていないものの、フュージョンソリューションにおける争いが、従来の産業界のリーダーと、デジタル能力をもつ新規参入企業との間で繰り広げられることを認識しておくことは重要である。

この戦略展開領域に参入すべきだろうか。この激しい争いを形作る次の3つの要素が、フュージョンソリューションに参入すべきかどうかの判断材料になるだろう。

ソリューションギャップの拡大

どの業界にもソリューションギャップは存在する。顧客が必要としているものと、最も優れたソリューションが提供するものとの間には、差異があるのだ。ほとんどの企業は、現在の製品、サービス、システムではこれ以上ビジネス価値を高められないところにまで達している。フュージョンの核となるアイディアを反映した新たなアプローチがなされない限り、このソリューションギャップは拡大し続けるだろう。自動車の数を増やしても、都市の渋滞を解決したり、パーソナライズされた交通ソリューションを提供したりすることはできない。80億人を超える世界の人口を、従来の農業のやり方で養い続けることはできない。デジタル機能を融合させなければ、医療サービスのコストを低減させることはできない。健康的で持続可能な都市生活を設計するには、さまざまな考え方やアプローチを用いて構造を根本から見直す必要がある。現在の企業が顧客ニーズを満たすことができなければ、より大きく重大なソリューションギャップが生まれ、必要な能力をもった新たな競合企業が参入してくる状況を招くことになるだろう。

業界横断ソリューションの移植性

フュージョンソリューションは、関連業界のソリューションを探ることで利益を得られるかもしれない。たとえば、都市交通の成功事例を農業に取り入れるにはどうすればよいだろうか？　ウェイモやクルーズの自動運転車の専門知識は、どのように鉱業に応用できるだろうか？

グーグルの「ミネラル」プロジェクトのあるチームは、これまで複雑すぎたり膨大すぎたため、価値がなく利用できなかった多様な情報源を統合するための、新たなソフトウェアとハードウェアのツール構築に取り組んできた。[4] まず、その時点で利用できる現場の環境条件についての情報を収集した。土壌、天気、作物の履歴などのデータである。チームはプロトタイプの植物探査車を使用し、現地の植物がどのように生育し、環境に適応しているのかについての最新データも収集した。探査車は畑を走り回り、作物を間近で観察した。カリフォルニア州のいちご畑とイリノイ州の大豆畑を探査車で調べ、機械学習アルゴリズムのトレーニング用データを収集した。植物、ベリー類、豆類の高品質画像によって、アルゴリズムが訓練されたのである。

2年以上にわたり、チームは、メロン、ベリー類、レタス、油糧種子、オーツ麦、大麦など、さまざまな作物の作付から収穫までを分析した。探査車が収集した画像を、衛星画像、気象データ、土壌情報などの別のデータセットと組み合わせることで、現場で起きている全体像を把握し、機械学習を利用して、作物がどのように育ち、環境と相互作用するかについてのパターンや貴重な洞察を導き出すことができた。ミネラルのチームは、ジョンディアがブルー・リバー・テクノロジーを買収することで獲得したものと同じ能力を開発してきたように見えるかもしれない。しかし、AI、コンピュータービジョン、機械学習といった分野横断的なイノベーションを幅広く利用できる点で、ジョンディアとは異なっている。これにより、グーグルは業界をまたがる問題を解決するために、デジタルアプローチを用いることができるのだ。

異なるエコシステムの引力

ソリューションエコシステムは、大きく2つのグループに分かれて現れると考えられる。ひとつはデジタル主導型で、デジタル能力をもつ企業（アクセンチュアやミネラルなど）が、補完的な領域の専門知識を獲得するため伝統的な企業との提携を模索するだろう。もうひとつは分野主導型で、専門分野の知識をもつ産業界のリーダー（農業分野のジョンディア、建設・航空宇宙分野のハネウェル、鉱業分野のキャタピラーなど）が、デジタル企業（エヌビディア、TSMC、マイクロソフト、アマゾンウェブサービスなど）と提携し、問題を解決するための補完的な専門知識を得ようとするだろう。さまざまな業界で、このようなエコシステムが形になり、勢いを増していく様子は、バリューシフトの可能性を示す初期兆候であり、これを注視することが重要である。

＊＊＊

ここまで、世界経済のデジタル化が進むにつれて、産業界企業が直面することとなる4つの戦略展開領域について説明してきた。仮にアナログ時代のやり方を踏襲し続けるとしよう。その場合、優れた機械の戦いを制するカギはフュージョンプロダクトにあることを認識している、自動車業界のテスラのような企業との競争に直面することになる。そのため産業界企業は、デジタルエンジニアリングを導入して機械のアーキテクチャーを定義しなければならず、さもなければ遅れをとるだろう。何も行動を起こさなければ、新しい能力をもつ競争相手を迎え入れてしまうことになると理解する必要がある。表8-1は、4つのフュージョン戦略のそれぞれの実行ステップの概要を比較したものである。

しかしながらフュージョンフロンティアは2つの軸に沿って新たな可能性を切り拓いていくため、フュージョンプロダクトで獲得できる新たな価値はごくわずかでしかない。この時点で企業には2つの選択肢がある。ひとつは、優れた成果を上げる競争を制すべく顧客業務に深く

表8-1　4つのフュージョン戦略の実行ステップ

実行ステップ	フュージョンプロダクト	フュージョンサービス	フュージョンシステム	フュージョンソリューション
提供する製品やサービスの設計	アナログ機械に対抗するため、データグラフとアルゴリズムを活用する、デジタル産業製品を設計	顧客業務に相互接続するためのリンクを設計することで、顧客成果を向上	製造元が異なる機械でもシームレスに作動できるようなシステムを設計。システムレベルのパフォーマンスに関するデータの追跡と評価	製品とシステムを統合してソリューションを提供し、顧客の問題解決に必要なものを追加。さまざまな状況にわたるデータネットワーク効果により優位性を創出
価値を提供するための調整	三種のデジタルツインを軸に、自社とパートナーを統合。データをビジネス価値へと変換する能力を構築	顧客の生産性向上へとつながる実行可能な推奨事項を提供するため、三種のツインを顧客業務にも拡大	システムレベルの思考を発展させ、さまざまな機械を相互接続。オーケストレーターとほかのプレイヤーとの役割分担	アウトサイドインの視点と未来からのバックキャスト思考を採用し、人間とAIの双方の強みを活かして問題を定義し、解決
ロードマップの加速	既存の機械にセンサーやソフトウェアを追加し、インストールベースを段階的にフュージョンプロダクトへと置き換え	相互運用性に価値を見出す熱心な支持者から始め、そこから得た教訓をより幅広い顧客に適用	製品と組み合わせるサブシステムを構築し、その範囲を拡大させることで、システムレベルのメリットを引き出す	利用可能な技術で解決できる現在の重大な問題から始め、将来のソリューション提供のためのロードマップを作成
価値創造と価値獲得のための収益化	信頼性を高めることで、機械のダウンタイムリスクを低減	データグラフとアルゴリズムを通じて、顧客の生産性向上の新たな方法を創出	シームレスなシステムを利用して、サイロ化された部署や、個々の企業の中に閉じ込められていた価値を解放	問題の範囲が狭くほかに方法がないことを理由に獲得できずにいた価値を、ソリューションをカスタマイズすることで解放

入り込み、顧客の収益性を向上する中心的存在となることであり、もうひとつは、フュージョンシステムに移行するための別のルートを模索することである。

フュージョンシステムをめぐる競争を制するための最も効果的なアプローチは、顧客業務に深く組み込まれたデータグラフと三種のデジタルツインの動的な相互作用を利用することである。これができなかった場合、サードパーティのサービスプロバイダーに取って代わられるリスクが生じることとなる。

インテリジェントシステムの対決は、さまざまなシステムとの接続方法や、システム運用中のデータフローの設計と管理を常に評価するすべての産業界企業にとって重要な意味をもつ。ハネウェルのような企業は、製品やシステムを包括的にエンドツーエンドで捉えるようになるにつれ、複数の重なり合うシステムと密接に関連することになるだろう。この戦いは、産業がデジタル化し、近接する分野と相互接続するなかで、やがては産業界全体で繰り広げられるようになるに違いない。

最後の戦いは、長年蓄積してきた洞察にもとづいて特定の顧客のニーズを満たすために製品とシステムを統合することで実現するカスタマイズを中心に展開される。自社の機械とシステムの深い知識をもつ企業は、顧客のエージェントとして行動する企業と争うことになるだろう。この戦いを制するには、深い洞察とＡＩツールを有効に使いこなす技術が必要となる。

４つの戦略展開領域は、それぞれ異なる価値のベクトルを表している。産業界企業とデジタル企業の双方に、アセットヘビー分野の75兆ドルのビジネスチャンスをつかむ可能性がある。生成ＡＩは深い専門知識と組み合わされることにより、パーソナライズした交通、スマート農業、快適な家づくり、持続可能なエネルギーなどの分野で、問題を捕捉し解決するための、より包括的で広範囲にわたるアプローチを提供することが約束されている。最終的には、戦略的なイノベーションの力によって、これまでにない能力で新たな関係を築くことができる企業間で、価値が再分配されることになるだろう。

第2部では、4つの戦略だけでなくそれらが発展するダイナミクスについても説明してきた。すべての産業界企業は、現在の戦略を検討すると同時に、新たなチャンスをつかむための将来的な発展の道筋にも目を向ける必要がある。次の焦点は、フュージョンを、経営陣が戦略の策定や実行の核となる部分に取り入れられるかに移る。この重要なジャーニーを始める経営陣に向けて、知っておくべき原則と実践を、第3部で紹介しよう。

第3部

フュージョンフロンティアの獲得

Part3 CONQUERING THE FUSION FRONTIER

第9章 フュージョンの原則と実践

Chapter9
Fusion Principles and Practices

2037年、デジタル化とグローバル化が進んだ世界で、ちょうど200年前に設立されたアメリカの農業機器大手ジョンディアが、どのようにして農業と食糧の分野で勝者となったのかが話題になっていることを、想像できなくはないだろう。他社に買収されたり、企業形態を変えたりすることなく200周年を迎えられる企業はそう多くない。

転機となったのは2020年で、入社23年目にしてジョン・メイが会長兼CEO（わずか10代目）に就任したときだった。メイは、ジョンディアの戦略はもはや機械だけにとどまらないと発表した。同社の新たな「スマート産業」戦略は、農業と建設の変革を目指すものだったのだ。

多くの耳目を集めたのは、同社の機械をより革新的かつ精密で、生産性の高いものとするために、技術スタック全体に焦点を当てたことだ。このアプローチは、技術スタックとライフサイクルソリューションを組み合わせることであった。コストを最小限に抑え稼働時間を最大化するため、機器のライフサイクル全体を通じて価値を高め続けることを重視したことも特筆すべきである。ジョンディアの構想は産業機械にとどまらず、ハードウェア、ガイダンス、コネクティビティ、機械知能、自動化などの分野にも拡大していった。同社の事業ビジョンは、フュージョン戦略の「北極星」である顧客にソリューションを提供することに焦点を当てている。2023年の企業メッセージには、次のように述べられていた。「私たちは、インテリジェントなコネクテッドマシンとアプリケーションを提供することで、お客さまのビジネスに革命をもたらし、製品のライフサイクルを通してすべての人に持続可能な方法で価値を提供することに注力していきます」[1]。同社の新スローガン、「人生が飛躍するよう走り続ける」からは、フュージョンの未来に向けて自らを改革していく強い意志が伝わってくる。

メイのビジョンは、ジョンディアの将来の方向性を決定づけた。2020年代初頭、同社の新たな能力は、鋼鉄とシリコン、フィジカルとデジタル、人間とAIを組み合わせることだと認識し、新旧の競合企業との来るべき戦いに備え始めた。ジョンディアは、準備、作付、保護、収穫、管理といった農業のライフサイクル全体にわたって農家から信頼されるパートナーとなることができれば、1エーカーあたりさらに40ドルの経済価値を引き出すことができると推定した。[2] この価値が実現されれば、その分配は企業と買い手（農家）との関係で決まるだろう。信頼されるパートナーとなるため、ジョンディアはこれまで蓄積してきた産業機械についての専門知識と、データグラフやアルゴリズムから得られる洞察を組み合わせる必要があったし、現場で稼働する何百万台もの機械や装置のデータネットワーク効果を利用する必要もあった。そのうえで、もし付加価値を引き出すことに成功すれば、正当な分け前を要求できるのである。ジョンディアは、顧客の業務により深く入り込むためのミッションを開始した。2026年までに、5億エーカーのエンゲージドエーカー（顧客が12カ月間に少なくともひとつの作業を、ジョンディアのデジタルプラットフォームでデジタルでトラッキングした農地と定義）と、そのうちの50%は深いエンゲージメント（顧客が1カ月間に複数の作業をトラッキングした農地）があり、そして150万台以上のコネクテッドマシンを配備する目標を設定した。[3] 同社は、すでに2010年代からコネクティビティの設計に投資していた。農業を発展させる原動力となるデータに焦点を当てることで、ジョンディアのソリューションは「顧客が自らの目標を達成し、先進技術によってより正確かつ生産的に仕事を進め、データにもとづいてよりよい意思決定を行う」ことを可能とするだろう。[4]

歴史には、ジョンディアが鋼鉄とシリコンを結びつけてトラクターと産業機械のあり方を変え、300周年に向けて自社を改革することに成功したと、最終的には記録されているだろうか。ジョンディアが自社の業績と顧客の生産性をどれだけ向上させられるかには、もちろん競争が大きく影響する。アナリストやオブザーバーは、収益性を損ねることなく持続可能性のフロンティアを押し拡げていくために、ジョンディアが科学の進歩をいかに巧みに利用しているかを書き記すことだろう。はたして、ジョンディアはデジタル産業改革の象徴的存在となるのだろうか、それとも2024年までに築いた優位を脅かす企業が現れるのだろうか。

未来を予測することはできないものの、確実に言えることは、勝利を収める企業は次に示す原則と実践を、すべてではないにせよ取り入れるであろうことだ。これから先、産業界の競争環境は一変し、まだ誰も経験したことのないものとなるに違いない。戦略展開領域も変わり、フュージョンの未来にふさわしい新たな能力を備えたこれまでとは異なる競争相手が登場することだろう。ジョンディアをはじめとする既存の産業界企業が勝ち残るには、新たな戦略のプレイブックが必要である。これまでの能力の妥当性を早急に評価し、時代遅れの慣行は切り捨て、デジタル時代のロジックを受け入れなければならない。それに加えて、新しい原則を採用し、新たなテクニックを活用していく必要があるのだ。

原則1：複数の段階での新しいビジネス価値の解放

フュージョンは、高度な科学的知識と最先端のデジタル技術を統合し、競争を変革し、価値を解放する新たな道を開拓するとともに、価値を獲得する新しい方法をもたらしてくれる。アナログ時代は、ビジネスの境界、部門の制約、組織の枠などの制限があったため、価値創造の範囲には限界があった。先見性のある経営者はいま、これまで日の目を見なかった価値を解き放つことができる革新的なアイディアをひらめいているが、その実現にはいくつかの段階が必要なことを認識している。封じ込められていた価値の多くを解き放つには、複数の技術が成熟しかつ融合しなければならない。業界や分野が異なれば、描く軌道もさまざまである。パーソナルモビリティの分野でうまくいったことが、物流や農業の分野でうまくいくとは限らず、アメリカでの成功例がほかでは通用しない可能性もある。デジタルディスラプションにより、今後10年から20年のうちにあらゆる産業に激震が起こるだろうが、価値の再分配の道筋はいまだ明らかではない。このような環境を乗り切っていくためには、次の2つの分析手法を確立し、強化することが不可欠である。

数多くの実験から答えを引き出す

将来の予測が困難ないまの時代、価値を引き出す最善の方法は明らかではなく、計画的かつ戦略的な実験を行うことが求められる。ジョンディアは平均して1エーカーあたり40ドルの生産性向上を目指しているが、実現するための詳細な手段やメカニズムはまだ解明されておらず、それらは顧客が直面している状況によって大きく異なるだろう。ジョンディアは、デジタル技術と組織のプロセスを組み合わせ、さまざまな顧客環境でビジネス価値を引き出す詳細な手順を作成しながら、慎重に実験を重ねていく必要がある。これらの実験により、既存の機械のパフォーマンスを向上させるために必要なセンサー、ソフトウェア、周辺機器のロードマップを作成しながら、次世代の機器を設計するための洞察を深めることができるのである。

実験を重ねることで、企業は現在の慣行を見直し、いくつかの段階を経て将来に適応していけるようになる。課題となるのは、現在の戦い（第一段階：今後1～3年）で成功を収めつつ、将来の戦い（第三段階：7年以上先）にも備えていくことだ。しかし、その中間に位置する段階（第二段階：3年先～7年先）で、重大な経営上の課題が浮かび上がる。CEOは、従来の慣行をどのタイミングで捨て去り、将来の事業基盤になると考えられる新しい慣行をどれくらいのスピード感をもって採用するかの決断が求められる。ジョンディアにとって第二段階における決断は、機械の進化、顧客業務のデジタル統合、農業システムを構成する他社の機械や装置との相互接続などとのバランスをとらなければならないのである。

ジョンディアがスマート産業戦略で成功を収められるかどうかは、第一段階における価値創造と価値獲得に不可欠な能力を維持しつつ、第三段階では重要度が低くなりそうな能力を切り捨てられるかどうかにかかっている。[5] そのためには、将来の分岐点、つまりこれまで最善とされていた方法が通用しなくなるタイミングを正確に見極めなければならない。加えて、貴重な技術や知識を失うリスクを最小限に抑えたうえで、どの業務を放棄するかを慎重に判断することが求められる。三段階にわたるデータ主導のシミュレーションなどからなる組織的な実験を計画することで、時代遅れのビジネスモデルから非生産的なリソースを特定し、新たなビジネス価値を引き出すビジネスモデルに再分配できるようになる。

バックキャスティングを極める

予測そのものは複雑ではないが、一般的な情報にもとづいて将来を見通すため、既存のバイアスがかかっていることが多く、限界がある。たとえば、技術の短期的な効果を過大評価し、長期的な影響を過小評価する傾向があることなどだ。[6] 加えて、予測は、将来が予見可能な条件下において最も有効である。その反対に、バックキャスティングはより扱いが難しいが、技術、顧客、競合企業などの不連続的かつ非線形的な変化（不連続的な変化により、確立されていた価値の源泉が破壊されるかもしれない状況）に直面している企業にとって非常に有益である。バックキャスティングは、現在から未来を予測するのではなく、さまざまな起こりうる未来から逆算することで、ビジネス価値がどこで創造され獲得できるのかを判断するのに役立つのである。

２０３７年から逆算して考えると、ジョンディアは自社の機械の電動化が果たす役割を考慮する必要がある。電気自動車や電動トラックのトレンドが、トラクターや建設機械にも波及する可能性は非常に高い。第一に、自動運転システムや自動車の電動化は、トラクターや建設機械の構造に直接的な影響を与える可能性があること。第二に、電動化が間接的にエタノール（従来の内燃機関の燃料）の主な原料であるトウモロコシの需要を減少させる可能性があることである。もし、今後10～20年間でエタノールの需要が縮退していった場合、ジョンディアはトウモロコシ農家がほかの作物にスムーズに移行できるよう、どのように支援できるだろうか。これは明らかに、農業機械メーカーの範疇を超えているが、ソリューション企業としては間違いなく行わなければならないことである。バックキャスティングにより、将来に関する小さなシグナル同士の関係性を明らかにでき、さまざまなトレンドや技術の融合によって形成される将来のビジネス環境をより包括的に理解できるようになるのだ。

アウトサイドインの視点を取り入れることで、バックキャスティングは、先端技術と変化し続ける顧客ニーズが合致するポイントをより深く理解し、これまで埋もれていた価値を引き出す助けになる。ジョンディアは、種子や肥料などの隣接分野の進展を追跡し、自社機械に搭載しているセンサーやソフトウェアにどのように関連し影響を及ぼすかを把握しなければならない。このバックキャスティング・アプローチは、技術進歩よりもプロフィットプールの移行に焦点を当てれば、価値の流れの転換点の特定に役立てることができる。プロフィットプールの変化をマッピングすることで、将来的に重要なパートナーとして登場し、デジタルシフトによって創出される価値の分配と共有の順位を覆す可能性のあるプレイヤーについての貴重な洞察を得ることができるのである。

バックキャスティングの効果を発揮させるには、漠然とした未来を思い描くのではなく、具体的なビジョンをもたなければならない。自動車メーカーが、いつ、どのようにして技術や専門知識をもって農業に参入してくるのかといった起こりうる変化を予測し、パートナーシップの構築や株式投資など、とるべき行動を決定する必要がある。さらにバックキャスティングでは、アナログ技術とデジタル技術の可能な組み合わせにもとづいて、分岐点やタイミングが異なる複数の未来像を描かなければならない。鋼鉄とシリコンのシームレスな統合は、形は異なるもののあらゆる産業で同時に進行するだろう。したがって、隣接する分野をベンチマークにすることで将来的にたどるべき道筋を探っていけば、新しい価値の源泉を追求しつつも既存の利益を守る能力を効果的に管理できるのである。

原則2：協働型知能の設計

フュージョンビジネスの組織構造は依然として定まってはいないが、基本的な設計原則のひとつは明らかになりつつある。それは、人間の知能と機械の知能を切り離して扱うことには意味がなく、この2つを個別に考えるのは効果的ではないことだ。あらゆる機能と活動は人間と機械が協働することで強化される。このことは「協働型知能」という言葉で簡潔に表現される。

企業はＡＩを、人工知能ではなく、拡張知能と捉えるように意識を変えるべきなのである。

いまでは、どんなに優秀な人でも、強力なデジタルツールを使ったほうが使わないよりも高いパフォーマンスを発揮できるという考えが定着している。あらゆる競争において、勝者となるには、この協働型知能を反映した最高の武器を駆使する必要がある。人間と機械が力を合わせて高度なデータグラフやデジタルツインを作成することで、これまで検出できなかったパターンの特定が可能になるのだ。アルゴリズムは、人間には分析が難しい特殊な状況であっても、強力なパターンを見つけ出し価値を引き出すことであろう。

組織の設計者は、計算量の多い作業は機械に委ね、自分たちは機械がまだ処理できない意思決定プロセスに注力するようになるだろう。[7] デジタル変革を成功させるために不可欠な3つのリソース（資金、技術、人材）の重要度について尋ねると、産業界のリーダーは口を揃えて人材を最優先に挙げる。企業は既存の人材を再教育し、さらに新しい人材を引きつけるために、自社を戦略的に位置づけなければならない。この移行を促進するには、次に説明する2つの重要な実践を行う必要がある。

既存人材の再教育

最も難しい課題のひとつは、人間と機械がそれぞれ独立して作業することが定着している現状から、どのような規模、範囲、速度で移行するかを明確にすることである。産業界企業で働いている人のほとんどは、専門的な学位をもっている人であっても、高度なアルゴリズムによって自分たちの仕事がどのように効果的に支援されるかについてはよく理解していない。同時に、あらゆる技術分野は、データとＡＩ、とりわけ生成ＡＩによって再構築されている。最近学校を卒業したばかりの人でさえ、自分が学んだ知識が時代遅れになっていくことに気づくだろう。ジョンディアのような企業は、技術教育の重要性を早くから認識しており、１９８９年に技術トレーニングプログラムを開始した。いまこそすべての企業は、人間と機械の協働について、より多くの従業員を教育し訓練することを推進していかなければならない。

いくつかの企業のヒアリング調査から明らかになったのは、サイバーセキュリティ、ブロックチェーン、クラウドコンピューティング、高度なＡＩ、そのほかのデジタル技術の専門家を育成することへの関心が高まっていることだ。これはよい滑り出しではあるものの、必要なのは、人間と機械の知能がどこでどのように交わり、生産性を向上させるにはいま何をすべきかについて、より包括的に理解することである。私たちは、生成ＡＩアルゴリズムがどのように人間のスキルを補完するのかについてのより一般的な教育を行うことを提唱している。

流れているデータをリアルタイムで収集・分析し、三種のデジタルツインを構築することは、新たな課題である。この任務はさまざまな部門のマネージャー層が理解しなければならない。カスタマイズされたソリューションを開発するために予測的分析を使用するグラフ構造のデータベースを設計することも、新たな任務になる。技術的詳細に精通した人もいるだろうが、すべての人がデータベースを使いこなし、洞察を導けるようになる必要がある。全員が生成ＡＩ

に精通することは難しいかもしれないが、利用可能なツールを誰もが使いこなし、生産性を高められるようになるべきである。異なる競合企業の製品や機器をさまざまな分野で組み合わせ、複雑なシステム上でデータがシームレスに流れるようにすることが、重要な能力となりつつあるのだ。

グーグルやアマゾンのような最新の技術オペレーションと同じスピードと効率で産業オペレーションセンターを運営するには、新しい規律が必要である。人間は機械と連携することでのみこれを実現でき、同時に機械は人間のインプットと関与を必要とする。企業は機械との連携を最優先事項に引き上げるべきだ。なぜなら、技術が、いつ、どのように人間の仕事を奪うのかについて、多くの混乱があるからである。協働型知能に関する人材育成への投資を行うことで、すぐさま非常に大きな成果を得ることができるだろう。

明日を担う人材の採用

人間と機械が協調して協働型知能を促進する方法の重要性は増していく。したがって、現在の人材育成は始まりであって終わりではない。産業がデジタル化するにつれ、競争する分野や方法の選択が変わるにつれ、人材基盤も変化していくだろう。

テスラは毎年恒例のＡＩデーで、独自のチップなどの技術進歩を発表したり、イノベーションを推進するために編成されたデジタルチームを紹介したりするなどして、独自の製品やサービスを披露している。しかし、このＡＩデーの本当の対象は、業界のオブザーバーでも金融アナリストでもなく、同社の将来を担う人材である。メルセデス・ベンツ、フォルクスワーゲン、フォード、ＧＭに、人材の優先事項を尋ねたなら、いままであまり産業界企業で働くことを考えていなかった一流のソフトウェアエンジニアやＡＩの専門家を雇うことだと答えるだろう。産業界企業は、機械と協働し、絶えず学び続け、初期のエバンジェリストになることが自分の役割と考える人材を積極的に採用する必要があるのだ。

もし、ジョンディアが創業２００周年を迎えたときに人々の話題になっているとしたら、２０２０年にスマート産業戦略を発表したころとは、人材基盤は大きく変化しているだろう。農業の生産性と持続可能性を高めるために、独自のアルゴリズムを微調整できる強力なデータサイエンティストの専門家集団を擁しているはずだ。ただし、それだけでは十分ではない。ジョンディアは、最高レベルの専門能力をもち、同社の専門知識とデジタル技術をシームレスに組み合わせることができる人材を採用しているに違いない。そしてこの分野の専門家は、ビジネス価値を引き出すためにデータサイエンティストと協働することを厭わないだろう。言い換えれば、ジョンディアが伝統的な農業機械メーカーから脱皮して、顧客から信頼されるソリューションプロバイダーになろうとするのなら、そのような人材を採用しなければならないのである。

さらに進んで、ジョンディアは協働型知能のロジックを、自社だけでなく、エコシステム内の重要なパートナーにも広げていったはずである。デジタル技術が、より強力かつ自律的になるにつれ、これらの技術はさまざまな機能に統合され、サプライヤー、ディーラー、販売業者、パートナーをも巻き込むようになる。リーダーは技術スタックの進化を活用して価値を引き出し、人間が決定権をもつべきものと、機械に権限を委譲するもののバランスを積極的にとり、重要なパートナーと進歩の足並みを揃えなければならない。生成ＡＩ技術がさまざまな業界でますます普及するにつれ、リーダーはアルゴリズムに任せるべきことと人間が協力すべきことの境目を見出し、常にそれを押し広げていくことが求められる。

最終的には、拡張エコシステムを含む組織全体に、協働型知能の力と急速に進化するダイナミクスを認識させ、これらに対応できる能力を養った企業が勝利するだろう。そして、再教育と新たな採用をバランスよく行うことも重要である。

原則３：エコシステム内の活動（および成長）

人間と機械の協働型知能に加え、競争がスマートマシンの使用から顧客の問題解決へと移行するにつれ、もうひとつの協力の形が中心的な役割を果たすことになる。業界を超えた企業間ネットワークにより、これまでの境界は姿を消す。そして企業が成功を収められるかどうかは、アライアンス、パートナーシップ、エコシステム、コンソーシアムなどを構築し、企業同士で協力し合いながら、新しいデジタルビジネス関係のモデルを形成できるかにかかってくる。勝者となるのは、個別主義ではなく集団主義の企業であり、競争優位は、それらの企業がつくり出したり参加したりする、重なり合うエコシステム内の立場から生まれるのである。

これは、競争と協力を明確に区別し、独自技術を共有しない、伝統的に融通の効かなかった業界にとっては大きな変化である。デジタルの世界では、エコシステムを通じて、競争しながらも相互に連携し、顧客と密接に協力して信頼を得ることが求められる。そのためには、まず顧客データに優先的にアクセスし、顧客業務に深く入り込み、顧客の収益に影響を与える行動を提案できるまでの信頼を築く必要がある。この新たなダイナミクスを実現するには、次の２つの実践が不可欠である。

エコシステムを迅速に実現

企業の収益と利益は、社内の能力を補完するためにいかにうまくパートナーを活用できるかにかかっている。ジョンディアの場合、チャネルパートナー、技術パートナー、精密農業に携わるパートナー（将来的に競争相手となるかもしれないモンサントやＡＧＣＯなど）を含むパートナー全体のポートフォリオを、利益が最大化するように構築する必要がある。それに加えて、センサー、ソフトウェア、衛星画像、農場マッピングなどの役割を担うパートナーや、データの相互運用に取り組む専門家も探さなければならない。これらのパートナーは馴染みのない存在かもしれないが、それらの能力によって、ジョンディアがアナログの機械と機器のメーカーから、製品のライフサイクル全体をデジタル化するために三種のツインを包括的に活用し、流れているデータをデータグラフに取り込み、製品のパフォーマンスを絶えず向上させる方法を見出すリーダーへの変革を加速させることができるのだ。

この移行の第一段階におけるパートナーシップのポートフォリオは、ジョンディアが協調的な方法で、異なる関係を管理する責任を明確にする際の強固な基盤となる。これまで、購買部門が標準プロトコルと規則のもとで担当していた関係、あるいはマーケティング部門やサービス部門が独自のパフォーマンス指標と管理手順で担当していた関係などがあっただろう。私たちの戦略プレイブックでは、これらの関係を協調的な方法で構築・管理し、現場の機械から送信されたデータが必要に応じて異なるパートナーに送信されるようにすることを推奨している。ジョンディアは、社内の能力だけに頼るのではなく、パートナーのポートフォリオとの連携も効率化することで、成功を収められるようになるだろう。そしてこのポートフォリオは、機械の設計と展開のみならず、機械のライフサイクル全体を通じて現場でのパフォーマンスをモニタリングするためにも管理されるべきである。この新しい指針により、ジョンディアは異なるパートナーシップをそれぞれ独立したビジネス契約として扱うのではなく、ひとつの協調的なパートナーシップ・アプローチとして導入できるのである。

エコシステムを未来に適応させる

私たちの戦略のフレームワークは動的であるため、パートナーシップのポートフォリオは変化するし、変化しなければならない。それこそがこの実践の中心である。ジョンディアは、土壌、種子、肥料、農薬、水、天気、保険などの分野の企業と新たな関係を築き、フュージョンソリューション実現に向けて効果的に歩みを進めていく必要がある。同社がフュージョン戦略マトリクス上で進むべき道を模索するときは、どの新しい能力を（買収や社内開発を通じて）自社で獲得し、どれをパートナーシップを通じて獲得すべきかを評価しなければならない。フュージョンフロンティアと新たに生じる競争により、産業界が時間をかけて培ってきた能力のポートフォリオは一変する。重要な関係は基本的条件となり、技術が商業的に採算が見込まれるようになるにつれて新たな能力が求められ、そして将来的にまだ実証されていない新技術をもった未知の競合企業が現れたときには企業を守る盾になる。

私たちのプレイブックは、リーダーがエコシステムを観察し、これから進むべき道や、次の戦略展開領域（たとえば、優れた機械の戦いから、スマートシステムの対決）へと移行するタイミングを正しく理解することを提案している。ジョンディアが機械のポートフォリオを超え、精密農業システムのリーダーとなるには、どのようなパートナーシップが必要だろうか？　ジョンディアは戦略を転換させる前に、どのような能力を最適化すべきだろうか？　精密農業の複雑な相互関係を活用して、カスタマイズされたソリューションを提供するためのオントロジーを強化するには、マイクロソフトのクラウド機能と生成ＡＩとの連携においてどの部分をさらに推し進めればよいだろうか？　アマゾン ウェブ サービスとのパートナーシップを強化し、オペレーションセンターの機能を向上させるために何ができるのだろうか？　ジョンディアは、自社の何百万台もの機械（およびパートナーの機械）がオペレーションセンターに安定してデータを送り返し、同時に衛星回線を活用して現場の機械を遠隔操作で微調整できるようにするため、衛星通信会社に少額株式投資を行うべきだろうか[8]？

　デジタル技術のチャンスや課題は常に変化しているため、企業の関係性とエコシステムのバランスを絶えず見直していかなければならない。先見性をもって主要トレンドを評価し、優位性を獲得するために競合企業がパートナーシップやエコシステムを再構築するような市場の動きがあれば、迅速に対応することがきわめて重要である。

　バックキャスティングは、エコシステム内での関係性のバランスをどのようにとっていくかを決める際に役に立つ。たとえば、トラックの電動パワートレインを、モジュラー型アーキテクチャーによって農業機械や建設機械に応用できれば、競争環境やコスト構造はどのように変化するだろうか？　ジョンディアはプロトタイプが展示会で発表されるのを待たずして、メリットと課題をつかむために実験を行うべきだろうか？　このような問いを投げかけることで、企業はエコシステムに積極的に適応できるようになる。

原則４：フュージョンリーダーの育成

フュージョンリーダーは、伝統的組織とデジタルネイティブ組織のそれぞれの強みを結びつける存在である。産業のデジタル変革は、過去数十年間に起きたこととはまったく異なる。私たちの４つの戦略展開領域のロジックと、それぞれの領域に対応した勝利に導く戦略が力を発揮するには、段階的な調整ではなく根本的な改革がいまこの瞬間に求められていることを、リーダーは理解しなければならない。

私たちの調査により、リーダーに求められる重要な資質が明らかになった。リーダーにふさわしい人物は、自社の技術的および経営的な功績を認めながらも、過去の成功体験が将来の繁栄を保証するものではないことを理解している。深く根づいた偏見に立ち向かい、デジタル技術を受け入れ、ビジネスのあらゆる側面の変革を実行する。高度な技術の専門家ではなくても、競争環境を変化させ価値の創造と獲得のルールを書き換えるデジタル技術の影響と力を、十分に理解している。データの力、そして強力なアルゴリズムによって得られるデータからの洞察の力を、本能的に認識している。自分たちの常識やこれまでの慣行を覆すようなデータ主導のアイディアも、受け入れることができる。点と点を巧みに結びつけて将来のビジョンを明確にし、その機会と課題を効果的に伝えることができるシステム思考の持ち主である。ここで問題となるのは、そのようなリーダーをどのようにして育てるかだ。次の2つの実践が必要になる。

経営陣にフュージョン思考を養う

当然のことながら、フュージョンリーダーシップはトップから始まる。しかし、ほとんどの産業界企業の経営陣は、デジタル化の規模、範囲、速度について、それぞれ異なる見解をもっている。この見解のずれは、限られた資源が適切に配分されないことに直結してしまう。ルーティン化した活動や、すでにある能力に過剰に資源を配分し、将来的な利益につながる可能性がある取組みには十分に資源を配分しない傾向があるのだ。デジタル技術は、はじめのうちはビジネスの一部にしか影響を与えないため、最優先事項ではないと見なされることが多い。そのため、フュージョン戦略の展開をＩＴ部門に丸投げしたり、せいぜい臨時チームを組織しただけでよしとしてしまう経営陣もいる。私たちが最も重要だと考えているのは、デジタルが、いつ、どこで、どのように戦略を推進し、競争のあり方を変えるかについて、経営陣が共通認識をもつことである。統一した認識をもつことで、先に述べたようなさまざまな段階での戦略的優先事項と関連資源の配分について、共通のリストを作成できるようになるのだ。

フュージョンリーダーは、デジタル化の変革力や、未来に向けた新しい基盤構築のためにさまざまな部署間で必要になるトレードオフについて、すべての部署が理解できるようにしなければならない。ジョン・メイはジョンディアでこれを行い、スマート産業戦略が単なる広告スローガンに終わらないよう、経営陣全員をこの新しいビジョンにコミットさせたのだ。さらに、この戦略を立てる支援をしたボストン・コンサルティング・グループのパートナーを、ライフサイクルソリューション、供給管理、およびカスタマーサクセス担当の新役員として迎え、ビジネスとデジタルの領域の間をつなぐリーダーを外部から招集する必要性と重要性を説いたのである。

組織全体にフュージョン思考を浸透させる

経営陣の間でフュージョンの未来に対する統一見解を確立できれば滑り出しは順調だが、最終的に成功するかどうかは、変革の方向性とペースが全員に受け入れられるかどうかにかかっている。デジタル変革は、ビジネスプロセス、マインドセット、文化を変える問題であり、単に上から下に伝えていく形ではないほうが、より効率的に実現される。マネージャーがフュージョン戦略の原則を活用する方法を身につけるほど、より早く、大きな摩擦や混乱が生じることなく、変化を引き起こせるようになるのだ。

したがって、役職や所属している部署などにかかわらず、すべての従業員を再教育し、フュージョンの未来に備えることが急務である。もし、これまでの分野とデジタル技術の間に歴史的な溝が存在していたら、早期警告のサインだ。これを克服するには、これまで培ってきた専門スキルとデジタル技術を掛け合わせる考えのもと、従業員を教育しスキルアップさせなければならない。自分の現在の仕事を自動化する技術を扱えるようにすることで、今日の機械では解決できない領域で自分たちの専門知識を活用できるようになるのだ。ハッカソン［訳注：プログラマー、デザイナー、エンジニアなどが集まり、限られた時間内でソフトウェアやシステムなどの開発成果を競い合うイベント］や、そのほかのイノベーションの取組みを実施して、全員に技術変化の可能性を広めることも重要である。さらに、人材市場で技術導入の最先端にいる企業であることをアピールし、将来の従業員となりうる人たちによい印象を与えることも大切だ。

原則5：独自の戦略スコアカードに従うこと

フュージョンは競争環境を変え、企業は、製品から、サービス、システム、ソリューションに移行することを促される。具体的な指標や期間を定めた戦略スコアカードがないと、この変革への取組みは失敗に終わる可能性が高い。私たちは、汎用的なスコアカードを使用すること（あるいはよく考えずに他社のスコアカードを採用すること）に注意を促しており、企業の目標、基準点、資源、マイルストーンなどを反映した独自のスコアカードを開発することの重要性を訴えている。

スコアカードに何を含めるかも重要だが、それと同じくらい何を含めないかも重要だ。指標は、新たなビジネスチャンスの追求よりもコアビジネスを守ることに重点を置くべきだろうか？　スコアカードは、デジタル技術が、製品、プロセス、サービスに与える影響と、それらが陳腐化する可能性を考慮しているだろうか？　サービスやソリューションを提供する最も望ましい顧客を追跡する指標はあるだろうか？　さまざまなフュージョンのシナリオにおいて、短期的な利益と長期的な成功に貢献する現在および将来のパートナーを探すことに十分注力してきただろうか？　このような問いを立てつつ、次の2つの実践を行うべきである。

戦いに適した指標を用いる

「マーケットリーダーになる」「ナンバー1になる」といった漠然とした目標を掲げてしまう企業は多い。しかし、スコアカードは明確であるべきで、それを見た全員が、基準、成果、目標との差を把握できるものでなければならない。4つの戦略の戦いに挑む際には、短期的および長期的な成功指標を組織全体に理解させておく必要がある。リーダーが指標の「内容」だけ伝えて、その「理由」を省いてしまうことはあまりにも多い。実際に機能させたいのであれば、指標の内容と理由をセットで明確に示さなければならない。ジョンディアの場合、機械の販売台数や、購入後のアフターサービスの収益ではなく、作物ポートフォリオレベルでの顧客企業の生産性や収益性への影響、そして希少資源の長期の持続可能な利用に焦点を当てた指標を設けるべきである。

産業機械がさまざまな境界を越えて相互接続するため、プライバシーやセキュリティはとくに重要な指標である。企業はデータを保護し、データセキュリティへのコミットメントを示すことで、顧客やパートナーから信頼を得なければならない。産業データのプライバシーとセキュリティの確保により、競争優位を獲得できる。なぜなら、継続的にエラーを追跡し、この指標を示すことで顧客の信頼を得られるからだ。

数値化には限界があり、予期せぬ変化を特定することはできない。フュージョンスコアカードは、利害関係者が、外れ値やわずかな兆候を指摘し、不連続性を示せるようにすべきである。デジタルイノベーションはこうしたところから生まれることが往々にしてあり、早期に発見できれば、先行者利益を獲得することができる。

指標にもとづいた移行

フュージョンの観点から戦略を見ることで、戦いが進むにつれ、企業はフュージョンプロダクトのプロバイダーからフュージョンソリューションのプロバイダーへの移行を検討できるようになる。この移行は、指標にもとづいて計画的に実行されなければならない。市場や競合企業の変化によって現在の戦略が圧力を受けているとき、あるいはほかのフュージョン戦略が利用できるようになり採算が見込めるようになったときに、そのことを示すパラメーターをスコアカードが追跡できるようにする必要がある。たとえば、ジョンディアがソリューション企業へと移行するアプローチを試みるのであれば、その指標も、さまざまな場所で稼働している機械の台数ではなく、顧客がジョンディアを信頼できる戦略パートナーと考えているかどうかに重点を置いたものに変わらなければならないのだ。

＊＊＊

ジョンディアはすでにフュージョンサービスに向け順調に歩みを進めており、過去25年間で技術スタックは着実に進化してきた。同社は決してデジタル産業改革に出遅れていたわけではないが、メイの近年の行動により、将来の目標がより明確となったのである。２０２２年の投資家向けプレゼンテーションでは、ハードウェアとソフトウェア、ガイダンス、相互接続とデジタルソリューション、自動化、自律化という5つのレイヤーに沿って技術スタックの進化が示された。もし私たちが、そこにフュージョン戦略の基本原則を反映し、技術スタックを追加できるとしたら、スマートマシン（ジョンディアの現在の市場における独自の地位）から、フュージョンソリューション（ジョンディアが表明している目標）への移行を促進すべく、データグラフとＡＩのレイヤーを加えるだろう。今後数年のうちにこの2つのレイヤーを適切なタイミングで追加できれば、ジョンディアは２０３７年に業界の話題を集める存在となっているに違いない。私たちの主張はシンプルで、あらゆる産業界企業に当てはまる。機械を自律的に動作させるだけでなく、強力なＡＩアルゴリズムにデータを送信する機械のネットワークを構築することで、現在は埋もれたままになっている大きな価値を解き放つ、文脈に即した処方箋を導き出すのである。

フュージョンフォワード

アセットヘビー企業のＣＥＯは、いまこそデジタル変革の戦略展開領域（優れた機械の戦い、目覚ましい結果を求める競争、スマートシステムの対決、カスタムソリューションの激突）がつくり出す新たなビジネスチャンスをつかむべきときだと認識しなければならない。これらの領域は、さまざまな分野において時間の経過とともに移り変わっていくが、価値の公平な分け前を獲得するチャンスはどの企業にも存在する。ビジネスリーダーは、それぞれの領域の相対的なメリットを示すシグナルを読み取り、競争の動きや技術の発展を理解し、進化し続けるフュージョンの世界で競争優位を確保するために、決断力をもって行動する能力を身につけなければならないのだ。

優れた機械の戦いでは、デジタルファーストのアーキテクチャーが最終的には勝利することを認識しなければならない。製品のパフォーマンスと能力の向上を目指して先端技術を融合させる投資を検討するときには、この点を考慮してロードマップを作成する必要がある。

目覚ましい結果を求める競争では、データと分析を活用して、サービスの質を高め、顧客の収益性を向上させ、自社の組織を顧客業務に深く組み込ませることに焦点を当てることが大切だ。そうすることで、深い専門知識をもたない企業が取って代わることのできない存在になれるのである。

スマートシステムの対決を乗り越えるには、相互接続されたエコシステムの中で自社の役割を見極め、迅速にこれらのシステム内でのデータフローを設計し管理する必要がある。変化するシステムの形に応じて、役割も柔軟に変化させなければならない。

最後に、カスタムソリューションの激突においては、組織に生成ＡＩと深い専門知識の力をもたせ、リアルタイムで顧客のニーズを満たすカスタマイズされたサービスを提供することが重要である。

いまこそ決断のときである。データとＡＩは、将来のチャンスではなく、現在の課題なのだ。さまざまな企業のＣＥＯと対話してきたなかで、ひとつの共通点が浮かび上がってきた。それは、ＣＥＯたちは、デジタルが確実に今日の競争環境を破壊し、新たな秩序をつくり上げることを理解しているということである。データとＡＩにより注意を向け、デジタルファーストにならなければならないことも理解している。このことは、経営幹部の共通認識でもある。唯一の意見の相違は、資源の再配分のタイミングとスピードに関してだ。どれくらいのスピード感をもって、従来の能力に見切りをつけ将来のための新たな能力を構築するのか、将来的にはあまり重要ではなくなるであろう関係をどれだけ早く手放すのか、そして人材ポートフォリオをいかに迅速に刷新するのかなどについてである。

ＣＥＯは、これらの問題にただちに対処し、解決しなければならない。表9－1は、新戦略（フュージョンアプローチ）が、旧戦略（従来のアプローチ）とどう異なるのかまとめたものである。フュージョンの未来は、産業の過去の延長線上にあるのではない。今日もっているコアコンピタンスが、明日勝つためには十分だとはいえないのだ。

成功を収めた企業が衰退していくのは、現時点での強みに過剰に投資し、今後の強みとなる

表9-1　新戦略と旧戦略の違い

カテゴリー	旧戦略（従来の戦略）	新戦略（フュージョン戦略）
成長の力学	業界内、直線的、段階的	業界の枠を超える、非線形的、指数関数的
競争環境	設計され展開される製品に焦点を当てた、類似のビジネスモデルをもつ既存の競合企業	使用される製品に焦点を当てた、新たな能力をもつデジタルネイティブ企業
規模と効率	物的資産、生産にもとづく規模	情報資産、データにもとづく規模
範囲の拡大	製品市場の拡大、買収と合併による垂直統合	データグラフによる能力、データ統合とパートナーシップを通じた仮想的な統合
顧客洞察	アドホックな調査、業務改善、購入時点に限定された洞察	リアルタイム観察、競争上の差異化、顧客成果と関連した洞察
ネットワーク効果	直接的および間接的なネットワーク効果	データネットワーク効果
データとAI戦略	効率性の向上、独立したデータベース、記録のためのシステム（SoR）、エンゲージメントのためのシステム（SoE）、企業中心、単一企業に焦点、業務効率化のためのAI	リアルタイムの洞察、統合データベース、データグラフシステム、ネットワーク中心、複数の企業およびパートナーと顧客のエコシステムに焦点、戦略的差異化のためのAI

べきことに十分に投資しないからである。フュージョンの未来は、この課題を目の前に突きつけ、行動することを促す。レオナルド・ダ・ヴィンチの言葉からインスピレーションを得よう。「私は実行することの重要性を痛感してきた。知るだけでは不十分だ。知識は応用しなければならない。意欲があるだけでは不十分だ。実行しなければならない」

付録

関連する学術情報と行動の呼びかけ

Appendix
A Note on Scholarly Foundations and Call for Action

私たちの共同研究自体が、フュージョンの一例である。ＶＧ（ビジャイ・ゴビンダラジャン）の戦略とイノベーションへの関心が、ベンカットのデジタルを価値創造の主要な推進力にするという長年にわたる探究と融合したのである。一見すると関連性がないように思えるこれらの学術的興味が、この本の中でひとつに結びついたのだ。

歴史的には、経営戦略と情報技術の学問分野はそれぞれ別々に研究が行われてきた。経営戦略分野の学者は、経済モデルと行動研究をもとに、情報システムや技術を、事業範囲（企業のポートフォリオに何を含めるか）やビジネス戦略（選択したそれぞれのビジネスでどのように競争するか）といったより高いレベルの選択のための部門レベルの戦術にすぎないと見なしていたのだ。

１９８０年代、ハーバード大学とマサチューセッツ工科大学（ＭＩＴ）の研究グループが、情報技術の力を認識し始めた。ベンカットは幸運にも、ＭＩＴスローン経営大学院で戦略分野の学者としてキャリアをスタートした。ベンカットは1980年代半ばに、未来志向の研究プログラムに招待された。その研究プログラムは、「情報技術の力を活用することで企業はどのような変革ができるだろうか。そしてそれは、私たちが知っている経営学という学問にとって何を意味するのだろうか」[1]という包括的な問いを掲げていたのである。

当時、ディジタル・イクイップメント・コーポレーション（DEC）が、メインフレームでコンピューター産業を支配していたIBMに、ミニコンピューターで挑戦し始めていた。それでも、そのころはまだ情報技術の黎明期だった。当時のプロフェッショナルにとって最も強力なハードウェアはIBMのパーソナルコンピューターであり、最も汎用性の高いソフトウェア（キラーアプリケーション）は、マサチューセッツ州ケンブリッジのスタートアップが開発したロータス1-2-3だった。いまのようにデータやAIに注目が集まっていなかったことを考えると、1985年に『ハーバード・ビジネス・レビュー』に掲載されたマイケル・ポーターの記事、「情報がいかに競争優位をもたらすか（How Information Gives You Competitive Advantage）」は、非常に先見性のあるものだったといえる。[2]当時はまだシリコンバレーは情報技術の中心ではなかった。欧州原子核研究機構（CERN）のティム・バーナーズ=リーが、ウェブの設計についての有名なメモを書いたのは、1989年のことだったのである。[3]

すべてが変わり始めたのは、1990年代に入ってからだ。オラクル、SAP、マイクロソフトのエンタープライズシステムの力を活用し、ビジネスプロセスを再設計し、企業を再構築することが求められるようになったのだ。確かに、これらのシステムには、資金、人材、システムを管理する時間などの多大なリソースを必要とした。しかし焦点が当てられたのは、選択した戦略をより効率的に実行することで、競争優位を築く方法を変えることではなかった。どこでどのように戦うのかという戦略については、従来のまま進められたのである。1993年にベンカットが同僚とともに『IBMシステムズ・ジャーナル』に発表した記事が、ビジネスとITの連携の必要性について考える転機として1999年に評価されたにもかかわらず、学問分野間の溝が埋まることはなかったのである。[4]

ウェブブラウザの登場、インターネットの急速な成長、ドットコム企業の出現により、デジタル技術の力に対する認識や理解は一変した。そのことに気づいた学者たちは、データ（広告におけるグーグル）、仲介の排除（小売におけるアマゾン）、既存のビジネスモデルの破壊（メディアにおけるネットフリックス）などを通じて、新規参入企業がいかに既存企業に挑戦していくのか議論を交わし始めた。これらは効率性を高めるものではなく、デジタル技術の力を活かした革新的な新規ビジネスのアイディアだったのである。マーケティング学者は、企業が優位性を獲得するための新たな考え方として、市場空間の役割とロングテールの力を理論化し始めた。ドットコムバブルの最盛期に、ベンカットは『MITスローン・マネジメント・レビュー』に、既存企業が中核事業を守りつつ新事業を立ち上げていくには、どのようにインターネットを活用すべきかについての記事を執筆した。この考えは、VGが提唱する戦略的イノベーションを創造するための「スリーボックス・ソリューション」フレームワークの中心的なテーマとなった。[5]

ウェブが成長し成熟するにつれ、そして、2007年にアップルがiPhoneを、翌2008年にグーグルがアンドロイドOSを発表したことで、新たなビジネスモデルの可能性が急速に拡大した。経済学者や戦略学者は、現在の状況を破壊しうるマルチサイドプラットフォームの潜在的な力の概念化を行った。[6] アマゾン、ユーチューブ、ウーバー、エアビーアンドビー、フェイスブック、インスタグラムなどが、価値を創造し獲得する新たな方法を導入した新時代のビジネスモデルの代表例である。これらのモデルが多面的な市場でどのように機能するかは、理論や実証研究によって明らかになっている。多くの場合、一方がもう一方の側を補助し、ネットワーク効果を活用し、所有することなく規模を拡大させ、多様なパートナーを巻き込み、迅速なフィードバック効果の力を利用している。ここ10年ほどで、ようやくビジネスのさまざまな分野の学者たちの間で、エコシステムやコンプリメンターの役割などをはじめとするプラットフォームビジネスモデルのメリットと役割について、共通認識がもたれるようになってきたのである。[7]

デジタルプラットフォームは、主にアセットライトビジネスで利用されているが、ウーバーやエアビーアンドビーなどが、従来の製造物（すなわち製品）から新しい提供物（製品に付随するサービスなど）に価値を移行させたことで、アセットヘビー分野にも影響を及ぼす可能性が出てきた。さらに学者たちは、さまざまな産業の環境が、プラットフォームビジネスモデルを必要とせずに、デジタル技術によって簡単に破壊され、変革される可能性があることに気がついたのである。情報システム分野では、2013年に『MISクオータリー』の編集者たちが、「IT戦略とビジネス戦略の融合を考える時機が来た」と宣言し、デジタルビジネス戦略が重要なテーマとして認識された。[8] 彼らは、デジタルの影響は機能横断的であると考え、デジタルをウェブやデータベースやエンタープライズシステムなどの断片的な技術としてではなく、組織のリソース（戦略学者の間ではよく知られているリソースベースドビュー（RBV）〔訳注：企業の競争優位は、保有する独自のリソースと能力にもとづくとする経営戦略の理論。物的資産だけでなく、技術、知識、ブランド、組織能力などの無形資産も含む〕と一致する）として捉えるべきであり、デジタル技術は業務の効率性向上にとどまらず、企業の業績に大きな影響を与えると主張した。しかし、期待されていたこの2つの学問分野の融合が実現することはなかった。それにもかかわらず、フュージョンのアイディアにもとづくビジネス書籍や記事は急増し、戦略家たちはデジタル技術の変革力を認識することを迫られたのである。[9]

VGは、2008年から2009年にかけてゼネラル・エレクトリック（GE）初の招聘教授兼チーフ・イノベーション・コンサルタントを務めていたときに、デジタル技術がどのようにして産業界企業を変革するのかを目の当たりにした。当時、GEは産業インターネットを活用して、顧客価値を創造する方法を模索し始めたばかりだったのだ。[10]

21世紀に入ってから20年が経ち、私たちはいま２０２０年代にいる。このデジタルの20年代は、デジタル技術があらゆる地域で、あらゆる産業、あらゆる企業に影響を及ぼすようになった時期である。すでに、企業の時価総額ランキングはアップル、マイクロソフト、アルファベット、アマゾン、メタ、エヌビディア、テスラといった企業が上位を占めている。これらの企業は、生成ＡＩによって自らを変革し、新技術を取り入れられずにいる企業に戦いを挑んでいる。そして、あらゆる産業が急速にデジタル化するなか、ルールメーカーとなっているのだ。

残念なことに、多くのビジネススクールでは、依然としてデジタル分野と戦略分野の教員が別々の学科に所属しており、分野を横断した研究協力はほとんどなされていない。おそらく世界の主要な学術誌において、それぞれの分野が分かれていることも影響しているのだろう。デジタルが私たちの生活のあらゆる面に浸透していることを認識した論理的な研究基盤がないまま、企業の運営方法や、管理者のリーダーシップ手法を研究することは容認しがたいことだ。

製品イノベーションをエンジニアリングと技術経営の視点でのみ研究し、コンピューティングとアルゴリズムの力を認識しないことは、視野が狭いと言わざるをえない。現在ではほとんどすべての製品がデジタル製品か、デジタル製品と接続可能なものになっており、そのアーキテクチャーは、アナログ製品よりも技術スタックに近い。顧客に提供するサービスの価値について分析するときには、マーケティング知識だけでは不十分で、それがどれだけデジタルアーキテクチャーに依存しているのか、ほかの組織の機能および広範なビジネスエコシステムにどれだけ影響を与えているのかを検討しなければならない。サプライチェーンの構成について研究するときにも、モノのインターネット（ＩｏＴ）や第４次産業革命が、サプライチェーンのイノベーションを促進し、グローバル企業の地理的拠点のより広範な移動につながることを考慮する必要がある。生成ＡＩが今後10年間で世界経済の大部分に影響を与えることが見込まれているにもかかわらず、データとＡＩは「ハイテク分野」にしか影響しないと考えるのは近視眼的である。[11] 戦略的意思決定のための財務分析も、デジタル時代において最も重要な資源である無形資産を度外視した場合、誤解を招いたり、完全に誤った判断をしてしまうかもしれない。組織学習は、機械学習によって人間の知性が拡張されるものとして概念を組み立て直すべきである。企業が効率化を達成するために情報技術の管理に採用してきた従来の戦略は、創造性に焦点を当てた生成ＡＩシステムを扱うときには、これまでのようには有効ではないだろう。

私たち２人の知的好奇心の源泉である経営戦略の分野は、さまざまな学問分野を専門とする学者たちの詳細なフィールドワークの上に成り立ってきた。ケネス・アンドリュースの経営学における基本的な考え方、アルフレッド・チャンドラーの経営史的アプローチ、クリス・アージリスの組織学習という観点、マイケル・ポーターの経済学的観点、ポール・ローレンスとジェイ・ローシュの組織論を用いた手法、Ｃ・Ｋ・プラハラードのリソースとコンピテンシーの視点、クレイトン・クリステンセンの破壊的イノベーションの観点などがその代表例である。これらの学者たちは、ＧＭ、ＧＥ、ＩＢＭ、ウェスティングハウス、コダック、ヒューレット・パッカード、ホンダ、ソニー、キャタピラーといった世界の一流企業に対して、何年にもわたるケーススタディを実施した。世代を超えて多くの学生が、これらアカデミズムの巨匠の考えを学んでいるのである。

私たちはいま、新たに登場したデジタルネイティブ企業が戦略のルールを刷新しており、その環境に適応するために産業界企業が急速にビジネスを再構築し進化している時代にいる。この歴史的瞬間においては、戦略研究の手法にも革新が求められる。この革新により、戦略研究が、狭義に定義された理論やエレガントなモデルと数学的証明によって普遍的な真理を提供する必要性にもとづいてはいるものの、決してそれに制約されることなく、理論、モデル、仮定という古い束縛から解放されることを、私たちは期待している。ひとつの有益な方法は、先ほど述べたアージリス、ローレンス、ポーターなどの研究手法と同様に、未来志向の企業とそれらがアナログからデジタルに変革していく過程について、綿密に作成されたケーススタディによって記述し分析することであろう。

VGは、2016年にイーロン・マスクと会う機会に恵まれ、クラウドに接続された車輪つきのコンピューターのような自動車を設計するというこのイノベーターのビジョンに直接触れることができた。内燃機関から電気自動車、そして自動運転車への移行は、まさにパラダイムシフトである。最初にGEに深く関わり、その後マスクと出会ったことで、VGは、競争優位の法則が変化し、最も価値ある物的資産ではなく、最も強力なリアルタイムの洞察をもつ者が勝利するようになったことを確信した。私たちが実施した産業界の十数社の企業に対する徹底的なフィールド調査も、フュージョンの未来は産業の過去の延長線上にあるのではないことを裏づけている。フュージョンは、根本的な転換を意味するのだ。競争環境は一変し、これまでとは違う能力が必要となり、新たなエコシステムが出現し、価値創造のプロセスは変化するのである。フュージョン戦略と従来の戦略との主な違いについては表9－1にまとめてあるので、見返してみてほしい。

産業分野のデジタル化は始まったばかりであるため、これからの研究にとってはよい条件が揃っている。AIの進化における変曲点といえる生成AIは、フュージョン戦略をさらに加速させるだろう。複雑な設計の作成、マルチモーダルデータからの洞察と傾向の抽出、状況の変化に対する予測と先を見越した対応、曖昧かつ不完全なデータの処理などを行う能力をもつ生成AIは、産業ビジネスにおける競争の論理を根本的に変えるためにつくられた技術だといっても過言ではない。新たなビジネス環境、つまり産業界企業に迫っているフュージョンの未来は、次世代の戦略的洞察につながる新しいアプローチを開発するよう学者に促しているのだ。

本書の原稿を執筆しながら、私たちは1980年代半ばに学者たちが取り組んだ問いを改めて考察した。重要な言葉を少しだけ変えて、その問いを再び投げかけてみよう。

デジタル技術の力を活用することで、企業はどのように変革できるのだろうか。そしてそれは、私たちが知っている経営学という学問にとって何を意味するのだろうか。

デジタル技術があらゆる企業に影響を与えることには、もはや疑いの余地はない。唯一わからないことがあるとすれば、その程度（規模と範囲）と、速さ（スピード）である。デジタル、とりわけデータとＡＩが、物理科学、社会科学、エンジニアリング工学のさまざまな分野に影響を与え始めているように、経営学の分野に影響を与えるだろうことも明らかになりつつある。

さまざまな企業と協力しながら、私たちは革新と再構築を求めてきた。同じことを、学問の世界にも求めないわけにはいかない。とくにいまは、多くのアイディアを再検討し、そのなかのいくつかは（スリーボックス・ソリューションの精神にもとづいて）選択的に捨て去らなければならないとわかっているのである。工業化時代のデータを用いて概念化され検証された理論や研究結果は、フュージョンの未来に適応しようと努力している企業から得られたデータを用いて、改めて概念化し検証すべきである。いまこそ、戦略とデジタルという２つの学問分野を、切り離せないものとして統合させるときなのだ。

日本企業のフュージョン戦略への取組み事例

日本の製造業におけるアナログなフュージョン戦略の存在

本書で描かれているような顧客の利用状況、製品利用における課題、根源的な需要を、あえて人力に頼ることで把握し、非常に素早いサイクルで問題解決策やソリューション提供をしているビジネスモデルも存在する。

〈大手電機機器メーカーの事例〉

主に生産設備向けの測定機器や製品を製造、納入している製造業の事例であるが、営業担当が工場現場に高頻度に出向くことで、製品利用方法、改善点などを徹底的に面談で拾い上げ、その情報を本社の開発部門が即座に利用し、問題解決ができる試作品を顧客に素早く提供するプロセスを行っている企業がある。

設備に付随するという製品特徴もあり、デジタル化が簡単にはできない背景がありながら、特定の生産設備や品質管理プロセスにおけるデータグラフを保有しており、営業担当によるアナログで作成した情報が中心ではあるものの、利用シーン、稼動時間、不良率、温度などの稼働環境の情報を、需要の類似性や他企業の例から導き出される解決策の探索などにつなげている。今後、この工場生産におけるデータグラフの情報を、生成ＡＩを活用し、よりさまざまな業種の工場における生産性を高める活動につなげていくことを発表している。

この企業事例は、人力によるアナログ型で「パフォーマンスツイン」と「プロダクトツイン」を素早いサイクルで実現している。自社製品のデジタル化が難しく、利用状態が製品特徴や商流などから簡単に取得できない企業にとって、手っ取り早く「フュージョンサービス」や「フュージョンシステム」のビジネスを実現するアプローチの実践例といえる。顧客の利用状況、抱える課題などを、どれだけ早く正確に捉えてビジネス価値につなげることができるかという観点で、「現場の営業担当に依存する」ビジネスモデルではありつつも、データグラフを獲得し、顧客成果にコミットすることで、フュージョン戦略が一部実現されている例である。

デジタル化できる日本企業は「パフォーマンスツイン」から先行して実施

最終的な到達点である「フュージョンソリューション」に向けて動いている日本企業には、自社製品やサービスのデジタル化を実現し、顧客の利用状況、オペレーションに関する課題などを深く理解するレベルになっているところが数多く存在する。

デジタルデータで把握できる範囲がまだ狭い、あるいは技術的にリアルタイム性に欠けるといった課題はあるものの、一部企業では、自社製品が所属する業種のデータグラフを保有するようになっている。新しいフュージョンサービスへと移行しようとしているB２B企業の取組みを紹介しながら、理解を深めていきたい。

〈横河電機の事例〉

横河電機は、エネルギー、マテリアル、ライフサイエンス業界の生産活動に貢献する計測、制御事業が主力の企業であった。しかし現在、提供するソリューションのポートフォリオを、ＩＩoＴ（Industrial IoT）、ＡＩ、プロセスシミュレーション、ワークフローの最適化などの分野にも拡大し、それらを従来の製品を中心とした計測、制御事業と融合することにより、フュージョンプロダクトからフュージョンソリューションへの展開を図っている。この展開は、提供価値を、顧客の生産活動への貢献から、顧客の企業価値向上への貢献に拡大することを意味する。気候変動への対応、資源循環と効率化、すべての人の豊かな生活などの社会課題は、企業価値向上のために取り組むべき具体的項目として、同社の顧客をはじめ多くの企業が掲げており、横河電機自身も例外ではない。

つまり、「顧客の企業価値向上」のソリューションは、翻って「横河電機の企業価値向上」のためのソリューションであり、当然、「横河電機はそのソリューションを自社で使いこなしている」ことを前提に、デジタル変革やデジタル化によるソリューション開発を行っている。

価値創造プロセスとして、従来の「リサーチ→マーケティング→ソリューション開発」というプロセスに加え、「ソリューション開発→自社での活用（Internal DX：以降「IDX」）→顧客の企業価値向上→顧客への提案→顧客での活用（External DX：以降「EDX」）→顧客の企業価値向上」という新たなプロセスをサイクルで廻しているのが特徴といえる。

横河電機が目指しているのは、顧客の事業活動すべてをデジタルツイン化し、プラントのプロセスのみならず、その周辺の活動もすべて可視化し、経営層で行われる意思決定に必要な全データ、情報を生成することである。しかし、プラントにて物理現象を制御するOT（Operation Technology）レイヤーと、ERP（Enterprise Resource Planning）などビジネスデータを扱うＩＴ（Information Technology）レイヤーの間には、大きな壁がある。たとえば、秘匿性（Confidentiality）、完全性（Integrity）、可用性（Availability）はＯＴ／ＩＴに共通したデータセキュリティの基盤であるが、ＯＴとＩＴではその優先順位が変わる。「リアルタイム」の意味も大きく異なる。圧力制御では「ミリ秒」、温度では「分」の単位のデータ取得が必要となる一方、生産量、出荷量、売上などのビジネスデータをその単位で扱うことはない。「ＯＴ：プラント制御デジタルツイン」と、「ＩＴ：事業デジタルツイン」を統合した「事業全体のデジタルツイン」の実現には、これらの優先順位、データの種類、データ生成サイクルなどの違いを吸収したうえで、さらなるイノベーションが求められるのである。

横河電機ではＩＤＸ／ＥＤＸ戦略のもと、買収した企業のソフトウェアソリューションによる新たなデータグラフの獲得、データの充実度向上のための他社製品接続などを活用し、「顧客の事業のリアルタイムパフォーマンスツイン」の実現を目指している。データ駆動型のプラントモデルの採用によってモデルのチューニングや再構築を容易にし、より高い顧客成果につながる導入後の継続的な生産コスト削減を実現し、またその効果に応じて報酬を得る成果シェア型のサービスも展開することで、顧客成果にコミットするソリューションを実現しているのである。

今後の展開としては、デジタルツインを用いて行われた意思決定を、リアルタイムで実際のプラントに反映させ、より早い顧客成果の達成を実現させるために、さらなるシステム改修や

図1　フュージョン戦略実施状況の現在地（横河電機の例）

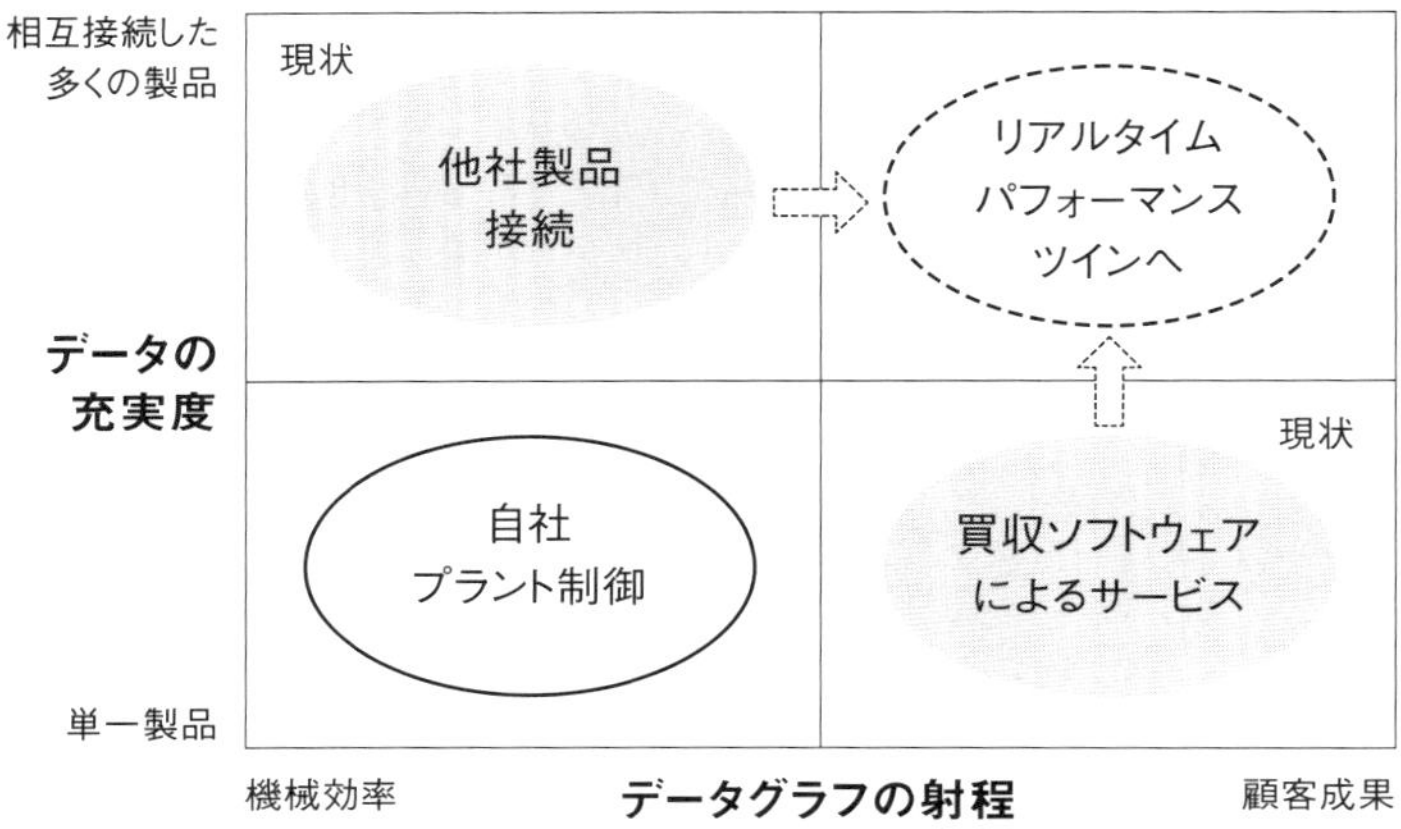

技術の組み合わせの調整を、動的かつ早いサイクルで行う。次にデータの充実度、データグラフの射程を、一社の顧客だけでなく業界でのベンチマークのために使用する。さらには二酸化炭素排出量削減など、共通の社会課題解決を目的とする複数の顧客でエコシステムを形成し、共通のプラットフォームを提供することで、個社の目標達成と全体最適のための協業を両立し、利益を上げながら社会課題の解決をリードしていく企業になることを目指している。

〈カナデビアの事例〉

カナデビア株式会社（2024年に日立造船株式会社から社名変更）は、これから深刻化するであろう地球規模の環境問題に目を向け、「脱炭素化」「資源循環」「安全で豊かな街づくり」を事業分野としている大型機械・プラント設備企業である。現在の主力事業は環境・プラント事業であり、ごみ焼却発電施設の建設や運営が、国際競争力のある事業となっている。全世界の実績として、国内540施設、海外902施設（ライセンシー実績含む）、あわせて1442施設を納入している（2024年3月現在）。

ごみ焼却発電施設などの「エンジニアリング事業領域」を中核とし、先端情報技術センター「A・I／TEC」で、デジタル革新を起こす取組みを進めている。デジタル化が推進されているごみ焼却発電施設などの発電プラントでのデータ活用実績をもとに、IoT／ビッグデータ、AIの活用基盤の構築や、遠隔監視業務へのRPA導入、ドローン制御とAIを組み合わせた新サービスなど、自社製品や周辺のデータとAIを駆使した多様な製品・サービスの開発を急速に展開している。

ごみ焼却発電施設の24時間遠隔監視・運転支援サービスの先駆けとして、「リアルサポートサービス」という運転現場より少し先を予測しいち早く制御をサポートするものや、「トラブル対応サービス」というトラブル発生時の現場からの問い合わせに対する取得データでの検証、およびトラブル事象の解析業務など、先進的な取組みを実施している。また「中長期解析サービス」として、中長期の運転データから、機器類の寿命診断や予防保全を行う解析サービスも提供している。このようなサービスを通じて、顧客設備の安全運転、および発電量の最適化を行い、顧客価値を最大化させているのである。

図2　3Dシステムのイメージ

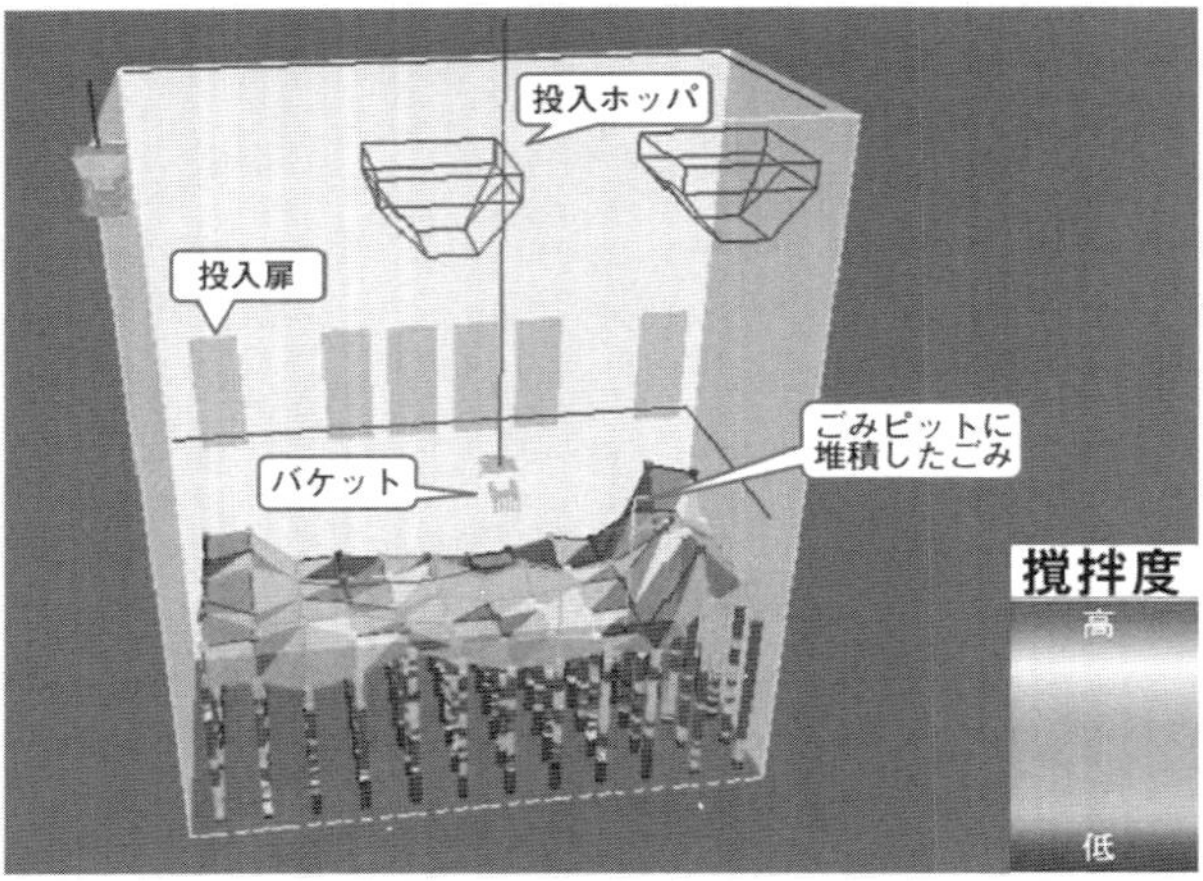

最近では、ＡＩ技術を活用してごみ焼却発電施設のごみクレーン完全自動化開発を進め、安定操炉を確保したうえで、ごみクレーンの自動化率（自動運転時間／稼働時間）を向上させる取組みを進めている。独自開発の「ごみピット&ごみクレーン３Ｄシステム」にＡＩアルゴリズムを実装し、実証実験では１００％近い運転の自動化率達成を実現した。これにより、顧客の課題である「搬入ごみ性状の急激な変動に対する手動介入」や「パンデミックや災害などで通常の運転体制が確保できない」などの状況に対し、ごみピット管理とごみクレーン運転が可能な遠隔運用技術を提供できるようになった。

さらに、ごみ焼却発電施設の排ガス中に含まれる二酸化炭素を回収し、メタン化する技術（メタネーション）も確立している。

早い時期からデジタル化を始め、自社設備の

図3　フュージョン戦略実施状況の現在地（カナデビアの例）

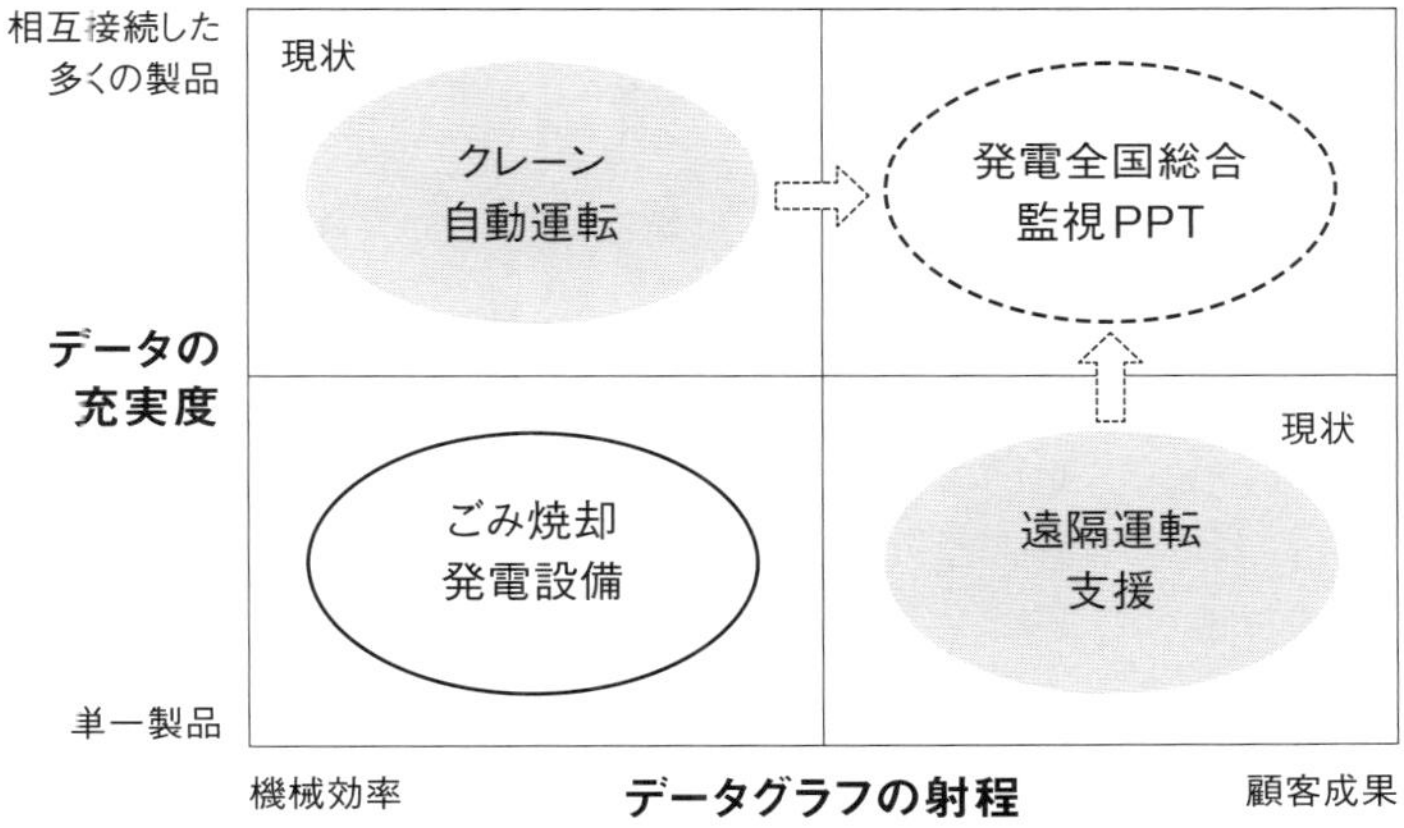

データ取得と運営支援を実施したことで、顧客課題を把握し解決したことに加え、新たな課題であるカーボンニュートラルの実現に向けた機器／サービスの開発により、フュージョンシステム化させていった例だといえるだろう。

カナデビアは、これまで蓄積した先端技術や取得データを活用して、グローバルで競争力のある高付加価値事業を積極的に展開するため、「エンジニアリング」や「ものづくり」を礎にしながら、より収益力の高い運転サービス分野、発電全般へのバリューチェーン拡大を目的に、イノベーションを加速させてフュージョンソリューションとなるような新製品・新事業の開発に取り組んでいる。最終的には、ごみ焼却発電施設で安定的かつ衛生的なごみ処理を行いながら、発電と売電の最適化、電力の地産地消の提供に加え、カーボンニュートラルの実現を新たなサービスとして、フュージョンソリューションとしての展開を目指しているのである。

データグラフについては、顧客成果を得るために充実させていくなかで、複数製品と連携し、デジタルデータで、利用する顧客の困りごとなどを解決するサービスをさらに拡充していくアプローチをとっている。


横河電機、カナデビアの2社ともに、まだ完全なる「フュージョンソリューション」といえるサービスレベルには達しておらず、リアルタイム性など数多くの課題がある。横河電機は、機械効率を上げるために、他社製品とリンクできる基盤から、顧客のデータグラフの領域を拡大させていく縦型の進化アプローチをとっており、一方カナデビアは、単一製品の利用情報を深く理解する過程で、データグラフを拡大させて得た知見を、ほかの製品と接続し、統合管理しながら、課題解決型のサービスを提供する横型の進化アプローチで、それぞれフュージョンソリューション化を進めている。

稼動データ、および運用や運転ノウハウのデータグラフも保有していることから、生成ＡＩの活用や、フュージョンソリューション化を進めていく基盤は整っていると思われる。しかし、サービスの進化や新しい機能の追加を、より素早くタイムリーに行うための開発プロセスとの連携や、パフォーマンスツインとプロダクトツインに連携するデジタルスレッドがまだ整備されていないといったことを、懸念点として挙げることができるだろう。

3つのデジタルツインを連携させるための仕掛けが欠如

冒頭で解説した大手電機機器メーカーのように、製品の要求仕様を利用実態から把握して、新製品につなげる業務サイクルは、多くの企業で徹底されたプロセスが存在しており、顧客関係管理（CRM）システム利用の増加や、営業現場でのデジタル変革の推進で、5年前よりも迅速に行えるようになっている企業がほとんどである。

しかし、自社製品の利用／稼働状況を見て新機能や追加製品を推奨して、製品販売につなげるようなビジネスモデルが実装されている例はまだない。自動車業界では、AD／ADASといわれる自動運転のアプリケーションが、車の運転状況・利用状況などによって制御アプリケーションを提案し、運転手が便利と思えばダウンロード、課金して使えるような将来像が考えられている。

このような仕組みは、利用状況から取得するデータを使い、何を製品として販売するか、どんな顧客価値を提供するかを、あらかじめ「プロダクトツイン」や「プロセスツイン」側で企画しサービス設計していなければ、ビジネスモデルとしては機能しない。デジタルデータを活用し、把握したデータグラフにもとづき顧客の利用状況のシミュレーションが行える環境を目指し、「パフォーマンスツイン」の構築を急ぐ企業は多い。しかし、日本の製造業では、「プロダクトツイン」や「プロセスツイン」とは完全に分断されたデータ流通、顧客状況のフィードバックプロセスになっている企業がほとんどである。

上記の連携が構築されない背景には、市場に投入した製品やサービスは、担当した設計部門も製造部門も体制が解除され責任がなくなる社内制度にも、一因があると考えられる。今後は社内の開発／運用体制を変え、「パフォーマンスツイン」の利用状況から、「プロダクトツイン」上での利用に関する各種シミュレーションが継続的に行える開発と、その開発がすぐに行えるのかを「プロセスツイン」上で評価できる仕掛けを、社内体制として維持する組織設計が必要だろう。

戦略的なデータグラフを獲得するために必要な変革

顧客を深く理解するためのデータ、既存製品のサービス評価、改善点の把握、製品や設備に関する更新需要などを捉えるには、顧客と直接つながり話す機会を増やす必要がある。しかし、置かれている産業／業種のビジネスモデルや商習慣などから、販売代理店を通じて製品やサービスを提供している場合、販売代理店がハードルとなり顧客情報を取得できない、直接の接点をもてないといった話を聞くことがある。

典型例として挙がるのが、テスラとほかの完成車メーカーとの違いである。ほとんどの完成車メーカーは販売ディーラーをもち、そのディーラーを通じて車両を販売している。そのため、顧客の勤務先・趣味・年収などの詳細な属性を把握できない。したがって、メーカーが保有する走行情報に顧客の詳細情報を組み合わせて、ペルソナを定義し、データグラフを構築することができないという課題が存在する。

顧客とつながり、利用情報だけでなく顧客の特徴などを含めた詳細なデータグラフの構築を、代理店モデルなどの既存の商習慣が阻害している業界は、ビジネスモデルや顧客情報の把握について新しい形を模索する必要がある。

成功のカギがすべて直販モデルにあるともいいきれない。現在は、関連企業が提供するデータを、匿名性を確保したうえで取得する仕組みを有効活用するという選択肢もあろう。昨今議論され構築が進むデータ流通基盤、データスペースなどといわれるシステム基盤を今後は活用し、製品の利用状況データと利用者の詳細属性データを掛け合わせて、データグラフを戦略的につくり上げていくことが、現実的なアプローチとなるのではないだろうか。

自社でデータをすべて抱える戦略には限界がある。欲しいデータの流通や利用可能なデータスペースなどの活用も、今後のフュージョン戦略の実現に向けた有効な取組みとなるであろう。

【特別対談】フュージョンソリューションの実現に向けて

ビジャイ・ゴビンダラジャン
ダートマス大学タック経営大学院教授
ベンカット・ベンカトラマン
ボストン大学クエストロム経営大学院教授
山口重樹
株式会社NTTデータグループ顧問、株式会社NTTデータ経営研究所 代表取締役社長
株式会社クニエ 代表取締役社長

山口重樹（以下、山口） ビジャイ・ゴビンダラジャン教授は、戦略とイノベーション分野の第一人者であり、世界が急速に変化するなかで、企業がどのように適応し、成長していけるのかを理解するうえで多大な貢献をされています。ベンカット・ベンカトラマン教授は、デジタル変革の分野の専門家として知られ、一流の学術誌に多数の論文を発表されています。
ビジャイさん、ベンカットさん、ご自身とお仕事について、詳しくお話しいただけますか。

ビジャイ・ゴビンダラジャン（以下、VG）　私はインドで生まれ育ち、小さな町で生活していました。幼少期に直面したのは、多くの問題がありながらも資産がほとんどない家庭環境です。このような状況では、問題を解決するにはイノベーションしか方法がありません。資金がないため、問題解決のためにお金を投入することはできないのです。こうした背景から、私はキャリアの初期からイノベーションに強い情熱をもつようになりました。

幸運にも、その小さな町からハーバード経営大学院に進学する機会を得ることができ、そこでＭＢＡと博士号を取得しました。ハーバード経営大学院で教員として勤めた後、１９８５年に現在勤務しているダートマス大学タック経営大学院に移りました。そこで、約40年間教えています。

ビジャイ・ゴビンダラジャン（右）と山口重樹

この50年以上の間、私はイノベーションというテーマについての理解を深めるため、寝ても覚めてもこのテーマにすべてを捧げてきました。私は、「リバース・イノベーション」「スリーボックス・ソリューション」、そして本書のタイトルでもある「フュージョン戦略」という3つの大きな理論を展開してきました。これらはすべて、イノベーションというテーマでつながっているのです。

ダートマス大学教授であることに加え、私はシリコンバレーに拠点を置くインキュベーター、マッハ49のパートナーでもあります。その理由は、私のスリーボックス・ソリューションのフレームワークを実践しているからです。戦略コンサルティング会社、アクロポリス・アドバイザーズのシニアアドバイザーも務めています。この会社に参加したのは、ハーバード経営大学院のマイケル・ポーター教授が共同設立した会社だからです。ポーター教授が競争優位性に焦点を当てていることに共感し、イノベーションがそのカギであると感じたため、協力することにしました。

ベンカット・ベンカトラマン（以下、ベンカット）　私が学術的なキャリアを、マサチューセッツ工科大学スローン経営大学院で歩み始めたとき、「1990年代の経営管理」という研究プロジェクトに参加しました。このプロジェクトは、経営者の企業運営の方法や経営学の教育に、情報技術がどのような影響を与えるのかを探る、未来志向のプロジェクトでした。1985年当時、パーソナルコンピュータと、ロータス1－2－3やワードパーフェクトといったシンプルなソフトウェアは存在していましたが、コンピュータ同士はまだ接続されておらず、インターネットがどのような形になるかは未知数でした。

それ以来、情報技術がビジネスにおいて果たす役割は、私の研究の一部であり続けています。２０１７年に『デジタルマトリックス（The Digital Matrix）』という本を出版し、デジタル企業があらゆる産業を破壊する可能性を述べました。当時は、写真、広告、金融サービスといったアセットライト産業に焦点を当てていましたが、ゴビンダラジャン教授との協業を通じて、私たちはリアルタイムデータとＡＩが産業界に果たす役割に焦点を当てることにしたのです。

私はこの約40年間、ビジネス戦略が、デジタルやＡＩといった情報技術と交差するとこ

ベンカット・ベンカトラマン（左）と山口重樹

ろで、研究を続けてきました。

フュージョン戦略、スリーボックス・ソリューション、デジタルマトリックスの関係

山口　スリーボックス・ソリューションは、ボックス1（現在）、ボックス2（過去）、ボックス3（未来）を管理することに焦点を当てた主要なイノベーション戦略のひとつです。『デジタルマトリックス』では、デジタル変革を乗り越えていくためのいくつかの重要なフレームワークが紹介されています。

フュージョン戦略については、私はこれを、アセットヘビー分野の産業界企業が直面するイノベーションの課題に対処する戦略であり、3つの異なる時間軸で機能するものと解釈しています。フュージョン戦略を詳しく見ていく前に、フュージョン戦略、スリーボックス・ソリューション、デジタルマトリックスの関係を理解したいと思います。

フュージョン戦略は、これまでのお二人の著作とどのように関係しているのでしょうか。また、この本を共同で執筆する動機は何だったのですか。

VG　スリーボックス・ソリューションは基盤となるフレームワークで、「フレームワークの

図4　スリーボックス・ソリューション

ボックス 1（現在）	ボックス 2（過去）	ボックス 3（未来）
既存の中核事業の最適化	過去の選択的忘却	非線形的イノベーションにより、顧客層、顧客価値、バリューチェーン構造を再定義

フレームワーク」といえるものです。私がこれまで行ってきたすべてのことは、スリーボックス・ソリューションに反映させることができます。私は企業に出向くたび、現在行っているすべてのプロジェクトを洗い出し、それらをこの3つのボックスに分類するよう求めます。

まず、次のことを尋ねるのです。ボックス1には、いくつのプロジェクトがありますか？　ボックス2には、どのような活動が含まれますか？　ボックス3には、いくつのプロジェクトがありますか？

ボックス1は、組織の現在のパフォーマンスを向上させることに関するものです。たとえば、ゼネラル・モーターズ（GM）であれば、ボックス1の課題は内燃機関エンジンのガソリン自動車の効率をどのように向上させるかです。つまりボックス1は、その企業の中核となる事業を指します。ボックス3の課題は、2030年の未来をどのように創造するかです。そしてもし2030年の未来を創造したいのであれば、ボックス2の課題である選択的に忘れることが重要になるのです。

企業と仕事をしていて感じるのは、ボックス1に過度に集中しているにもかかわらず、自社の戦略が機能していると考えていることです。ボックス1は非常に大切ですが、戦略にはボックス2とボックス3も含まれなければなりません。

ここで、はっきりさせておきたいことがあります。GMやトヨタ、そしてそのほかのすべての企業にとって、戦略とは2030年にリーダーとなることです。ただし、2030年に何をするかではありません。むしろ、2024年に実行するプロジェクトを、2030年に向け、3つのボックスにわたって進めることが、戦略なのです。

リソースを、現在どのように配分しているのか。そして、次の10年においても価値を維持するために、3つのボックスの中で現在の組織のエネルギーをどこに集中するのか。この2つがどちらも重要であり、戦略とは常に、現在を管理しながら未来を創造することです。この課題がとくに難しいのは、ボックス1で優れた成果を出すために必要な人材、プロセス、能力、指標、マインドセット、文化が、ボックス2やボックス3で必要なものとは根本的に異なるためです。

しかしGMのような企業であれば、2024年にこの両方を行う必要があります。これが中心的な課題なのです。GMにとってボックス3の課題とは何でしょうか。ボックス3は未来を創造することを指します。2030年の自動車のモビリティは、現在とは大きく異なるでしょう。2030年までには、より多くの電気自動車や自動運転車が普及していることが予想されます。しかし、GMが2030年の未来を創造するためには、2030年ではなく、2024年にデジタル変革の実験を始めるために何をするかが重要なのです。同時に、内燃機関をエンジンとするガソリン自動車で収益を上げるというボックス1の課題も存在します。これが「フュージョンの未来」を同時に発明しなければならない理由です。

フュージョン戦略は、ボックス2戦略とボックス3戦略の一例といえます。たとえば、ボックス1のために必要な能力は、GMにとっては機械工学でしょう。一方で、未来を創造するためには、AIの専門家やソフトウェアエンジニアといった根本的に異なる能力とプロセスが必要になるのです。

したがって私は、フュージョン戦略を、スリーボックス・ソリューションのひとつの応用例だと捉えています。

ベンカット　『デジタルマトリックス』における考えは、グーグル、アップル、アマゾン、メタ、マイクロソフトといった大手デジタル企業だけでなく、ネットフリックス、スポティファイ、テスラのような非常に小規模なスタートアップの行動によって、将来の競争環境が形成されることに、あらゆる業界の注意を喚起することでした。そこで、3種類のプレイヤーを明確にし、変革の3段階を説明したのです。

ときにはAIのように周縁で実験が行われます。それが突然、中核部分に影響を与え始めるのです。その後、大手デジタル企業が、産業界企業と競争したり提携したりしながら、再発明がなされます。こうして、競争と協力の新しいエコシステムが誕生するのです。

私がこの本を書き終えたころ、ビジャイ教授はスリーボックス・ソリューションの本を書き終え、これまでの企業が行ってきたイノベーションの方法とは異なるアプローチの必要性を明確にし始めていました。私たちは未来がどこに向かっているかについて議論を始め、すぐにこの未来は、実際にはアセットヘビー分野に関するものだと気づきました。なぜなら、世界の総GDP約100兆ドルのうちの約75％は、家庭、店舗、エネルギー、鉱業、建設、輸送、建築、航空などの大規模な産業部門で消費される物理的商品の生産によるものだからです。

そこで、私たちは次の研究プロジェクトとして、アセットヘビー業界の戦場に焦点を当てることにしたのです。これが、単にデジタルや技術、IT戦略についてではなく、フィジカル領域とデジタル領域の真の融合を描いた『フュージョンストラテジー』の執筆につながりました。

フュージョンは、デジタルが製品設計に影響を与えるだけでなく、組織のプロセス設計、サプライヤーや販売業者との関係、サービス提供方法、組織構造、そして最終的にはビジネスモデルそのものにまで影響を及ぼすことを意味しています。したがって、フュージョンは、本質的に変革的であると認識することが重要です。従来の組織戦略にデジタルを加えるだけでは不十分で、ビジネスのあらゆる部分で前提を問い直す必要があります。デジタル技術によって、規模、範囲、速度が、これまでとは異なるものとなるからです。

フュージョン戦略の特徴

山口　フュージョン戦略を成功させるためのカギとなる特徴を理解したいと思います。これらの戦略をビジネスモデルに効果的に組み込むために、企業は何に焦点を当てるべきでしょうか。

VG　フュージョン戦略には、次の5種類の融合が必要です。

1つ目は、物理的製品とデジタルの融合です。自動車のような物理的製品がなくなることは、決してありません。これから起こるのは、フュージョンプロダクトになるということです。これは、センサーやコンピュータビジョンを搭載して自動車そのものをデジタル化することを意味します。たとえばジョンディアであれば、物理的製品であるトラクターを、IoTセンサーやコンピュータースクリーン、そしてすべてのデジタル世界と融合させる必要があります。これがアセットヘビー分野の企業における最初の融合です。

2つ目は、人間と機械の融合です。最終的には、スマートな人間とインテリジェントな機械を融合させることができた人や企業が勝者となるでしょう。AIは、人工（Artificial）知能ではなく、拡張（Augment）知能と捉えるべきです。つまり、ＡＩは人間の知能を増強する役割があります。人間と機械の融合をつくり出すことが大切です。

３つ目は、デジタル思考とアナログ分野、たとえば科学や工学との融合です。もはや、単に機械工学のエンジニアを育成するだけでは十分ではありません。ＡＩの力を理解したエンジニアを育成する必要があります。つまり、科学、芸術、工学などのあらゆるアナログ分野にデジタル思考を融合させることが重要なのです。

４つ目は、物理的世界と仮想世界の融合です。ＢＭＷは、メタバースを利用して新型車を設計しています。しかし、実際の製造が行われるのは物理的世界です。したがって、両者を分けて考えるべきではありません。仮想世界であるメタバースと、私たちが生活している物理的世界が、融合している必要があるのです。

そして最後に、企業中心主義であってはいけません。企業をほかのプレイヤーが含まれるエコシステムと融合させる必要があります。自動車業界を例に考えると、ＧＭ単独では勝利を収めることはできません。ＧＭは、デジタルスタートアップやデジタル大手を含むエコシステムを構築し、オーケストレーターの役割を果たす必要があるのです。企業は個別主義から集団主義へと考え方を変えるべきであり、企業そのものからネットワークへと焦点を移さなければなりません。

これは非常に刺激的なフロンティアです。フュージョン戦略によって、この5種類の融合がなされるのです。

従来の戦略とフュージョン戦略の違い

山口　従来の戦略とフュージョン戦略にはどのような違いがあるのでしょうか。詳しく教えていただけますか。

VG　フュージョン戦略は、戦略のパラダイムを根本的に転換するものです。企業が競争する方法は、規模と範囲の2つです。デジタル技術がもたらしたのは、この規模と範囲の非線形的な変化です。

たとえば規模について考えてみましょう。20世紀のアナログ世界では、GMの規模は、生産・販売した自動車の台数にもとづいていました。これは市場シェアを測る指標です。もちろん、生産・販売台数を増やすことで売上高を増やせます。ただ20世紀の成長はたいていは直線的で緩やかなものでした。なぜなら、GMが規模を拡大するには、工場を建設し、販売店を開設する必要があったからです。これらを実行するには時間がかかります。

一方、デジタルの世界では、規模の拡大は非線形的かつ指数関数的です。GMの場合、規模は生産・販売された自動車の台数にもとづいているため、成長は直線的で緩やかです。しかし、

表1　新戦略と旧戦略の違い

カテゴリー	旧戦略（従来の戦略）	新戦略（フュージョン戦略）
成長の力学	業界内、直線的、段階的	業界の枠を超える、非線形的、指数関数的
競争環境	設計され展開される製品に焦点を当てた、類似のビジネスモデルをもつ既存の競合企業	使用される製品に焦点を当てた、新たな能力をもつデジタルネイティブ企業
規模と効率	物的資産、生産にもとづく規模	情報資産、データにもとづく規模
範囲の拡大	製品市場の拡大、買収と合併による垂直統合	データグラフによる能力、データ統合とパートナーシップを通じた仮想的な統合
顧客洞察	アドホックな調査、業務改善、購入時点に限定された洞察	リアルタイム観察、競争上の差異化、顧客成果と関連した洞察
ネットワーク効果	直接的および間接的なネットワーク効果	データネットワーク効果
データとAI戦略	効率性の向上、独立したデータベース、記録のためのシステム（SoR）、エンゲージメントのためのシステム（SoE）、企業中心、単一企業に焦点、業務効率化のためのAI	リアルタイムの洞察、統合データベース、データグラフシステム、ネットワーク中心、複数の企業およびパートナーと顧客のエコシステムに焦点、戦略的差異化のためのAI

デジタル大手であるウーバーの場合、その規模はネットワーク内の車両数にもとづいています。そのため、指数関数的に成長するのです。

マリオットも同様に、20世紀の「レンガとモルタルの物理的世界」で運営されており、150年の歴史を経て、ようやく100万室のホテルの部屋をもつにいたりました。一方、エアビーアンドビーは10年前に設立されたばかりですが、すでに700万室以上の宿泊施設を提供しています。

範囲もまた、20世紀の直線的な拡大から、21世紀のデジタル世界では非線形的かつ指数関数的な拡大へと変化しています。たとえば、プロクター・アンド・ギャンブル（P&G）が20世紀に範囲をどのように拡大したのか考えてみましょう。同社はコアコンピタンスである流通を利用して、洗濯洗剤から使い捨ておむつへと、範囲を拡大しました。スーパーに向かうトラックに、使い捨ておむつを洗濯洗剤といっしょに積むことができたのです。このように、20世紀の範囲の拡大は、コアコンピタンスをもとに隣接分野に進出する形でした。P&Gが自動車産業に進出することは不可能です。自動車産業に必要なコアコンピタンスをもっていないからです。規模と同様に、範囲の拡大も直線的で段階的なものだったのです。

しかし、デジタル時代では、範囲は非線形的かつ指数関数的に拡大します。たとえば、アップルのiPhoneを考えてみましょう。iPhoneには写真撮影機能があり、これはコダックと競合しています。別アプリのiTunesは音楽会社と競合しています。アップルペイは金融サービスと競合しています。コダック、音楽会社、金融サービス、時計会社の間に関連性はあるでしょうか、まったくありません。

デジタル企業のコアコンピタンスはデータとＡＩであり、これらを活用することでどの分野にでも参入できます。そのため、範囲の拡大も非線形的かつ指数関数的になるのです。

私が１９８０年代初めにアメリカに来たころ、マクドナルドの店舗には、「１００万個販売達成」「1千万個販売達成」「10億個販売達成」といった看板が掲げられていました。これは工業化時代の指標であり、何個のハンバーガーを製造・販売したかを示しています。しかし、デジタル企業はこのような形の指標は用いません。注目するのは、誰がそのハンバーガーを食べているかです。顧客が誰であるかを把握し、そのすべてのニーズを満たすことに焦点を置いているのです。

2、3年前、娘の婚約についてフェイスブックに投稿したことがあります。すると、フェイスブックは私のページを機械学習により分析し、ブライダルシャワーなどの広告を表示しました。これは、マクドナルドが単に販売数を集計するだけでなく、顧客が誰であるかを把握し、それぞれの嗜好に合わせて体験をカスタマイズするようなものです。

このように、競争優位性の基本的な概念である規模と範囲が、フュージョンの未来においては非線形的に変化しているのです。

フュージョンの基盤となるデータグラフとアルゴリズム

山口　データグラフとアルゴリズムがフュージョン戦略の中核であるように思います。これらの要素がなぜフュージョン戦略の概念にとって重要なのか、これらの戦略を効果的に実施しようとする企業にとってこれらがなぜ不可欠なのか、教えていただけますか。

VG　25年ほど前、私はソニーミュージックのケーススタディを行っていたことがあります。当時、ソニーミュージックはCDを販売する物理的製品の企業でした。コロムビアミュージックやヴァージンミュージックと比較したのですが、これらの企業は、物理的製品を基盤に競争優位を築いていました。これらはみなB2Cのブランドでしたが、プロセスはB2Bにとどまり、販売したCDの枚数のみを管理していました。しかしスポティファイが始めたのは、個人がどんな音楽を聴いているかをリアルタイムで追跡したことです。この瞬間、価値創造のプロセスが変わりました。そして、戦略とは価値を創造することそのものなので、音楽業界の戦略も変わったのです。

これが、データグラフと私たちが呼んでいるものです。20世紀には、ソニーミュージックのような企業は「販売された製品」を管理していただけですが、データグラフは「消費された製品」を観察します。そして、消費された製品を追跡するようになったときに、データグラフを構築することが可能になったのです。グーグルには「検索グラフ」があり、フェイスブックには「ソーシャルグラフ」、ネットフリックスには「ムービーグラフ」があります。実際にデータグラフの概念を最初に導入したのは、グーグルでした。

たとえば、あなたが図書館の歴史書のコーナーを訪れ、10冊の歴史書を調べたあと、そのうちの1冊を借りたとします。その日の図書館の司書が知っているのは、あなたが借りた本の情報だけです。あなたが10冊の本を調べたことは知りません。そして1週間後、再び同じ図書館を訪ね、旅行ガイドのコーナーに行き、20冊のガイドブックを調べたあと、日本の旅行ガイドを借りたとします。その日の司書も、あなたが日本の旅行ガイドを借りたことだけを知っています。20冊のガイドブックを調べたことも、1週間前に歴史書を調べたことも知りません。

グーグルが行っているのは、これらすべてを追跡することです。グーグルは、あなたが検索するたびに「消費された製品」としてのデータを記録します。それが彼らにとってのデータであり、これはビッグデータでも単なるデータでもありません。スマートデータ、つまり「消費された製品」から得られるデータなのです。

これを私たちは、データグラフと呼びます。グラフという言葉を使うのは、高校の数学で習ったように、XとYの2つの変数の関係を指すからです。変数が2つだけなら紙と鉛筆でその関係を示すことができますが、グーグルは5億もの変数を扱っています。そのため、紙と鉛筆でグラフを描くことはできません。深層学習や機械学習が必要になります。

グーグルに5億の変数があるというのは、「ジャガー」という単語が、動物のジャガーか、車のジャガーかを、別の変数として区別しているということです。もしあなたがこれまで自動車について検索していたのなら、いま「ジャガー」と検索した場合、車のジャガーの情報が表示されるでしょう。これは、検索グラフがあなたの関心を把握しているからです。このように、データグラフは使用される製品なのです。

データグラフの次に、これらのデジタル大手が追跡しているのが、データネットワーク効果です。これは、あなたが検索を行うと、その検索グラフがよりスマートになることを指します。たとえば、あなたがネットフリックスで映画を観ると、ネットフリックスのムービーグラフにより磨きがかかります。このように、データネットワーク効果は顧客を通じた学習なのです。

第一の原則は、20世紀の産業界企業が「販売された製品データ」を追跡していたのに対し、大手デジタル企業は「消費された製品データ」を追跡しているということです。第二の原則は、これらの企業がすべての顧客のデータグラフを比較分析していることです。たとえば、ネットフリックスに2億人のユーザーがいるとしたら、あなたのデータグラフを別の人のものと比較することで、2億人にわたって学習できます。そして、これが第三の原則、つまり「ハイパーソナライズした推奨」と「リアルタイムでの問題解決」につながります。こうしてネットフリックスは、あなた自身のデータグラフを2億人のユーザーと比較した結果にもとづき、次

図5　データバリューチェーンと4種類の分析

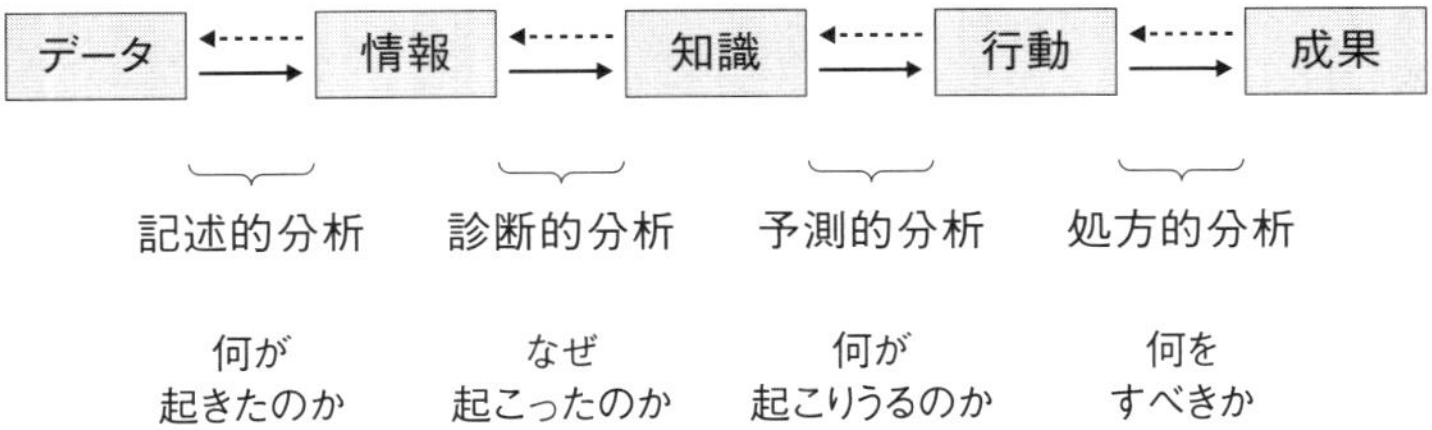

に観るべき映画をリアルタイムで提案するのです。

データグラフ、データネットワーク効果、ハイパーパーソナライズが3つの原則であり、アルゴリズムは、ハイパーパーソナライズのフェーズで登場します。つまり、データグラフを構築し、データネットワーク効果を活用し、その後AIを用いてデータグラフを分析するのです。

記述的分析は「何が起きたのか」を示します。しかし、デジタル大手はそれを超えて、「なぜ起こったのか」を示す診断的分析、「何が起こりうるのか」を示す予測的分析、そして「何をすべきか」を示す処方的分析へと進みます。これら4つの分析を行うことで、顧客全体の学びにもとづいて、ひとりの顧客に対してハイパーパーソナライズした推薦を行うことができるのです。

これらが、フュージョン戦略を導く基本的な原則です。

産業データグラフと生成AIによるフュージョンの力の増強

山口　なぜフュージョン戦略がこれほどAIとIoTに依存しているのか、理由を教えていただけますか。

ベンカット　リアルタイムデータの力は、産業プロセス全体をエンドツーエンドで把握できることにあります。私たちは通常、企業というものを個々の機能部門が最大化するように構築します。設計部門が最適化されれば、最高の設計が得られます。その設計をもとに製造部門が製品をつくり、営業やサービス部門は製品の展開に注力します。しかし、エンドツーエンドの視点で全体を捉えれば、「プロダクトツイン」「プロセスツイン」「パフォーマンスツイン」を相互接続することによってデータネットワーク効果の真の力を引き出せることがわかります。これは、顧客レベルで障害が発生した場合、それが製造の問題なのか、設計の問題なのか、あるいは製造に関わるサプライヤーの問題なのかを問うことができることを意味します。

三種類のデジタルツイン（三種のツイン）の概念は、産業界企業がすでに認識しているプロダクトツインとプロセスツインに、パフォーマンスツインを加えることで、エンドツーエンドの視点を得られるというものです。そして、生成ＡＩを用いることで、特定の条件下で特定の顧客に対してより適切なサービスを提供することが可能になります。これが生成ＡＩによる力の増強効果です。

山口　三種のツインと生成ＡＩの役割についての考えは非常に洞察に富んでいます。私からも、「タンジブル」（形のある触れられるもの）の領域を「コネクテッド・インタンジブル」（形のない触れられないものがつながっていること）の領域が、どのように変革するかについての考えを共有させてください（図6を参照）。

物理的なビジネス領域には、ウォーターフォール型開発や大量生産のような、伝統的で逐次的な特徴があります。一方、デジタルビジネス領域は、アジャイル開発やオンデマンドでの販売といった俊敏性を特徴としており、高い柔軟性と対応力を備えています。製造業が今日の市場で成功するためには、センサーとデータを使ってデジタル領域とフィジカル領域を統合し、ハイブリッドモデルを構築して、競争優位を獲得する必要があります。これが、コネクテッド・インタンジブルがタンジブルを変革する方法なのです。

図6　タンジブルとコネクテッド・インタンジブルの特徴

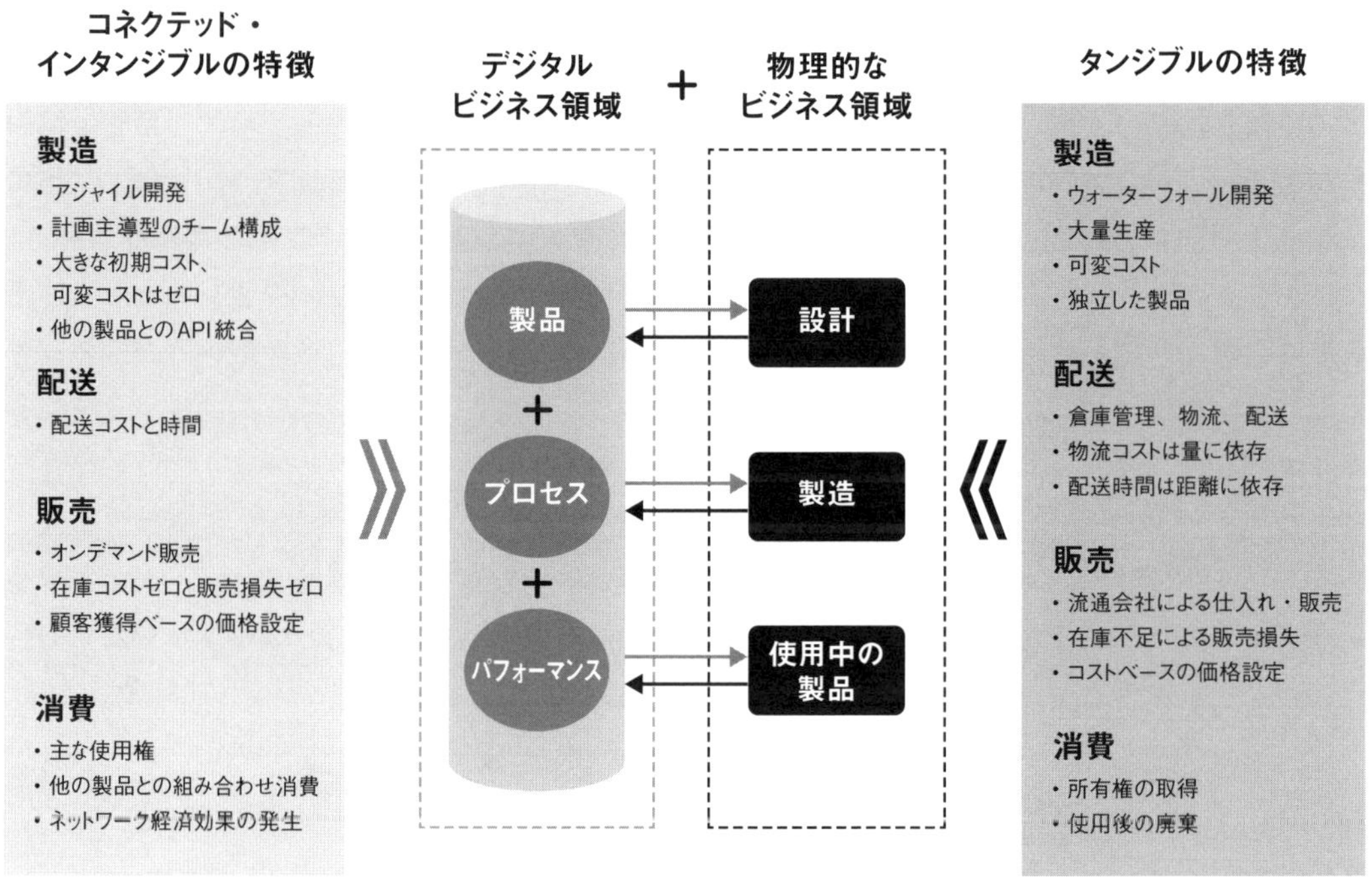

（出所）NTTデータ経営研究所作成

フュージョン戦略から得られる収穫

山口　ベンカットさん、次に4つの戦略展開領域について、詳しく説明していただけますか。

ベンカット　4つの戦略展開領域は、本書の中心的な考え方です。

旧来の産業界企業が、デジタル産業企業になるための第一歩は、「フュージョンプロダクト」を設計し、提供することです。産業界企業は長い間プロセスのデジタル化は行ってきたため、デジタル化についてはよく理解しています。しかし現在は、ＩｏＴ、ソフトウェア、センサーを活用することで、あらゆる産業製品をフュージョンプロダクトとして考え、製品使用中のリアルタイムデータを用いて分析できるようになりました。

「優れた機械の戦い」は、最高のフュージョンプロダクトをつくり、製品をリアルタイムで分析し、ソフトウェアの無線アップデートなどの予防措置を講じて、起こりうる障害を修正する能力が問われています。すべての製品を一律に修理するのではなく、製品の摩耗状態をリアルタイムで把握したうえで、必要に応じて修理することが求められます。これが、すべての産業界企業が直面する最初の戦略展開領域です。

次に、図の横軸、データグラフを設計し、機械効率に焦点を当てる段階に進みます。製品の

図7　それぞれの戦略展開領域におけるフュージョン戦略

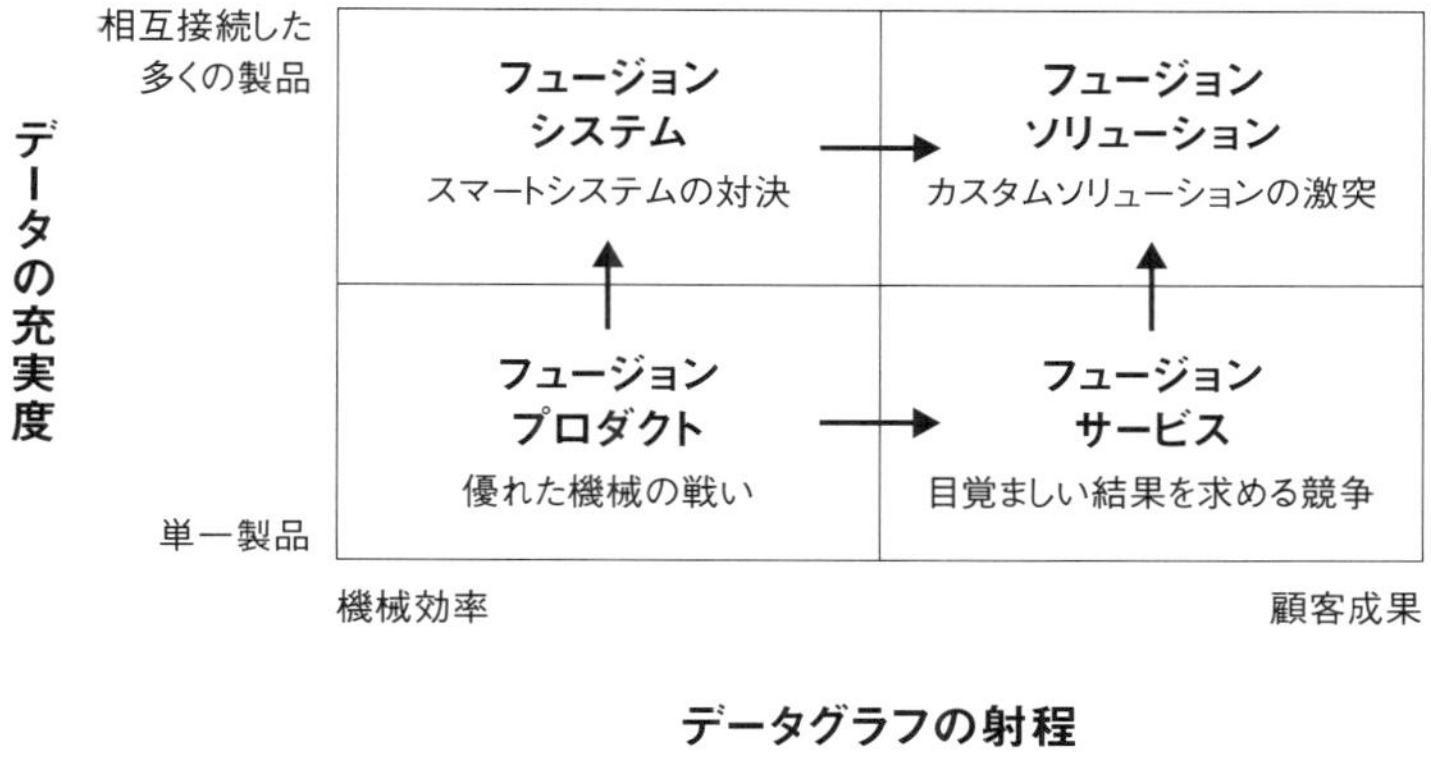

稼働時間を、95%から99%に向上できると顧客に伝えられるようになるのです。ただし、これは単一製品についてのものです。では、この単一製品を用いて「フュージョンサービス」で何ができるか考えてみましょう。

たとえば、非常に効率的なトラクターを農家に提供したとしても、収穫量を向上させるほかのサービスを最適化しなければ、農家の利益には直結しません。ここで考えるべきは、農場の収穫量を向上させることができる素晴らしいサービスを提供できるかどうかです。これは、トラクターの運用方法を調整し、使用する肥料の種類、作付する作物、降水量などと結びつけることで実現します。トラクターを各農家にとって最も効果的なものにするには、単に効率的に使用するだけでなく、データグラフの拡張が必要になるのです。サービスデータグラフを活用して顧客成果に影響を与えることが重要です。これにより産業界企業は、トラクターを販売するだけでなく、トラクターを使って農家の成果に影響を与えることができ、ターゲット市場を拡大することが可能になるのです。

次に、図の縦軸に移ります。トラクターの例は単一製品についてでしたが、農家はトラクター以外の設備も必要とします。農場は、製品のシステムであり、「フュージョンシステム」をつくり出すでしょう。建築物においても、複数のシステムが連携して作動することで、最高水準の持続可能性を実現します。ほとんどの顧客にとっては、相互運用可能な製品が重要ですが、多くの産業界企業は自社製品の相互運用性についてあまり気にかけていません。『デジタルマトリックス』では、競合企業と共同で創造し、協力することの重要性について述べました。フュージョンシステムは、補完的な製品が連携して動作するエコシステムなのです。

最後に、図の右上の象限が「フュージョンソリューション」です。顧客は産業製品から最大限の価値を得るソリューションを求めています。フュージョン戦略の論理は、自社にとどまらず、顧客のデータグラフの射程を見て、さらにデータの充実度を見ることにあります。ＡＩが利用できるようになったことで、ビデオモデルや高精細・高忠実度データなどにもとづく機械学習を用いて、非常に強力なＡＩエージェントを備えたフュージョンシステムが登場し、産業分野で興味深い問題を解決するようになるでしょう。これまで活用されてこなかった価値を解き放つ可能性が広がっており、非常に刺激的です。

フュージョンの原則と実践

山口　次に、組織にとってフュージョン戦略の基盤となる成功要因について、お聞かせいただけますか。

ベンカット　1つ目の原則は、リーダーは周縁での実験を考える必要があることです。自分たちの得意分野をさらに強化するための実験もありますが、ほとんどの実験は現在のビジネスモデルに挑戦することを目的にすべきです。したがって、リーダーは何百もの実験を許容すべきなのです。実験が実を結べば、どの実験に焦点を当てるかを決めることができます。

経営者にとって重要な考え方は、今日から明日を予測するものとして実験を見るのではなく、明日から今日を逆算する、すなわちバックキャスティングとして見ることです。たとえば、「2030年の日本産業はどのようになっているのか」「日本企業が業務を行っている世界的な業界は、2030年にはどのようになっているのか」「自社はその時点で重要性をもっているか」「将来成功するためには何を得意分野とすべきか」などを考え、不確実性を解消するための実験を設計するのです。これが、社内とエコシステムパートナーの双方で、複数の段階での新しいビジネス価値を解放するカギなのです。

2つ目の原則は、協働型知能についてです。将来的に従業員の数は減少するかもしれませんが、その一方で、まったく異なるタイプの人は増えるでしょう。そうした状況に対応できるよう、既存の人材をＡＩエージェントと協働できるように再教育する必要があるのです。明日を担う人材の採用も必要です。たとえば、三菱や日立のような既存の大手企業が、デジタル産業企業として位置づけられるようになるとしたら、企業内の経営層や人材はこれまでの30年とは大きく異なったものになるでしょう。これは、消費者向けＡＩの専門家ではなく、産業問題を解決するためのデータサイエンティストや産業ＡＩの専門家を引きつけ、採用する必要があるということです。これまでとはまったく異なる人材基盤の採用が求められるのです。

3つ目の原則は、エコシステム内で活動し、成長することです。私の講義やワークショップでは常に、「企業はエコシステム内の関係を通じて組み立てられた能力のポートフォリオだ」と述べています。したがって、実行エコシステム、実験エコシステム、実装エコシステム、イノベーションエコシステムを考える必要があります。私たちが実験からより多くを学び、新たな人々を引きつけるにつれ、エコシステムもそれに適応させる必要があるのです。

4つ目の原則はリーダーシップについて考えることです。長い間、デジタルは、ＣＩＯやＩＴディレクター、ＩＴマネージャーなどのＩＴ担当者に任せられるものと考えられてきました。ビジネス部門とデジタル部門は共通言語をもたないため、相互に対話すらしていませんでした。しかしフュージョンの考え方では、デジタルは経営幹部会で議論されるべきものです。

なぜなら、データ中心・ＡＩファーストの企業になるにつれ、マーケティングがどこで終わりデータがどこで始まるのか、製造がどこで終わりサービスがどこで始まるのかを区別できなくなるからです。これらはすべて相互に関連しています。だからこそ、フュージョンプロダクトは、フュージョンサービスやフュージョンシステムになり、すべてがエコシステムの一部となるのです。そのためフュージョン思考は、経営陣のレベルにおいて重要になるのです。

しかし、それだけでは十分ではありません。経営陣が、フュージョン戦略が新たなビジネス戦略であることを理解したら、組織全体にデジタルと物理的なものとのつながりを認識させる必要があります。データとＡＩの役割は、機械が重労働を担うようにし、人間が付加価値を提供できるようにすることです。これが、組織全体のフュージョン思考です。

最後に、組織はスコアカードが変わると変化します。私たちはこれまでとは異なる指標が必要であり、フュージョンプロダクトの戦略展開領域、フュージョンサービスの戦略展開領域、フュージョンシステムの戦略展開領域に関連した新しい指標をつくるべきです。スマートシステムの対決や顧客の問題解決を考える際には、自社製品を超えた視点で考えなければなりません。これらの戦略展開領域が変化するにつれ、指標を定義し、修正する必要があります。

デジタルインパクトを最大化するアプローチ

山口　デジタル産業企業として成功を目指す多くの企業にとって、これらの成功要因が指針となると思います。

ここで、製造業におけるデジタルインパクトを最大化することに焦点を当てた、私が2023年に開発したアプローチを紹介します。このアプローチの各ステップは、フュージョン戦略の4つの戦略展開領域と対応していると思うからです。

まず、顧客が直面している問題と、解決したいと考えている真の課題を深く理解することから始まります。顧客が製品を使用する際の背景や目的を考え、核心的な問題を明らかにします。

次に、これらの課題に効果的に対応する製品とサービスを特定する必要があります。これは、適切な顧客接点で提供される、パーソナライズされたコネクテッド・インタンジブルなサービスを提供することを含みます。また、タンジブルなプロダクトにソフトウェアやセンサーを組み込むことで、それをコネクテッド・インタンジブルなプロダクトに変えることができ、さらに多くの価値を提供できるようになります。

もうひとつ重要なのは、顧客とのやりとりから得られるデータをどのように活用するかです。

図8　コネクテッド・インタンジブルを加え、埋め込む顧客価値創造戦略

①顧客が真に解決したい課題は何か

（自社のプロダクトをどのような場面で、何を解決するために使用しているかを参考にする）

②それの解決を支援するために、どのようなプロダクト・サービスを提供するか ｝フュージョンソリューション

②−1　コネクテッド・インタンジブルでどの顧客接点でどのようなパーソナライズしたプロダクト・サービスを提供するか ｝フュージョンサービス

②−2　タンジブルなプロダクトにソフトウェア・センサーを埋め込みコネクト化することにより、どのようなプロダクト・サービスを提供するか ｝フュージョンプロダクト

②−3　そのためには、どのデータをどのように取得し、活用するか

③自社単独で実現できるか。連携が必要か。どこの企業と連携するか ｝フュージョンシステム

＊ ①、②、③を繰り返してサービス内容を具体化する

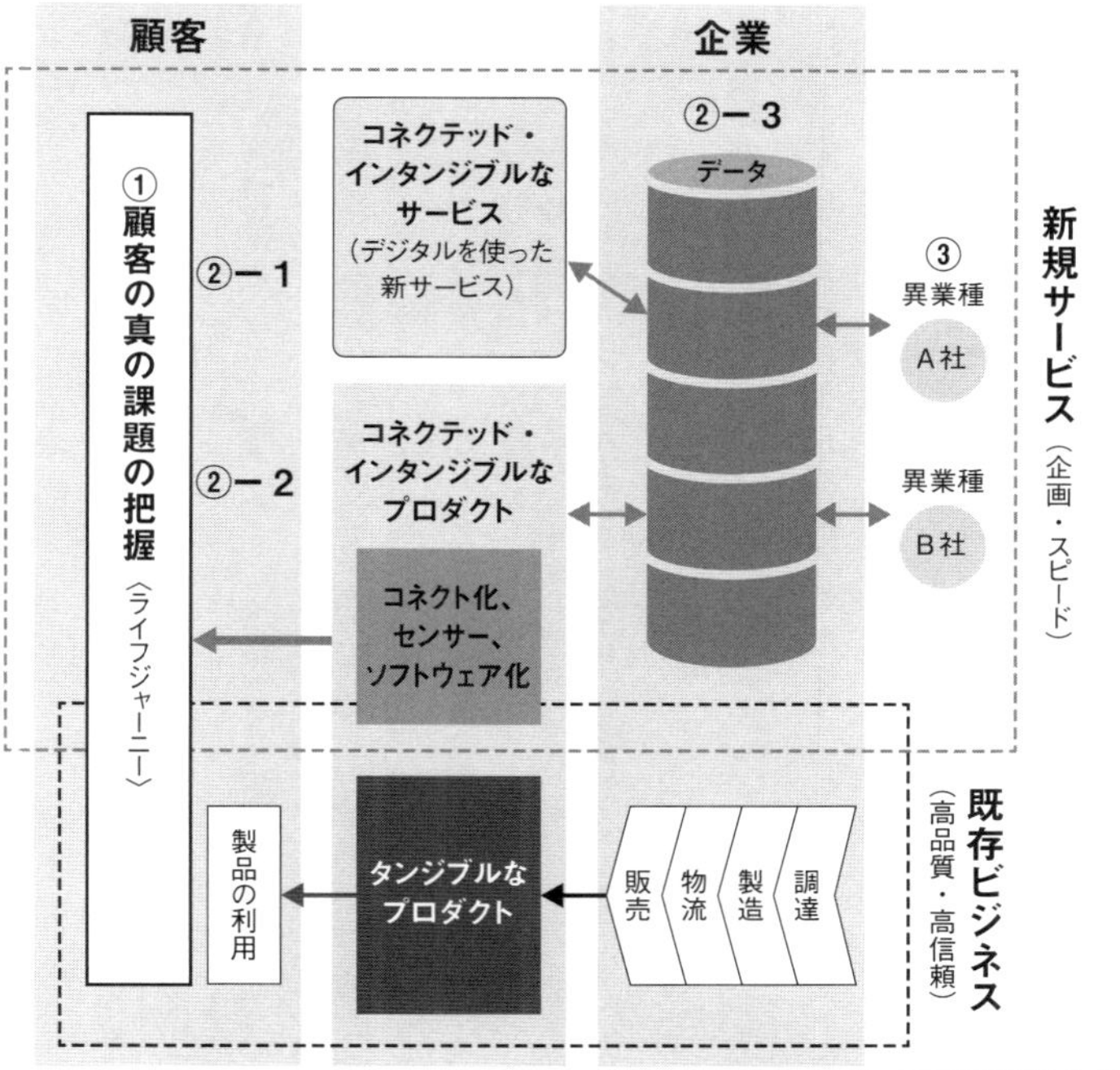

（出所）NTTデータ経営研究所作成

このデータは、提供する価値や、よりターゲットを絞ったソリューションを定義するのに役立ちます。

最後に、これらの目標を単独で達成できるのか、それとも他社と協力する必要があるのかを検討しなければなりません。適切なパートナーを見つけることは、新しいデジタルサービスと既存のタンジブルなプロダクトを統合した包括的なフュージョンシステムを構築するうえで不可欠です。

顧客の真の課題を理解し、適切な製品やサービスを提供し、パートナーシップを活用するというプロセスを繰り返すことで、顧客のニーズを満たし、ビジネスの価値提案を強化する具体的で影響力のあるソリューションを生み出すことができるのです。

VG　最終的な目標であるフュージョンソリューションに到達するために進むべき道筋を、山口さんのフレームワークは見事に示しています。フュージョンソリューションに1日で到達することはできず、移行していく道筋が必要です。そして山口さんが述べられたように、まずフュージョンプロダクトから始まります。これは、機械の性能を向上させることを主な目的としています。

次に、フュージョンサービスに進みます。この段階では、機械を顧客の運用と結びつけることを目指します。ジョンディアの場合であれば、フュージョンサービスは農場の収穫に取り組むことを意味します。

さらに、フュージョンシステムへと進みます。農場では、トラクターだけが必要な機器ではありません。ほかにも、コンバイン、耕運機、プランターなどの機器も必要になります。肥料、種子、気象、灌漑などの要素も関わってきます。そのため、フュージョンシステムでは、「システムのシステム」を考える必要があります。

そして最後に、フュージョンソリューションがあります。これは、農家の問題を解決することです。農家が求めているのは、収穫量の向上であり生産量の増加です。ジョンディアの場合、トラクターは解決策の一部にすぎず、すべてではありません。エコシステムの構築が必要になるのです。種子企業、肥料企業、灌漑企業などと提携し、エコシステムをつくることで顧客の問題を解決します。フュージョンプロダクトは企業が定義しますが、フュージョンソリューションは顧客が定義するものです。最終的な目標は、フュージョンソリューションなのです。

日本の読者へのメッセージ

山口　最後に、日本企業、とくにアセットヘビー分野の企業が、デジタル時代の課題と機会に対応していくための視点や提案をお聞かせいただけますか。

VG　日本には大きなチャンスがあります。１９８０年代、日本は消費者向けの家電製品で強い競争力を発揮し、世界をリードしました。しかし１９９０年代、ソフトウェアへの投資を怠り、競争がハードウェアからソフトウェアに移行した際、後れをとることになりました。

しかし現在、新しい競争が始まっています。それは、アセットヘビー型の製品が20世紀のやり方ではなく、21世紀のやり方でつくられるべきというものです。それらは、フュージョンプロダクト、スマートプロダクト、インテリジェントプロダクト、デジタルプロダクトです。

日本は、低コスト、高信頼性、高品質を実現する技術や、総合的品質管理（ＴＱＭ）など、ハードウェアを製造する優れた能力をもっています。これらは依然として非常に大きな意味をもちます。たとえばコマツの建設機械のような製品は、信頼性と品質が非常に重要で、コストも適正でなければなりません。ただし、いま必要なのは、ブルドーザーのような機械をデジタル技術と融合させることです。

私が日本に送りたいメッセージはシンプルです。デジタル人材を迅速に獲得すべきということです。世界中でデジタル人材は不足しています。日本企業であれば、デジタル人材の育成に投資し、その力を物理的な機械と融合させる必要があります。

アセットヘビー分野の産業で世界のリーダーとなるチャンスが、日本にはあります。先ほども触れられていたように、約１００兆ドルの世界の総ＧＤＰのうち、デジタル化されているのは25％にすぎず、音楽、旅行、書籍などの消費者セクターです。デジタル化されていない残りの75兆ドルには、日本が得意とする分野があります。日立、三菱、コマツなどの企業はアセットへビー分野の産業の中心を成しています。

日本はデジタル能力の構築に向けた投資を加速させ、先ほど述べた5種類の融合を実現する必要があります。日本企業がこれを成し遂げることに、私は非常に期待しています。本書が、具体的なアドバイスや実行可能なステップにつながることを願っています。

ベンカット　私は長い間にわたり、日本経済と日本企業のファンです。日本が高品質な製品を手に届く価格で生産してきたことは、世界市場に革命をもたらしました。現在、日本を含む主要な経済圏は、いわゆる「フュージョンの未来」に直面しています。フュージョンの未来においては、価値は、「設計された製品」や「製造された製品」にあるのではなく、「提供された製品」にあります。

したがって企業は、今日の成功を超えてフュージョンの未来で成功するために何が必要かを考えなければなりません。多くの成功している企業は、日本の企業もそうですが、今日の得意分野に過剰に投資し、明日の得意分野になるべきことへの投資を怠ることによって、後れをとってしまうのです。

フュージョン戦略を検討する際は、未来を考え、経営者に対して、戦略を段階的に調整するのではなく、未来を創造するブレークポイントを特定するよう促すことが大切です。そして、日本のアセットへビー分野の企業が、フュージョンプロダクト、フュージョンプロセス、フュージョンサービスから、顧客の課題を解決するためのフュージョンソリューションの提供を考え始め、経営者が現在の問題ではなく新しい課題に取り組むために時間を割り当てるようになれば、将来の真のフュージョンリーダーへの道を進むことができるでしょう。戦後から21世紀初頭にかけて、日本の消費者向け製品や自動車産業が世界をリードしてきたように、デジタル資産企業が先頭に立ち、日本企業が再びリーダーとなることを期待しています。

対談の詳しい内容の動画を、ＮＴＴデータ経営研究所のウェブサイトから参照いただけます。

謝辞

私たちは2人とも、イノベーションと変革の分野で補完しあうような専門知識をもつビジネス戦略家であり、１９８０年代半ばからそれぞれのキャリアを積み上げてきた。本書の出版プロジェクトで協力を開始したのは5年前のことである。ＶＧは『The Three Box Solution』を出版し、３つ目のボックスがデジタルに関するものであることを確信していた。ベンカットは、戦略とデジタル（１９８０年代後半、ＩＴと呼ばれていたころから）を組み合わせることについて研究と教育をしてきており、遅かれ早かれあらゆる企業がデジタル化し、デジタルネイティブ企業と競い合うようになるという確信をもって、『The Digital Matrix』を出版した。

実際に会って議論を交わすと、産業界企業においてデジタルが果たすべき役割にはまだ多くの問題が存在することについて、私たちはすぐ意気投合した。すでにデジタルについての多くの書籍が市場に出回り、デジタル変革という言葉が世間に浸透していたとはいえ、産業界企業に焦点を当てた本を世に出すことは依然として急務だと考えたのである。機械工学者の経歴をもつベンカットにとって、このことは論理的であり、これ以上の説明は不要だった。

私たちの協力関係は、以下のような共通の信念と価値観によって強まっている。最も優れたビジネススクールの研究は、厳密性と関連性の両方を備えているべきだと信じている。アイディアにインスパイアされつつ、影響力のあるアイディアを追求している。理論を発展させることと、現場にいる企業のマネージャーが実際に直面する問題を解決できるようにすることをともに目指している。そして最後に、本書で中心として取り上げた研究課題に対する強い熱意である。それは「アセットヘビー分野の企業が、リアルタイムデータとＡＩを活用して、どのように新たな価値の源泉を生み出すことができるか」である。

多くの人の協力がなければ、この本を完成させることができなかった。フォード、ドーバー、ダナハー、メルセデス・ベンツ、ジョンディア、ＤＪＩ、ＧＥ、ＧＭ、ハネウェル、マヒンドラ＆マヒンドラ、ロールス・ロイス、サムスン、シーメンス、リクシル、ＴＶＳモーター、ワールプールといった企業の経営幹部（ＣＥＯ、ＣＯＯ、ＣＤＯ、ＣＩＯ）たちからは、多忙なスケジュールのなか、意見や見解を共有してもらった。

大規模かつ広範囲に及ぶ本プロジェクトには、リソースが必要である。ＶＧからは、ダートマス大学タック経営大学院のマット・スローター学院長に、寛大な財政的支援に対して感謝したい。ベンカットからは、ボストン大学クエストロム経営大学院のスーザン・フォルニエ学部長と、本書を完成させるためのデビッド・Ｊ・マックグラス・ジュニア教授からの財政的支援に感謝する。

私たちは素晴らしい編集チームにも恵まれた。アナンド・ラマンは、私たちの研究を読者がより惹きつけられる形にまとめ直すことを助け、経営陣へのインタビューでは重要な問題に焦点を当て議論の枠組みをつくることに貢献してくれた。そして、ハーバード・ビジネス・レビュー出版では、ケビン・エバースと仕事をする機会に恵まれ、彼が私たちの議論をより鮮明にし、本書に磨きをかけてくれたのである。

VGより：家族に感謝したい。妻であり親友であるキルティは、最も鋭い批評家であり、最も心強い味方だった。娘のタルーニャとパージー、義理の息子のアダム・ステピンスキーとマイケル・ミランディは、デジタルに精通しており、彼らとの会話から、私のフュージョン戦略の考えは形作られていった。家族の優しさ、思いやり、そして愛に、心から感謝している。家族からの絶え間ない励ましと支援がなければ、このプロジェクトに費やした数え切れないほどの時間が実を結ぶことはなかっただろう。

ベンカットより：本を出版するプロジェクトは、家庭生活に大きな負担をかける。エンジニアからデジタル戦略の学者に身を転じた私にとって、このテーマがどれほど重要な意味をもつかを理解し、本書を完成させるよう常に励まし続けてくれた妻のミーラに、愛を込めて心から感謝する。

最後に、私たちの本を手に取ってくれた読者に感謝したい。この「フュージョン戦略」の洞察が、みなさんの組織がフュージョンの未来で勝利を収めるジャーニーを加速させることを願ってやまない。

訳者あとがき

アセットヘビーと呼ばれる製造業において、フュージョン戦略に挙げられるような「デジタル技術を融合させる戦略」は、ＩｏＴ技術の発展やドイツの掲げたインダストリー４・０の取組みなど、10年以上前から語られてきたものではあります。「製造業のサービス化」「モノ売りからコト売り」「サブスクリプション型での課金ビジネスへ移行」など、表現は変わっても、従来のハードウェア単体機能、イニシャル課金で提供するというビジネスの価値提供を変えようとする取組みが多数行われていました。われわれがご支援するお客様のなかでも、アナログ型の製品アーキテクチャーをデジタル化して外部接続ができるようになったことで、保守・保全以外の価値による利用料課金によって従来とは異なる収益化を単独企業で実現するという取組みが、数年前まで多く行われていました。

しかし、それらの多くはビジネスモデルまで変えるほどのインパクトはもっていないと考えています。では、どのような点を変えてわれわれはフュージョン戦略を推進すればいいのでしょうか。

過去の類似する取組みの失敗から得られる教訓

本書には、素晴らしいデジタル化事業のアイディアをもちながらも、新たにデジタル能力に重点を置くことの重要性を認識できなかったため、部門間協力がうまくいかず経営に失敗した企業としてGEのケースが記載されています。GEがデジタル産業企業を目指した10年構想を振り返り、当時会長だったジェフリー・イメルト氏の投稿にあった3つの示唆を注視し、製造業は自らをデジタル化産業へ変革し、フュージョン戦略を実装する必要があると思われます。1つ目の示唆は、デジタル能力不足を過小評価し、アウトソース化を進めることで開発スピードが遅延し、社内に知見が残らなくなっていったという点。2つ目は、各経営幹部が複数部門の責任を担っていて横串で連携するような発想をもてなかったという点。3つ目は、組織にデジタル化の成果を評価する統一の指標がなかったという点です。

日本企業でも、製品自体のデジタル化は部門横断で推進するものの、抜本的なアーキテクチャーを見直して製品／サービスを提供し、課金につなげるアプリケーション技術を取り入れて成功した例はあまり見られません。既存製品の延長線上にセンサー等を追加し、自社製品単独の稼働ログなどによるデータグラフを獲得したものの、提供できる顧客価値は限定的で、既存のハードウェアをそのまま単体で売るという事業から脱却できていないのが実情でしょう。

「他社連携」と「技術スタック」を継続進化させるデジタル化推進組織が不可欠

本書で書かれている最終的な到達点である戦略展開領域、「フュージョンソリューション」を実現するには、デジタル技術を用いて（競合を含めた）他社の製品や他業界のエコシステムとつながることで得られるデータネットワーク効果が顧客価値をより高めるという視点が重要と述べられています。自前かつ単独企業主義が多い日本の製造業が一番変わらなければならない点が、この他企業・業界との連携にあるように考えます。製品利用状態の情報だけでなく周辺情報や顧客プロファイルなどをリアルタイムで幅広く入手して活用し、ハイパーパーソナライズを実現するためにも、外部企業のもつ情報を含めたデータグラフ獲得に取り組まなければなりません。

この企業の枠を超えたデータ取得に各社が取り組むにあたっては、まずこの「フュージョンファースト」ともいえる発想を、新製品／サービスを企画する段階からアーキテクチャーに埋め込むことが必要であると、筆者は語っています。デジタル技術をあとで取ってつけたようなフュージョンプロダクトではなく、利用実態把握から機能強化をあとから実施できるような製品アーキテクチャーは、どうすればできるのか。その答えは、ハードウェア、ソフトウェア、アプリケーションと外部接続ネットワークを一連の技術スタック（統一／標準化されたフレームワーク、言語、ライブラリなど）で構築しオープン化することにあると筆者は述べています。一般的には標準化といえますが、多くの日本企業では、部門や部品をまたいで共通の技術スタックで製品開発が行われていることは稀で、その世代や要求に合わせた最適な技術スタックの採用にとどまり、継続的進化が行われていません。今後はデジタル技術を中心に据え、この技術スタックを継続的に進化させ、標準化を維持するような「デジタル化統括組織」がインフラ的な側面を担う必要がありますが、その取組みはほとんどの企業において道半ばと考えます。既存の社内人材だけではなく、外部からの採用、コミットレベルの高いＩＴパートナー企業との連携など、複数のシナリオをもった組織化に向けて踏み出すことが重要です。

「データ負債」を抱えない3つのデジタルツインの実現

本書では、このデジタル化統括組織が主導して実装する仕組みである３つのツイン――「プロダクトツイン」「プロセスツイン」「パフォーマンスツイン」――のシステム連携、およびデータグラフとデータネットワーク効果による顧客価値の創出が、フュージョン戦略には必須であると述べられています。日本企業の取組みを見ると、積極的な３Ｄ化によって、設計だけでなく、工程設計や生産プロセスにおけるシミュレーションが行われている場合には、すでにデータグラフが存在する「プロダクトツイン」が実現しているケースもあります。しかし、多くの製造業におけるデジタルツインの取組みは、スマートファクトリーという名のＭＥＳ／生産管理システムやＰＬＣなどの生産設備から取得可能なデータを可視化しているだけの「プロセスツイン」にとどまっているように思います。

また「パフォーマンスツイン」については、「フュージョンサービス」を前提にお客様先での製品の稼働監視／運転支援を行うインフラ系のビジネスであれば、リアルタイムなデジタルツインが実現できているケースもあります。しかし、このデータを製品開発プロセスやサービス開発につなげ、新しい顧客価値を創出する領域にはなかなか到達できていません。

すべてのデジタルツインに「データグラフ」と「データネットワーク効果」は不可欠です。マスタデータ設定や、取得するデータのメタ情報定義をそれぞれのシステムで重複なく、手間な読み替えなどの作業をせずに統合的なデータで扱える仕組みを最初から考えて実装しなければならないと本書で述べています。多くの日本企業ではシステムやプロセスをまたいでデータ活用する場合に、本書にある「データ負債」と呼ばれる個別管理が生むデータ統合や変換処理といった情報資産を活用する前の処理に、労力が費やされているケースがほとんどです。

効果を最大化する3つのデジタルツイン統合に向け、設計、生産技術、品質保証、生産管理、保守サービス、営業などの部門のマスタデータ、メタ情報の統合などを行い「データ負債」を削減するとともに、各部門が保有するナレッジについて生成AIなどを活用しデータ化・グラフ化（ナレッジグラフ化）するアプローチを行うことで、それらを掛け合わせた「統合型データグラフ構築にまずはチャレンジする」ことが、既存のデジタルツインソフトウェア製品を選定する前に実施しておくべき取組みです。

統合型デジタルツインは、最終的に「データ駆動型サービス開発」「生成AI活用によるデータグラフ再生成」「特定アルゴリズムの外部ＡＰＩ公開」など、新たな顧客価値を上げるための周辺サービスとの連携にはなくてはならないデジタル技術となります。しかし製造業において重要なことは、ソフトウェアやネットワーク化だけで１００％の顧客価値は提供できないという点にあります。数年前に販売したハードウェアがまったく進化せず、ソフトウェアだけの進化で、追加課金を生むビジネスは、アップルのｉＰｈｏｎｅでも実現できていません。今後も製造業は、ハードウェア、内部制御用のソフトウェア、顧客が扱うアプリケーション、外部とのネットワーク接続機能など、総合的な進化ロードマップを鑑みつつ、実現時期をバックキャストして自社製品／サービスの強みから提供する付加価値をどのようなエコシステムで行うのか、デジタルツイン環境を駆使し再構築する必要があると考えます。

ＳＤＶ化が、製造業のフュージョン戦略を加速させる

このデジタルツイン環境を駆使した再構築の流れが顕著になっている代表例が、ＣＡＳＥによる変革が激しい自動車業界です。現在はＳＤＶ（Software Defined Vehicle）化が１００年に一度と呼ばれる業界変革や再編をさらに加速させています。ＳＤＶ化は車両の状況をリアルタイムでネットワーク化して即座に捉え、利用者（運転者）が有益と思われる情報や運転制御をプッシュ型でハイパーパーソナライズ化する世界を実現させる取組みともいえます。まさにデータグラフとデータネットワーク効果を最大限活用するモノづくりにシフトする要素となる取組

みです。

自動車の歴史を振り返ると、電気制御化が進むことで、マニュアルシフト車や、手動ハンドルで窓ガラスを上げ下げするような仕様の車は、ほとんど見かけなくなりました。このことからわかるように、楽で便利になった普及製品は、その機能もどんどん楽なオペレーションに切り替わるというのが世の常であると考えています。

北米ではテスラのＦＳＤ（Full Self Drivingという自動運転機能）がその例で、自社が収集する走行データが増大することで自動運転レベルが上がっており、対面通行処理や駐車時の車の前後操作と連動したハンドルの切替し操作などを、初心者よりも上手にこなしているようです。またウェイモは、同社の自動運転車両は人間が運転する自動車と比較して、物的損害の請求が88％、人身傷害の請求が92％少ないと発表しています。「楽で便利、かつ安全な移動手段」としての自動運転車が、従来の「運転が楽しい」と感じられる価値観の自動車にかわっていくことが容易に想像できるでしょう。

テスラやウェイモの例からわかるように、自動運転による移動社会を実現するためには、パフォーマンスツインからプロダクトツインへのスムーズなデータ連携と、データを活用してアルゴリズム開発するソフトウェアが、今後のモビリティ製品／サービスの開発において一番のキーテクノロジーと考えられます。さらに、快適な移動空間、自動運転、個人所有の車の３つを掛け合わせるようなフュージョン戦略も、２０２４年のロボットデイで発表されたサイバーキャブで明らかになりました。ウーバーのような配車サービスをテスラの自動運転車が「無人」で行うことで、車両のオーナーは自身が運転することなく、タクシービジネスとして収益を得ることができます。空き時間に車両を個人でレンタルするTｕｒｏなど現行のP2Pカーシェアリングサービスビジネスでは、車両を利用者にわたす作業、給油や充電、清掃やメンテナンスの作業に人手がかかり、さらには自動車保険も利用者によっては高額になります。この状況に風穴を開けるのがサイバーキャブ構想であり、配車の自動化・自動運転による事故リスクの大幅低減などはもちろん、給電に人手のかからない非接触充電車とロボットによる清掃サービスなど、利用者と所有者の双方が満足するサービスが立ち上がろうとしているのです。

このように、デジタルとフィジカルを統合してビジネス展開するディスラプター（破壊者）が現れ、従来の価値観を覆し、旧型の車両を販売するだけの企業にとって脅威となる「フュージョンソリューション」が提供される未来は目前まで来ています。従来の自動車メーカー、部品メーカーはどのような立ち位置で、デジタルとフィジカルを融合させた独自能力を強化し勝負するのか、またはそのサービスの上に乗るハードウェアメーカーになるのか、この1、2年で判断を迫られる時期がくるかもしれません。

日本企業の歴史的遺産をデジタル技術で強化する道を

ビジャイ教授とベンカット教授には、日本企業の可能性について強く語っていただいております。日本の製造業がもつ「製造の卓越性」と「顧客中心主義」という根底に流れる歴史的遺産は、今後のモノづくりにおいても重要な基盤であり続けると述べています。「製造の卓越性」を「プロセスツイン」でデジタル技術として生かし、「顧客中心主義」を「パフォーマンスツイン」で継続することで、デジタルとフィジカルが融合した新製品においても、「使いやすさを追求したハイパーパーソナライズ」や「高品質で細部にこだわった画像処理アルゴリズム」「日本語の特徴を活かした多言語処理技術」などが、フュージョン戦略を実現した日本製品の競争優位の源泉となるはずです。

私は、日本企業がデジタル技術をフィジカル製品に融合させていく力は決して弱くはないと考えております。問題は、周辺や他プロセスと全体整合を行い、アーキテクチャーを統合させていく判断スピード、経営の推進するリーダーシップが不足していることにあるのではないでしょうか。

ほとんどの製造業において、思い切った統合型のデジタルイノベーションを事業の中核に据える決断が必要です。自社や業界がおかれている環境において、デジタル技術で実現できる明確で魅力的な未来はどんな姿なのか、そのなかで保有し、強化するフィジカルとデジタルが融合する独自デジタル中核技術は何かを見定める。そのようなフュージョン戦略を実行するための第一歩として、本書が役立つことを祈っています。

ここまでお読みいただきありがとうございました。デジタル中心の世界で、日本の製造業が変わるためのヒントがひとつでも見つかったことを期待して、最後のご挨拶とさせていただきます。

株式会社クニエ　シニアパートナー
製造インダストリーリーダー
須藤　淳一

著者について

ビジャイ・ゴビンダラジャン（VG）は、戦略とイノベーションにおける世界有数の専門家の一人として広く知られている。現在、ダートマス大学のタック経営大学院にてコックス記念特別教授（ダートマス大学全体の教授陣）を務めるほか、マッハ49のファカルティ・パートナー、シリコンバレーのインキュベーターでもある。ハーバード経営大学院マービン・バウワー・フェローや、INSEAD（仏フォンテーヌブロー）とインド経営大学院アーメダバード校にて客員教授も務めた。

VGは、以下の影響力のある出版物において、一流の経営思想家として認められている。『ビジネス・ウィーク』の「ベスト・ビジネススクール・ガイド」で優秀な教授として選出、同誌が選ぶ「企業エグゼクティブ教育におけるビジネススクール教授」のトップ10、『フォーブス』の格付けによる「最も尊敬を集めるエグゼクティブコーチ」のトップ5、『エコノミスト』が選ぶ「ライジング・スーパースター」、そして、MBAの学生による投票で年間最優秀教授にも選出された。世界で最も影響力のある経営思想家ランキングThinkers50（2011年度）で第3位に選出され、同時にブレークスルー・アイデア賞を受賞。2019年にはＴｈｉｎｋｅｒｓ50の殿堂入りを果たし、イノベーションの理解に最も貢献した人物に与えられるイノベーション賞を授与された。ＶＧは、Ｔｈｉｎｋｅｒｓ50の二部門にて特別功労賞を受賞した数少ない人物の一人である。

加えて、これまで一流の学術誌（『アカデミー・オブ・マネジメントジャーナル』『アカデミー・オブ・マネジメント・レビュー』『ストラテジック・マネジメント・レビュー』）と、権威ある実務家ジャーナルにおいて、それぞれ25本以上の論文を発表している稀有な学者でもある。ＧＥ初の招聘教授兼チーフ・イノベーション・コンサルタントを務めたとき、当時のジェフリー・イメルトＣＥＯと協力して、『ハーバード・ビジネス・レビュー（ＨＢＲ）』の記事「How GE Is Disrupting Itself」を執筆し、リバース・イノベーションの概念を提唱した。リバース・イノベーションは、２０１２年11月号のＨＢＲにおいて、20世紀における経営の偉大なアイディアのひとつに選出された。ＨＢＲ掲載の記事「Engineering Reverse Innovations」と「Stop the Innovation Wars」は、その年の最優秀記事に贈られるマッキンゼー賞を受賞し、「How GE Is Disrupting Itself」と「The CEO's Role in Business Model Reinvention」は、同誌の歴代ベストセラー記事のトップ50にランクインしている。共著『Reverse Innovation』（『リバース・イノベーション』ダイヤモンド社）は、『ニューヨーク・タイムズ』紙と『ウォール・ストリート・ジャーナル』紙でベストセラーに選出された。

その卓越した研究で数々の賞を受賞してきたＶＧは、『アカデミー・オブ・マネジメント・

ジャーナル』で殿堂入りを果たし、『マネジメント・インターナショナル・レビュー』では、戦略の研究で北米トップ20のスーパースターのひとりに選出された。彼の論文のひとつは、『アカデミー・オブ・マネジメント・ジャーナル』の50年の歴史のなかで最もよく引用された論文のひとつとなっている。

VGはこれまでに、フォーチュン500の企業の4割以上のCEOおよび経営陣と協力して、戦略について議論し、問いを投げかけ、彼らの考えを引き上げてきた。そのなかには、ボーイング、コカ・コーラ、コルゲート、ジョンディア、フェデックス、GE、HP、IBM、JPモルガン・チェース、ジョンソン・エンド・ジョンソン、ニューヨーク・タイムズ、P&G、ソニー、ウォルマートなどが含まれる。ブルームバーグCEOフォーラム、ワールド・ビジネス・フォーラム、TED、世界経済フォーラム年次総会(ダボス会議)などの基調講演者も務めている。

VGは、ハーバード経営大学院で優秀な成績でMBAを取得後、同校で博士号を取得し、最優秀論文提案に贈られるロバート・ボウン賞を受賞した。それに先立ち、インドで公認会計士の資格を取得しており、その際、全国1位の成績優秀者に贈られる大統領金メダルに輝いた。

VGのフォローは、リンクトインおよびX(旧ツイッター)にて、@vgovindarajan。

ベンカット・ベンカトラマンは、デジタル戦略の世界的権威として広く知られている。ボストン大学クエストロム経営大学院のデビッド・J・マックグラス・ジュニア教授を務めており、情報システム部門と、戦略・イノベーション部門を兼任している。

過去には、マサチューセッツ工科大学スローン経営大学院とロンドン・ビジネス・スクールで戦略分野の教鞭を執っていた。インド工科大学カラグプル校にて機械工学の学士号、カルカッタのインド経営大学院でＭＢＡ（成績優秀者）、ピッツバーグ大学で戦略経営学の博士号を取得した。

博士論文は、アカデミー・オブ・マネジメントのＡ・Ｔ・カーニー賞を受賞し、一般的な内容にまとめ直して『マネジメント・サイエンス』に掲載された彼の論文は、同誌史上最もよく引用された論文のひとつである。グーグル・スカラーにおいて、経営学とデジタル戦略の分野で引用件数が最も多い研究者の一人であり、その数は5万件を超える。先ごろ、その引用の記録にもとづき、スタンフォード大学は彼を上位２％の科学者と認定した。そして、『ＩＢＭシステム・ジャーナル』に掲載されたビジネスとＩＴの連携に関する研究は、ＩＢＭのＩＴ戦略理解における転換点であると評価され、１９８６年に『マネジメント・サイエンス』に掲載された論文は、同誌の歴史におけるトップ50の論文にランクインした。２０２３年には、「情報システム分野の発展や普及に大きく貢献した個人」に贈られるＩＮＦＯＲＭＳ情報システム学会特別フェロー賞を受賞している。

ベンカットは、学術論文と経営者向けの論文の両方を執筆している。これまでに、学術論文に関しては、『マネジメント・サイエンス』『ストラテジック・マネジメント・ジャーナル』『インフォメーション・システムズ・リサーチ』『アカデミー・オブ・マネジメント・ジャーナル』『アカデミー・オブ・マネジメント・レビュー』などに掲載。経営者向けの記事に関しては、『ハーバード・ビジネス・レビュー』『MITスローン・マネジメント・レビュー』『カリフォルニア・マネジメント・レビュー』『ビジネス・ストラテジー・レビュー』『フィナンシャル・タイムズ』などに掲載されている。

過去30年間にわたるベンカットの研究と教育は、製品、プロセス、サービスがデジタル技術によって構築およびサポートされるデジタル時代において、企業がいかに勝利を収めることができるかに焦点を当ててきた。2017年に出版した著書『The Digital Matrix: New Rules for Business Transformation through Technology』は、IBM、ベライゾン、WPPのCEOをはじめ、多くのCIOやCDOたちから支持を集めている。

世界各地でコンサルティング、プレゼンテーション、ワークショップなどを開催しており、そのなかには、IBM、エリクソン、GE、BP、メルク、GM、アマゾン ウェブ サービス、フェデックス、マイクロソフト、マッキンゼー・アンド・カンパニー、WPP、ソニー、テスコなどが含まれる。パリに本社を置くキャナル・プリュス・グループでは、デジタル技術アドバイザーのメンバーを6年間務めた。

ベンカットへのコンタクトはリンクトインおよびX（旧ツイッター）にて、@NVenkatraman。

訳者紹介

NTTデータ・コンサルティング・イニシアティブ

NTTデータグループでコンサルティング業務を行う、株式会社NTTデータ内の組織、株式会社NTTデータ経営研究所、株式会社クニエ、株式会社NTTデータ数理システムの4社の事業連携。フォーサイト起点の社会イノベーションを共通コンセプトとし、政府機関を中心とした公共分野から、金融、小売、製造、サービスなどの幅広い業界に対しコンサルティングを行っている。将来のあるべき姿の研究から、政策提言、コンソーシアム運営、企業の戦略立案、業務改革支援など、さまざまな社会課題や経営課題の解決に向け2700名を超える各領域のプロフェッショナルが、専門性とノウハウを結集しながらコンサルティングサービスを提供している。編著書に『フォーサイト起点の社会イノベーション』（日本経済新聞出版、2024年）、訳書に『THE DIGITAL TRANSFORMATION ROADMAP（デジタル・トランスフォーメーション・ロードマップ）』（東洋経済新報社、2024年）、『生成AI活用の最前線』（東洋経済新報社、2025年）がある。

【訳者一覧】

山口重樹（やまぐち・しげき）

株式会社NTTデータグループ顧問、株式会社NTTデータ経営研究所 代表取締役社長、株式会社クニエ 代表取締役社長

専門領域は、デジタル変革、経営戦略、経営実践。主な著書、共著書に『デジタルエコノミーと経営の未来』（東洋経済新報社）、『信頼とデジタル』『デジタル変革と学習する組織』（以上、ダイヤモンド社）、『フォーサイト起点の社会イノベーション』（日本経済新聞出版）がある。

須藤淳一（すどう・じゅんいち）

株式会社クニエ シニアパートナー 製造インダストリーリーダー

製造業向けコンサルティングサービスリーダーとして自動車、自動車部品、重工業、工作機械、産業機械等の顧客課題に精通し、R＆Dや設計領域の業務改革／システム導入、工場全体の生産革新、インダストリー横断のプラットフォームビジネス企画など、製造業だけでなく業界団体や省庁と連携するような多岐にわたるプロジェクトをリードしている。

石塚昭浩（いしづか・あきひろ）

株式会社ＮＴＴデータ経営研究所 取締役 グローバルビジネス推進センター長

金融・決済領域の事業立ち上げ、事業運営などに長年従事。国内外のＭ＆Ａ、事業再編、組織再構築などのプロジェクトを多数リード。直近では、ＡＰＡＣ地域のリテールペイメント事業、ＤＸ事業の責任者を経て、コンサルティング事業のグローバル化の推進を行っている。

佐々木元也（ささき・げんや）

株式会社ＮＴＴデータ経営研究所 グローバルビジネス推進センター シニアインフォメーションリサーチャー

ＮＴＴデータグループのコンサルティングにおける知見を広く伝える活動を、出版領域を中心にリード。『フォーサイト起点の社会イノベーション』の編集作業、『THE DIGITAL TRANSFORMATION ROADMAP（デジタル・トランスフォーメーション・ロードマップ）』の翻訳などに携わる。

【翻訳協力】

Jaivardhan Lal（ジャイヴァードハン・ラール）
株式会社ＮＴＴデータ経営研究所 グローバルビジネス推進センター マネージャー

Yang Cheng-Han（ヤン・チェンハン）
株式会社ＮＴＴデータ経営研究所 グローバルビジネス推進センター コンサルタント

佐々木聡子（ささき・さとこ）
株式会社クニエ 経営管理本部 担当部長

（所属・役職は２０２５年2月現在）

本書に寄せられた推薦の言葉

本書は、産業界企業にとって、新たな時代を生き抜くための切り札となるだろう。著者たちは今後10年間でなすべきことを見事に捉えている。

――インドラ・K・ヌーイ（ペプシコ前会長兼CEO、アマゾン役員）

本書は、データとAIの力を活用することでビジネスを生き残らせ、そして成功へと導くための最適解である。私たちは、取締役員から経営陣、そして部門を問わずすべてのマネージャーに対して、本書を読むことを勧めている。

――リンダ・イエーツ（マッハ49創設者兼CEO）

著者は、アセットライトビジネスでデジタル企業が成功を収めてきた方法を研究し、事業を成功へと導くための舵取りについて、実践的な知恵を共有してくれた。本書は、ビジネスの成功について考えるときの共通言語となるだろう。

――マーク・N・キャスパー（サーモフィッシャーサイエンティフィック会長兼社長兼CEO）

本書は、いまやニュースで聞かない日はないであろうデータやＡＩといった枠組みからさらに一歩踏み出し、経済の根幹である産業部門が必要としていた明確な戦略的方向性を示している。

——マーク・ビッツァー（ワールプールＣＥＯ）

本書を通じて、ハードウェアとソフトウェアを統合させて顧客価値を生み出す方法について学ぶことを、すべての産業界の経営陣に強くお勧めする。

——ヴィマル・カプール（ハネウェルＣＥＯ）

ＡＩや機械学習といった新しい技術と、従来の経済を組み合わせた本書は、来たるべき次のデジタル化の波に対して、説得力のあるビジョンを提示している。近い将来、このフュージョン戦略を舞台に、熾烈なビジネスの戦いが繰り広げられるだろう。実に素晴らしい本だ。

——ジェフ・インメルト（ゼネラル・エレクトリック前会長兼ＣＥＯ、ニュー・エンタープライズ・アソシエイツ ベンチャーパートナー）

本書はリーダーに向け、データやＡＩ、そのほかのデジタル技術と人間との協働によって、どのように競争優位が生み出されるのかをわかりやすくまとめている。本書は、すべての企業にとって、新たな価値を創造し、将来のビジネスの成功をつかみとるために重要な役割を果たすだろう。

――シャイレシュ・ジェジュリカール（プロクター・アンド・ギャンブルＣＯＯ）

実践的なアドバイスから説得力のあるケーススタディまで、明快な文章でまとめられた本書は、目まぐるしい変化に対応しようとする産業界企業のリーダーにとってまさに必読書であり、大いにお勧めする。

――スコット・Ｄ・アンソニー（イノサイトシニアパートナー、『Dual Transformation』『Eat, Sleep, Innovate』著者）

競争優位性がデータグラフの形でわかりやすく体系化された本書は、大きな価値を創出するために企業に必要なことが示されている。本書はまさに、企業が時代の先端を走り続けるためのロードマップである。

――キュー・ダラーラ（ハネウェル・コネクテッド・エンタープライズ元社長兼ＣＥＯ、メドトロニック副社長兼糖尿病担当事業部長）

本書は、難しい専門用語などは使わずに、ビジネスリーダーたちに向けてデータやＡＩの力をわかりやすく説明している。現実とデジタルの世界を融合させることで、閉じ込められていたビジネス価値を解き放つための必読書である。

——ピーター・カータ（シーメンスＡＧ ＣＴＯ兼ＣＳＯ、ドイツ）

本書は、グローバル企業が独自のフュージョン戦略を構築するための、実践的かつ非常に優れたフレームワークが提示されている。ゴビンダラジャンとベンカトラマンは、この最も困難な時代のなかで、企業が進むべき道を指し示している。

——瀬戸欣哉（リクシル社長兼ＣＥＯ、日本）

本書を読むことで、自分の視野が大きく広がっていった。ゴビンダラジャンとベンカトラマンは、広範囲にわたる実証研究と深い洞察にもとづき、スマートで優れた知能機械をはじめとした画期的なデジタル技術と産業生産の融合がもたらす、驚くべき可能性を示してくれた。

——ムケシュ・Ｄ・アンバーニ（リライアンス・インダストリーズ会長兼マネージング・ディレクター、インド）

リアルタイムで得られた洞察が、いまや資産をも凌駕し、すべての企業が追い求めるべき最も価値のある競争優位性であることを論証した本書は、ビジネスリーダーたちにとって重要な一冊である。

――N・チャンドラセカラン（タタ・サンズ会長、タタ・コンサルタンシー・サービシズ前CEO、インド）

フュージョンの未来はすでに到来している。このタイムリーな本は、産業大手が、アナログ企業から、デジタル技術によって得られる情報を活用した企業に変革するための、説得力のある論理を展開している。あらゆる産業界企業のリーダーに、強くお勧めしたい。

――アナンド・マヒンドラ（マヒンドラ・グループ会長、インド）

本書は、既存の企業が勝ち残るにはどのように戦うべきなのか、斬新かつ説得力のある考え方を提示している。それゆえ本書は、インドが世界のスマート産業戦略のハブとなるため、企業だけでなく政策立案者たちにとっても、重要なものである。

――スダルシャン・ヴェヌ（TVSモーターカンパニー マネージング・ディレクター、インド）

私たちはいままさに本書を必要としている。本書は、産業界のリーダーがAI技術を活用し、スマートなプロセスでスマートな製品を生み出す道筋を示してくれるのである。

――ジョシュ・ファウルガー（バーラトFIHマネージング・ディレクター、インド）

リアルタイムで得たデータグラフを武器に、社外にまで事業規模を拡張させるという考え方は、顧客中心主義の価値を創造するうえで、コストリーダーシップ戦略や製品強化のためのデジタル活用よりも、さらに強力である。本書を読むことで、多くの産業界企業が、製品提供からフュージョンソリューションへと移行する変革を志すと確信している。私自身、最初から最後まで楽しく本書を読むことができ、今後、戦略や価値創造について考える際には、大いに参考にさせていただくつもりだ。

——TVナレンドラン（タタ・スチールCEO兼マネージング・ディレクター、インド）

本書は、B2B領域におけるビジネスのあり方が、デジタル技術とAIの台頭により一変したことをいま一度思い出させてくれた。この現実を受け入れ、フュージョン戦略の考え方を身につけた企業は、他社と差異化でき、新たな価値を創造することができるだろう。データグラフの役割やAIの能力、物理的なエコシステムとデジタルなエコシステムの融合がビジネスにおける次なる競争の場となること、そして長期的な価値を提供するために必要なネットワークの重要性を理解しておくことが重要である。示唆に富んだ（そして行動も促してくれる）この本は、素晴らしい戦略的洞察を提供してくれる。

——エドモンド・スキャンロン（ケリー・グループCEO、アイルランド）

データフローの研究は、製品、プロセス、パフォーマンスを改善するための重要なツールである。本書でゴビンダラジャンとベンカトラマンは、データグラフを活用してワークフローを動的に表現することで、どのように産業界の新たな時代を切り開くことができるのかを掘り下げている。産業界の事例や、4段階に分かれた実行ガイドつきのこの本は、日々進化し続ける技術やデータサイエンスを活用し、従来の産業界のビジネスモデルから脱却したいと願うすべての人にとって、非常に有益なものとなるだろう。

——ナラヤナ・マーシー（インフォシス・リミテッド創業者）

フュージョンストラテジー
リアルタイムデータとAIが切り拓く産業の未来

2025年 4月29日発行

著　者――ビジャイ・ゴビンダラジャン／ベンカット・ベンカトラマン
訳　者――NTTデータ・コンサルティング・イニシアティブ
発行者――山田徹也
発行所――東洋経済新報社
〒103-8345　東京都中央区日本橋本石町 1-2-1
電話＝東洋経済コールセンター　03(6386)1040
https://toyokeizai.net/

装　丁…………竹内雄二
DTP・製版……朝日メディアインターナショナル
印　刷…………TOPPANクロレ
編集担当………岡田光司
Printed in Japan　　ISBN 978-4-492-55847-8

原注

第1章

1. アルフレッド・チャンドラーの古典的著書、『Scale and Scope: The Dynamics of Industrial Capitalism』（『スケール・アンド・スコープ――経営力発展の国際比較』安部悦生ほか訳、有斐閣、1993年）は、いまでも学者や専門家たちの戦略的思考の基礎となっている。

2. 本書における「デジタル業界」という言葉は、20世紀後半から21世紀初頭に誕生したデジタルネイティブ企業のことを指している。これらの企業には、20世紀半ばから後半にかけて成長を遂げた産業界企業の足かせとなっている古いシステムがない。「（デジタル業界との比較対象としての）産業界」「産業界企業」という言葉は、同義語として使用している。

3. McKinsey and Company,"What Is the Metaverse?,"McKinsey, August 17, 2022, https://www.mckinsey.com/featured-insights/mckinsey-explainers/what-is-the-metaverse.マッキンゼーは、メタバースは2030年までにGDPを5兆ドル、つまり2～3%増加させると予測しており、私たちは、産業部門の現実的な変化の状況にもとづくと、少なくとも1%以上は増加させると考えている。

4. Mark Harris, "Tesla's Autopilot Depends on a Deluge of Data," IEEE Spectrum, August 4, 2022, https://spectrum.ieee.org/tesla-autopilot-data-deluge.

5. データグラフについての考えを紹介した『ハーバード・ビジネス・レビュー』の私たちの記事、"The Next Great Digital Advantage"

(May–June 2022) にもとづいて作成した。

6. Don Reisinger, "All Companies Should Live by the Jeff Bezos 70 Percent Rule," Inc., June 27, 2020, https://www.inc.com/don-reisinger/all-companies-should-live-by-jeff-bezos-70-percent-rule.html.

第2章

1. Bill Ready, "Working with Merchants to Give You More Ways to Shop," The Keyword, May 18, 2021, https://blog.google/products/shopping/more-ways-to-shop.

2. グーグルのショッピンググラフの最新の概要は、以下を参照。Randy Rockinson,"4 Ways Google's Shopping Graph Helps You Find What You Want," The Keyword, February 7, 2023, https://blog.google/products/shopping/shopping-graph-explained.

3. "Data Is the New Gold. This Is How It Can Benefit Everyone — While Harming No One," World Economic Forum, July 29, 2020, https://www.weforum.org/agenda/2020/07/new-paradigm-business-data-digital-economy-benefits-privacy-digitalization.

4. 全体的な概要をつかみたい方は、以下を参照のこと。Albert-László Barabási's book *Linked: The New Science of Networks* (New York: Basic Books, 2014)（『新ネットワーク思考——世界のしくみを読み解く』青木薫訳、NHK出版、2002年）; Sangeet Paul Choudary, "The Rise of Social Graphs for Businesses," hbr.org, February 2, 2015, https://hbr.org/2015/02/the-rise-of-social-graphs-for-businesses.

5. "From Discovery to Checkout: Shopify and Google Deepen Commerce Collaboration," Shopify, May 27, 2021, https://news.shopify.com/from-discovery-to-checkout-shopify-and-google-deepen-commerce-

collaboration.

6. “Satya Nadella Email to LinkedIn Employees on Acquisition,” Microsoft News Center, June 15, 2016, https://news.microsoft.com/2016/06/13/satya-nadella-email-to-linkedin-employees-on-acquisition/.

7. マイクロソフトグラフの詳細な情報は、以下を参照のこと。“Overview of Microsoft Graph,” Microsoft, March 15, 2023, https://learn.microsoft.com/en-us/graph/overview.

8. Amit Singhal, “Introducing the Knowledge Graph: Things, Not Strings,” The Keyword, May 16, 2012, https//blog.google/products/search/introducing-knowledge-graph-things-not.

9. “WPP Partners with Nvidia to Build Generative AI-Enabled Content Engine for Digital Advertising,” Nvidia Newsroom, May 28, 2023, https://nvidianews.nvidia.com/news/wpp-partners-with-nvidia-to-build-generative-ai-enabled-content-engine-for-digital-advertising.

第3章

1. 第4次産業革命の概要は、以下を参照のこと。“Fourth Industrial Revolution,” World Economic Forum, accessed October 17, 2023, https://www.weforum.org/focus/fourth-industrial-revolution.

2. “Our Leadership Team: John C. May,” John Deere, accessed October 16, 2023, https://www.deere.com/en/our-company/leadership/may-john-c/.

3. フォルクスワーゲンの「NEW AUTO」戦略の詳細な情報は、以下を参照のこと。“Volkswagen Focuses Development for Autonomous Driving,” Volkswagen Group News, October 26, 2022, https://www.volkswagen-newsroom.com/en/press-releases/volkswagen-focuses-

development-for-autonomous-driving-15271.

4. "The Economic Potential of Generative AI: The Next Productivity Frontier," McKinsey Digital, June 14, 2023, https://www.mckinsey.com/capabilities/mckinsey-digital/our-insights/the-economic-potential-of-generative-ai-the-next-productivity-frontier#business-value.

5. ブルームバーグの発表の詳細は、以下を参照のこと。"Introducing BloombergGPT, Bloomberg's 50-Billion Parameter Large Language Model, Purpose-Built from Scratch for Finance," Bloomberg, March 30, 2023, https://www.bloomberg.com/company/press/bloomberggpt-50-billion-parameter-llm-tuned-finance. 詳細な学術論文は以下を参照。https://arxiv.org/abs/2303.17564.

6. Sal Khan, "Harnessing GPT-4 So That All Students Benefit. A Nonprofit Approach for Equal Access," Khan Academy, March 14, 2023, https://blog.khanacademy.org/harnessing-ai-so-that-all-students-benefit-a-nonprofit-approach-for-equal-access.

7.「R²データラボ」の概要は、以下を参照のこと。"Digital-First Culture," Rolls-Royce, accessed October 17, 2023, https://www.rolls-royce.com/innovation/digital/r2-data-labs.aspx.

8. ネットフリックスのおすすめ機能を可能にするオントロジーの開発方法の詳細は、以下を参照のこと。"Recommendations: Figuring Out How to Bring Unique Joy to Each Member," Netflix Research, accessed October 17, 2023, https:// research.netflix.com/research-area/recommendations.

9. エアビーアンドビーのナレッジグラフの開発方法の詳細は、以下の記事を参照のこと。Xiaoya Wei, "Contextualizing Airbnb by Building Knowledge Graph," Medium, January 29, 2019, https://medium.com/

airbnb-engineering/contextualizing-airbnb-by-building-knowledge-graph-b7077e268d5a.

10. ウーバーがどのようにデータグラフを活用して業務を改善し、差異化されたサービスを提供しているかについては、以下を参照。Ankit Jain et al., "Food Discovery with Uber Eats: Using Graph Learning to Power Recommendations," Uber Blog, December 4, 2019, https://www.uber.com/blog/uber-eats-graph-learning.

11. シーメンスの産業ナレッジグラフの使用例は、以下を参照のこと。Thomas Hubauer, "Use Cases of the Industrial Knowledge Graph at Siemens," International Workshop on the Semantic Web (2018), https://ceur-ws.org/Vol-2180/paper-86.pdf. ボッシュのナレッジグラフの概要については、以下を参照。Sebastian Monka et al., "Learning Visual Models Using a Knowledge Graph as a Trainer," Bosch Research Blog, July 28, 2022, https://www.bosch.com/stories/knowledge-driven-machine-learning. ロールス・ロイスのナレッジグラフとAIの活用方法については、以下を参照のこと。"Tapping AI Technologies to Create Solutions of Tomorrow," Rolls-Royce, accessed October 17, 2023, https://www.rolls-royce.com/country-sites/sea/discover/2021/tapping-ai-technologies-to-create-solutions-of-tomorrow.aspx.

12. 適用分野の詳細は、以下を参照のこと。"Generative AI," BCG, accessed October 17, 2023, https://www.bcg.com/capabilities/artificial-intelligence/generative-ai.

13. Elliott Grant, "Machine Learning Is Imperfect. That's Why It's Ideal for Agriculture, "Mineral, April 27, 2023, https://mineral.ai/blog/machine-learning-is-imperfect-thats-why-its-ideal-for-agriculture.

第4章

1. マイケル・ポーターが提唱した3つの基本戦略は、1980年代以降、戦略のフレームワークに大きな影響を与えている。

2. “Data, Insights and Action,” Rolls-Royce, https://www.rolls-royce.com/country-sites/india/discover/2018/data-insight-action-latest.aspx.

3. “GE Aviation: Soaring Apart from Competition with Data Analytics,” Harvard Business School Digital Initiative, Technology and Operations Management, MBA Student Perspectives, November 15, 2017, https://d3.harvard.edu/platform-rctom/submission/ge-aviation-soaring-apart-from-competition-with-data-analytics.

4. “Introducing Yocova,” Rolls-Royce, February 10, 2020, https://www.rolls- royce.com/media/press-releases/2020/10-02-2020-intelligentengine-introducing-yocova-a-new-digital-platform-designed.aspx.

5. Marc Andreessen, “Why Software Is Eating the World,” Andreessen Horowitz, August 20, 2011, https://a16z.com/2011/08/20/why-software-is-eating-the-world.

6. Marc Andreessen, “It’s Time to Build,” Andreessen Horowitz, April 18, 2020, https://a16z.com/2020/04/18/its-time-to-build.

第5章

1. “Master Plan Part 3,” Tesla, April 5, 2023, https://www.tesla.com/ns_videos/Tesla-Master-Plan-Part-3.pdf.

2. ブランドン・バーニッキーの2019年11月12日のX（旧ツイッター）の投稿、https://twitter.com/brandonbernicky/status/1194444012494761989を参照。

3. ウェイモがシステムをどのように構築したかは、以下を参照。

Dmitri Dolgov, "How We've Built the World's Most Experienced Urban Driver," Waymo, August 19, 2021, https:// waymo.com/blog/2021/08/MostExperiencedUrbanDriver.html.

4. "Mercedes-Benz and Nvidia: Software-Defined Computing Architecture for Automated Driving Across Future Fleet," Mercedes-Benz Group, June 23, 2020, https://group.mercedes-benz.com/innovation/product-innovation/autonomous-driving/mercedes-benz-and-nvidia-plan-cooperation.html.

5. Angus MacKenzie, "Mercedes-Benz CEO Ola Källenius on EVs Reinventing the Three-Pointed Star," MotorTrend, July 26, 2023, https://www.motortrend.com/features/mercedes-benz-ceo-ola-kallenius-2023-ev-interview.

6. "FIAT Metaverse Store, the World's First Metaverse-Powered Showroom, a Revolution in Customer Experience," Stellantis, December 1, 2022, https://www.media.stellantis.com/em-en/fiat/press/fiat-metaverse-store-the-world-s-first-metaverse-powered-showroom-a-revolution-in-customer-experience.

7. "Toyota Research Institute Unveils New Generative AI Technique for Vehicle Design," Toyota　Newsroom, June 20, 2023, https://pressroom.toyota.com/toyota-research-institute-unveils-new-generative-ai-technique-for-vehicle-design.

8. ジェフリー・イメルトの2019年3月12日のリンクトインの投稿、"Digital Change Is Hard for Industrial Companies," https://www.linkedin.com/pulse/digital-change-hard-industrial-companies-jeff-immeltを参照。

9. こうしたデータをテスラがどのように収集・分析しているかについての詳細は、以下を参照のこと。Mark Harris, "The Radical Scope

of Tesla's Data Hoard," IEEE Spectrum, August 3, 2022, https://spectrum.ieee.org/tesla-autopilot-data-scope.

10 これは、ウォード・カニンガムがはじめて用いた造語であり、2016年にドイツで開催されたセミナーにて、学識経験者や産業界の専門家たちによって以下のように正式に定義された。「ソフトウェア集約型システムにおける技術的負債とは、短期的には好都合でも、将来的な手直しが、よりコストがかかったり、あるいは不可能になる技術的コンテクストにつながる設計または実装構造の総称である。技術的負債は、システムの内部品質（主に保守性や発展性）にのみ影響する、実際の負債あるいは潜在的な負債を示す」

11. "Toyota Blockchain Lab, Accelerating Blockchain Technology Initiatives and External Collaboration," Toyota Newsroom, March 16, 2020, https://global.toyota/en/newsroom/corporate/31827481.html.

第6章

1. Lora Kolodny, "Deere Is Paying Over $300 Million for a Start-up That Makes 'See-and-Spray' Robots," CNBC, September 6, 2017, https://www.cnbc.com/2017/09/06/deere-is-acquiring-blue-river-technology-for-305-million.html.

2. "Sustainability at John Deere," John Deere, accessed July 23, 2023, https:// www.deere.com/en/our-company/sustainability.

3. Deere & Company, "Deere to Advance Machine Learning Capabilities in Acquisition of Blue River Technology," September 6, 2017, https ://www.prnewswire.com/news-releases/deere-to-advance-machine-learning-capabilities-in-acquisition-of-blue-river-technology-300514879.html.

4. Deere & Company, "Focused on Unlocking Customer Value, Deere

Announces New Operating Model," June 17, 2020, https://www.prnewswire.com/news-releases/focused-on-unlocking-customer-value-deere-announces-new-operating-model-301078608.html.

5. "CNH Industrial to Acquire Raven Industries, Enhancing Precision Agriculture Capabilities and Scale," CNH Industrial Newsroom, June 21, 2021, https://media.cnhindustrial.com/EMEA/CNH-INDUSTRIAL-CORPORATE/cnh-industrial-to-acquire-raven-industries--enhancing-precision-agriculture-capabilities-and-scale/s/8cd082be-4e36-44f0-a6ea-bfe897740e79.

6. Rob Bland et al., "Trends Driving Automation on the Farm," McKinsey & Company, May 31, 2023, https://www.mckinsey.com/industries/agriculture/our-insights/trends-driving-automation-on-the-farm.

7. Brandon Webber, "Digital Agriculture: Improving Profitability," Accenture, August 28, 2020, https://www.accenture.com/us-en/insights/interactive/agriculture-solutions.

8. Shane Bryan et al., "Creating Value in Digital-Farming Solutions," McKinsey & Company, October 20, 2020, https://www.mckinsey.com/industries/agriculture/our-insights/creating-value-in-digital-farming-solutions.

9. これらは、GEの経営幹部との対談により得られた洞察である。

10. "Intelligent Machines, Empowered People,"ABB Newsroom, May 31, 2021, https://new.abb.com/news/detail/78740/intelligent-machines-empowered-people.

第7章

1. Juan Pedro Tomás, "How Honeywell Helped the Burj Khalifa Become

a Smart Building," RCR Wireless News, May 14, 2018, https://www.rcrwireless.com/20180514/internet-of-things/burj-khalifa-smart-building.

2. Matt Bereman et al., "Building Products in the Digital Age: It's Hard to 'Get Smart,' " McKinsey & Company, June 6, 2022, https://www.mckinsey.com/industries/engineering-construction-and-building-materials/our-insights/building-products-in-the-digital-age-its-hard-to-get-smart.

3. "The Last Gap in Industrial Digitization—the Deskless Worker," Honeywell Forge, accessed July 21, 2023, https://www.honeywellforge.ai/us/en/article/how-connectivity-helps-the-deskless-worker.

4. Martin Casado and Peter Lauten, "The Empty Promise of Data Moats," Andreessen Horowitz, May 9, 2019, https://a16z.com/2019/05/09/data-network-effects-moats.

5. John Hunter, "Ackoff on Systems Thinking and Management," W. Edwards Deming Institute, September 2, 2019, https://deming.org/ackoff-on-systems-thinking-and-management.

6. 動的なエコシステムのオーケストレーターとほかの参加者の役割についての詳細な議論は、ベンカット・ベンカトラマンの著書『The Digital Matrix: New Rules for Business Transformation through Technology』（Los Angels: LifeTree Media, 2017）の第6章を参照。

7. 例として、アンドリーセン・ホロウィッツのゼヤ・ヤングとクリスティーナ・シェンによって提唱されたアイディア、"For B2B Generative AI Apps, Is Less More?," March 30, 2023, https://a16z.com/2023/03/30/b2b-generative-ai-synthai、およびマット・ベルンシュタインとラドビアノビッチのアイディア、"Emerging Architectures for LLM Applications," June 20, 2023, https://a16z.com/2023/06/20/emerging-architectures-for-llm-applicationsを参照。私たちは、いろいろな分野に

特化したより強力なモデルが開発されることで、今後フュージョンシステムがさまざまな環境で生まれることを期待している。

8. デジタルおよび環境再生型農業の背景に関しては、以下を参照のこと。John Foley, "How Digital Technologies Can Bring Greater Scale to Regenerative Farming," Sygenta Group, February 2021, https://www.syngentagroup.com/en/how-digital-technologies-can-bring-greater-scale-regenerative-farming. エコシステムの重要性に関するさらなる情報は、以下を参照。Tania Strauss and Pooja Chhabria, "What Is Regenerative Agriculture and How Can It Help Us Get to Net-Zero Food Systems. 3 Industry Leaders Explain," World Economic Forum, December 19, 2022, https://www.weforum.org/agenda/2022/12/3-industry-leaders-on-achieving-net-zero-goals-with-regenerative-agriculture-practices.

9. "Honeywell Teams Up with Microsoft to Reshape the Industrial Workplace," Microsoft News Center, October 22, 2020, https://news.microsoft.com/2020/10/22/honeywell-teams-up-with-microsoft-to-reshape-the-industrial-workplace; "Honeywell, SAP Launch Connected Buildings Solution to Help Operators Make Smarter Real Estate Decisions," Honeywell, May 19, 2021, https://www.honeywell.com/us/en/press/2021/05/honeywell-sap-launch-connected-buildings-solution-to-help-operators-make-smarter-real-estate-decisions.

10. テスラの発表は、非常にインパクトのあるものであった。（イーロン・マスクのメッセージを参照。"All Our Patent Are Belong to You," Tesla, June 12, 2014, https://www.tesla.com/blog/all-our-patent-are-belong-you）。「パロアルト本社のロビーには、テスラが取得した特許の証明書が飾られた壁がありました。それは昨日までのことです。オープンソース ムーブメントの精神にのっとり、電気自動車技術の促進のため、

それらは取り外しました」

11. Gil Appel, Juliana Neelbauer, and David A. Schweidel, "Generative AI Has an Intellectual Property Problem," hbr .org, April 17, 2023, https://hbr.org/2023/04/generative-ai-has-an-intellectual-property-problem.

12. R. V. Guha, "Data Commons: Making Sustainability Data Accessible," The Keyword, April 21, 2022, https://blog.google/outreach-initiatives/sustainability/data-commons-sustainability.

13. 例として、下記の論文内でまとめられている教訓を参照。Robert L. Grossman, "Ten Lessons for Data Sharing with a Data Commons," *Scientific Data* 10, no. 120 (2023), https://www.nature.com/articles/s41597-023-02029-x.

第8章

1. Shelby Myers, "Analyzing Farm Inputs: The Cost to Farms Keeps Rising," American Farm Bureau Federation, March 17, 2022, https://www.fb.org/market-intel/analyzing-farm-inputs-the-cost-to-farm-keeps-rising.

2. "The Cash-less Amazon Go Store," Vested Finance, accessed October 17, 2023, https://vestedfinance.com/in/blog/the-cashier-less-amazon-go-store/.

3 "Digital Engineering and Manufacturing," Accenture, accessed April 7, 2023, https://www.accenture.com/us-en/insights/industry-x-index.

4 "Mineral," X—the Moonshot Factory, accessed April 7, 2023, https://x.company/projects/mineral.

第9章

1. "2023 Deere & Company at a Glance," John Deere, 2023, https://www.

deere.com/assets/pdfs/common/our-company/deere-&-company-at-a-glance.pdf.

2. ジョンディアが発表した、「2020年サステナビリティレポート」のまとめによると、1エーカーあたり40ドルというのは、すでに導入済みの8つの技術のみに関する試算である（詳細は以下の通り。https://www.deere.com/assets/pdfs/common/our-company/sustainability/sustainability-report-2020.pdf.）。フュージョンビジネスが実現した未来では、ジョンディアはさまざまな業界全体で1,500億ドル以上を獲得できる可能性があるとされている。

3. “2023 Deere & Company at a Glance.”

4. “John Deere Technology and Innovation,” John Deere, accessed October 17, 2023, https://www.deere.com/international/en/our-company/innovation/.

5. 詳細は、ビジャイ・ゴビンダラジャンの以下の著書を参照のこと。*The Three-Box Solution* (Boston: Harvard Business Review Press, 2016).

6. アマラの法則と呼ばれることもあるこの考えは、Institute for the Future（IFTF）の元所長であるロイ・アマラが提唱したものである。

7. 詳細は、ベンカット・ベンカトラマンの以下の著書を参照のこと。*The Digital Matrix: New Rules for Business Transformation through Technology* (Los Angeles: LifeTree Media, 2017). 具体的には、企業は強力なコンピューティングマシンで実行可能な活動を特定することに常に注力し、人間と機械が単独で行うよりも、協働して行うほうが効果的な分野に人的リソースを振り向けるべきだという主張である。

8. ジョンディアは2022年に、最先端の衛星通信ソリューションを確保するための提案依頼書を発表した。詳細は以下を参照。https://

www.deere.com/en/news/all-news/john-deere-announces-request-for-proposals-for-satellite-communications-opportunity.

付録

1. Michael S. Scott Morton, ed., *The Corporation of the 1990s: Information Technology and Organizational Transformation* (New York: Oxford University Press, 1991). 以下も参照のこと。N. Venkatraman, "IT-Enabled Business Transformation: From Automation to Business Scope Redefinition," *MIT Sloan Management Review* 35, no. 2 (Winter 1994).

2. Michael E. Porter and Victor E. Millar "How Information Gives You Competitive Advantage," *Harvard Business Review*, July 1985.

3. Tim Berners-Lee,"Information Management: A Proposal," March 1989, Word document, https://www.w3.org/History/1989/proposal.html.

4. John C. Henderson and H. Venkatraman, "Strategic Alignment: Leveraging Information Technology for Transforming Organizations," *IBM Systems Journal* 32, no. 1 (1993): 4–16. 以下も参照のこと。Irving Wladawsky-Berger, "Turning Points in Information Technology," *IBM Systems Journal* 38, nos. 2 and 3 (1999): 449–452.

5. N. Venkatraman, "Five Steps to a Dot-Com Strategy: How to Find Your Footing on the Web," *MIT Sloan Management Review* 41, no. 3 (Spring 2000): 15-28：P15-28; Vijay Govindarajan and Chris Trimble, *Ten Rules for Strategic Innovators: From Idea to Execution* (Boston: Harvard Business School Press, 2005)（『ストラテジック・イノベーション――戦略的イノベーターに捧げる10の提言』三谷宏治監修、酒井泰介訳、翔泳社、2013年）; Vijay Govindarajan, *The Three-Box Solution: A Strategy for Leading Innovation* (Boston: Harvard Business Review Press, 2016).

6. プラットフォームの概要は、以下を参照のこと。Geoffrey G. Parker, Marshall W. Van Alstyne, and Sangeet Paul Choudary, *Platform Revolution: How Networked Markets Are Transforming the Economy—and How to Make Them Work for You* (New York: W. W. Norton & Co., 2016)(『プラットフォーム・レボリューション——未知の巨大なライバルとの競争に勝つために』妹尾堅一郎監訳、渡部典子訳、ダイヤモンド社、2018年)、Michael A. Cusumano, Annabelle Gawer, and David B. Yoffie, *The Business of Platforms: Strategy in the Age of Digital Competition, Innovation, and Power* (New York: Harper Business, 2019)(『プラットフォームビジネス——デジタル時代を支配する力と陥穽』青島矢一監訳、有斐閣、2020年)。

7. エコシステムについての最近の議論は、以下を参照のこと。Ron Adner, *Winning the Right Game: How to Disrupt, Defend, and Deliver in a Changing World* (Cambridge: MIT Press, 2021)(『エコシステム・ディスラプション——業界なき時代の競争戦略』中川功一監訳、蓑輪美帆訳、東洋経済新報社、2022年)、Mohan Subramaniam, *The Future of Competitive Strategy: Unleashing the Power of Data and Digital Ecosystems* (Cambridge: MIT Press, 2022).(『デジタル競争戦略——コンサンプション・エコシステムがつくる競争優位』(NTTデータ コンサルティング&アセットビジネス変革本部訳、ダイヤモンド社、2023年)。

8. Anandhi Bharadwaj et al., "Digital Business Strategy: Toward a Next Generation of Insights," *MIS Quarterly* 37, no. 2 (June 2013): 471–482.

9. Venkat Venkatraman, *The Digital Matrix: New Rules for Business Transformation through Technology* (Los Angeles: LifeTree Media, 2017); David L. Rogers, *The Digital Transformation Playbook: Rethink Your Business for the Digital Age* (New York: Columbia Business School

Publishing, 2016)（『DX戦略立案書——CC-DIVフレームワークでつかむデジタル経営変革の考え方』笠原英一訳、白桃書房、2021年）; Sunil Gupta, *Driving Digital Strategy: A Guide to Reimagining Your Business* (Boston: Harvard Business Review Press, 2018); Marco Iansiti and Karim R. Lakhani, *Competing in the Age of AI: Strategy and Leadership When Algorithms and Networks Run the World* (Boston: Harvard Business Review Press, 2020)（『AIファースト・カンパニー——アルゴリズムとネットワークが経済を支配する新時代の経営戦略』吉田素文監訳、渡部典子訳、英治出版、2023年）; Robert Siegel, *The Brains and Brawn Company: How Leading Organizations Blend the Best of Digital and Physical* (New York: McGraw-Hill, 2021)（『デジタル変革を成功に導く 5つの脳力 5つの筋力——デジタルマイオピアに陥らない経営』NTTデータ経営研究所DX研究チーム訳、2023年）; Stephanie L. Woerner, Peter Weill, and Ina M. Sebastian, *Future Ready: The Four Pathways to Capturing Digital Value* (Boston: Harvard Business Review Press, 2022)（『FUTURE READY——デジタル変革成功への4つの道筋』野村総合研究所システムコンサルティング事業本部、野村マネジメント・スクール訳、日本経済新聞出版、2023年）; Thomas H. Davenport and Nitin Mittal, *All-in on AI: How Smart Companies Win Big with Artificial Intelligence* (Boston: Harvard Business Review Press, 2023).

10. Vijay Govindarajan and Jeffrey R. Immelt, "The Only Way Manufacturers Can Survive," *MIT Sloan Management Review* (Spring 2019).

11. Michael Chui et al., "The Economic Potential of Generative AI: The Next Productivity Frontier," McKinsey & Co., June 14, 2023.